욕망해도
괜찮아

나와 세상을 바꾸는 유쾌한 탈선 프로젝트

욕망해도
괜찮아

김두식 지음

나와 세상을 바꾸는 유쾌한 탈선 프로젝트

창비

색, 계: 욕망과 규범의 갈림길에서

1.

욕망(色)과 규범(戒)이 충돌하는 매일의 삶은 그 어떤 소설보다 재미있습니다. 더 상쾌하고, 더 박진감 넘치며, 때로는 더 무섭고, 더 지리멸렬합니다. 더 불확실하기에 더 재미있는지도 모릅니다. 그런데 진짜 재미있는 이야기일수록 주변에 털어놓기가 힘듭니다. 지학순 주교나 김용철 변호사처럼 한 시대를 뒤흔든 양심선언은 아니라 하더라도, 모든 고백에는 위험이 따르기 때문입니다. 조금이라도 잃을 게 있는 사람이라면 솔직한 고백으로 괜한 위험을 감수할 이유가 없습니다. 내밀한 욕망의 고백은 더욱 어렵습니다.

고백이 없는 사회는 억압이 활개치기 좋은 토양입니다. 속마음을 터놓을 곳을 찾지 못한 개인들은 깊은 고립감 속에서 음습한 구석을 찾아 헤맵니다. 욕망이 건강한 출구를 찾지 못할 때 우리는 끊임없이 남을 감시하고 비난하게 됩니다. 엿보고 돌을 던지는 왜곡된 방법으로라도 은밀하게 욕망을 배출하지 않고는 도저히 살아갈 수 없는 게 인간인 까닭입니다. 마음 한편으로는 일탈을 꿈꾸면서, 다른 한편으로는 혹시 남몰래 행복한 놈이 있는지 감시하는 사냥꾼의 매서운 눈길을 날리고, 또다른 한편으로는 한방에 먹잇감이 될 수 있다는 두려움에 몸을 떠는 하루하루를 보냅니다. 그것이 오늘을 사는 우리의 자화상입니다.

2.

저 역시 욕망을 극복의 대상으로 생각하고 끝없이 통제하는 문화 속에서 평생을 보냈습니다. 욕망을 잘 통제하는 사람만이 성공적인 학교, 직장, 가정, 종교 생활을 영위하는 게 우리 사회입니다. 성공의 사다리를 오른다는 것은 남의 눈에 띄지 않는 깊숙한 방에 자신의 욕망을 감추어두고 반복하여 자물쇠를 채워나가는 과정입니다. 하도 많은 자물쇠를 채우다보니 어느 순간 그 방의 존재 자체를 아예 잊어버립니다. 그러나 자물쇠로 채워놓은 욕망은 완전히 사라진 것이 아니어서 언젠가는 반드시 치명적 역습에 나섭니다. 신정아 사건의 변양균씨나 상하이 스캔들의 주인공들처럼 욕망의 역습 앞에 쓰러진 희생자들을 우리는 주변에서 쉽게 찾아볼 수 있습니다.

그런 치명적 결말을 피하기 위해 저는 오래 채워놓았던 제 마음의 자물쇠를 '살아 있는 이야기' 혹은 '고백'이라는 열쇠로 열어보고 싶습니다. 살아 있는 이야기에는 힘이 있습니다. 당장 뚜렷한 해법은 없어도 살아 있는 이야기를 나누다보면, 이야기를 나누는 단순한 행위 자체로 치유와 회복이 시작됩니다. 그런데 살아 있는 이야기는 대개 욕망과 규범의 갈림길에서 나옵니다. 욕망에서 자유로워진 것처럼 행세하는 사람, 규범이 완벽하게 내면화된 사람에게서는 살아 있는 이야기가 나올 수 없습니다. 모든 것을 다 갖추었는데도 막상 만나보면 이상하게 매력이 없는 사람들이 있습니다. 규범만 남았을 뿐, 살아 있는 이야기가 빠진 사람들입니다. 존경스럽기는 하나, 사랑스럽지는 않은 사람들입니다. 그들이 내뱉는 어떤 고상한 이야기에서도 우리는 생명의 기운을 느낄 수 없습니다. 저도 오랜 세월 그런 사람 행세를 하고 살아왔습니다. 이제 그만하고 싶습니다.

문제는 그런 살아 있는 이야기, 아슬아슬한 이야기를 어떻게 나누느냐에 달려 있습니다. 제가 욕망에 대해 이야기하겠다고 마음먹은 순간, 가장 부러웠던 것은 소설가들이었습니다. 영민한 소설가들은 자기 욕망을 정직하게 털어놓기 위해 거짓말이라는 우회로를 선택합니다. 어떤 작가도 자기 경험을 완전히 벗어난 작품을 쓸 수는 없습니다. 고구려를 배경으로 한 역사소설이나 수천년 후를 묘사한 공상과학 혹은 판타지 소설이라 해도 크게 다르지 않습니다. 거짓말을 통해 진실을 이야기하는 소설 장르는 현실 속에 발을 담그고 살아야 하는 인간이 만들어낸 지혜로운 타협책입니다. 그러나 진짜 같은 거짓말을 줄줄이 이어갈 재주는 아무나 타고나지 않습니다. 그런 재주가 없는 저 같은 사람은 어떻게 이야기를 풀어가야 할지 잘 모르겠습니다. 실패할 것이 분명한 줄타기지만, 일단 아주 작은 것에서부터 이야기를 풀어가야겠지요.

3.

멘토가 너무 많아 숨쉬기 힘든 요즘입니다. '청춘' 같은 그럴듯한 단어를 앞세운 멘토들의 행진이 줄을 잇습니다. 선후배 사이의 소통을 화두 삼아 콘서트를 비롯한 다양한 문화행사도 기획됩니다. 심지어 경쟁을 통해 사람을 걸러내는 방송 프로그램에서도 멘토 이름을 단 사람들이 강압적이고 일방적인 지시로 복종을 강요합니다. 물론 멘토로 지칭되는 사람들은 대부분 저도 존경하고 좋아하는 분들입니다. 그런데도 저는 이 분위기가 낯설고 불편합니다.

대학에서 학생들을 가르치고 상담도 하면서 한때는 저도 누군가의 멘토가 되고 싶었고 스스로 좋은 멘토라고 생각한 적도 있습니다. 그런데 요즘은 그런 생각을 버렸습니다. 40대 중반에 이른 저도 여전히 성장하고 있는 '현재진행형'의 사람입니다. 제가 매일 겪고 있는 생각의 변화는 20대들과 다르지 않습니다. 이 글을 다 쓸 즈음의 김두식은 지금의 김두식과 전혀 다른 사람일지도 모릅니다. '불면 혹 날아가는 나이가 불혹(不惑)'이라는 우스개처럼, 우리 나이에도 실수는 계속됩니다. 우리도 20대처럼 매일의 실수를 괴로워하고, 상처 속에서 서로를 위로하며, 하루하루를 힘들게 버텨내고 있는 사람들입니다. 20대 중반에 억지로 걸쳐야 했던 군복처럼, 나이 때문에 젊어지게 된 어른이라는 옷이 저는 편치 않습니다. 그런 저이기에 이번 글을 통해 멘토가 아니라 여전히 자라는 과정에 있는 40대의 이야기를 나눠보고 싶습니다. 우리 안에서 아직도 정리되지 않은 채 불타고 있는 소년 소녀의 열정에 대해 말하고 싶습니다. 그 열정과 욕망을 겸손하게 인정하고 싶습니다.

그럴 리 없겠지만 혹시 저에게 뭔가를 배우려고 이 글을 읽는 10대, 20대가 있을지도 모르겠습니다. 그런 분들께는 이런 이야기를 들려드리고 싶습니다.

얼마 전 경북대에서 『불편해도 괜찮아』(창비 2010)라는 제 책을 주제로 짧은 강연을 한 적이 있습니다. 학생 중 하나가 이런 질문을 던졌습니다. "교수님, 혹시 '잉여'라는 말을 들어보셨습니까? 저는 매일의 제 삶이 잉여라고 느낍니다. 시간 나면 친구들과 이리저리 몰려다니고, 술 마시고, 껄렁한 이야기나 하면서 그냥 놉니다. 하루하루가 그렇게 지나갑니다. 무슨 뚜렷한 목표가 있는 것도 아닙니다. 열심히 살아봐야 제 인생이 이미 정해진 데서 크게 나아질 거라고 생각하지 않습니다. 여자친구를 사귈 의욕도 없습니다. 이런 저는 어떻게 살아야 합니까?"

질문을 받고 일순간 멍해지는 걸 느꼈지만 저는 곧 정신을 차렸습니다. 일단 "이 자리에 참석해서 그런 질문을 했으니 이미 잉여상태에서 벗어나는 첫 발걸음을 내디딘 셈"이라는 상투적인 답변을 내뱉었습니다. 이 정도 답변이면 그럭저럭 방어가 되었겠다 싶었습니다. 그러나 이내 저는 그게 아무 의미 없는 답변임을 깨달았습니다.

솔직히 우리 세대는 잉여의 무력감을 느낄 여력이 없는 삶을 살았습니다. 우리 세대의 문제는 오히려 목표의 과잉, 의욕의 과잉이었습니다. 어린시절 장래희망을 말하라고 하면 누구나 앵무새처럼 대통령, 교수, 의사, 변호사, 과학자 같은 목표를 이야기했습니다. 좀 자라고 나서는 군사독재 타도 같은 선명한 목표가 우리 세대를 지배했습니다. 그러니 잉여의 무력감을 느껴본 적도 없고, 그게 뭔지 솔직히 감조차 잡지 못합니다. 그런 40대가 20대에게 해줄 수 있는 조언 따위는 없습니다. 그 질문에 답할 수 있는 사람은 바로 오늘 그런 무력감을 느끼는 지금의 20대들 자신뿐입니다. 우리 세대는 그저 우리 세대의 이야기를 할 수 있을 뿐입니다. 다음 세대는 우리 세대의 성공과 실패, 한계를 참고하되 알아서 자신들의 길을 찾아야 합니다. 우리가 가르쳐줄 것은 아무것도 없습니다.

그걸 깨닫고 저는 답변 중간에 이야기를 바꾸었습니다. "솔직히 잘 모르겠습니다. 무슨 답이 있을지…… 함께 고민은 해보겠지만, 어차피 그 답은 제가 찾을 수 없을 겁니다. 그건 여러분 세대의 몫입니다."

지난 10여년 동안 참 많은 학생들이 인생의 길을 찾고자 제 연구실 문을 두드렸습니다. 한 학기에 한번씩은 강의시간 중에 "자살하고 싶은 순간이 오면 무조건 내 방을 찾아와라. 이유 불문하고 한나절을 놀아주겠다"고 이야기했습니다. 신기하게도 그러면 반드시 한두명의 학생이 제 방을 찾아왔습니다. 그럴 때마다 저는 그 학생의 이야기를 듣고 맞장구치고 무조건 용기를 북돋워주는 말만 했습니다. 원칙도 일관성도 없었습니다. 상대방에 따라 제 기분에 따라, 목표를 가지라고 했다가, 너무 목표지향적으로 살지 말고 좀 여유를 가지라고 했다가, 그저 되는대로 얼치기 점쟁이, 상담가 노릇을 했습니다. 그러다보니 나중에 그 학생이 다시 찾아와 "그때 해주신 말씀 덕분에 새 힘을 얻었다" 같은 고마운 이야기를 해줄 때면 고개를 갸우뚱했습니다. 도대체 내가 무슨 말을 했기에 저러나, 하면서요.

세상에는 5퍼센트의 멘토와 95퍼센트의 '꼰대'가 있습니다. 꼰대일수록 스스로 멘토라고 생각하는 경향이 있습니다. 그들은 듣기보다 말하기를 즐겨하고, 부탁받지 않아도 서둘러 '멘토질'을 자처합니다. 5퍼센트 안에 드는 진짜 멘토가 되고 싶다고요? 멘토와 꼰대는 종이 한장 차이입니다. 아무리 좋은 멘토라도 한발 삐끗하면 곧장 꼰대로 추락합니다. 그 추락에 걸리는 시간은 0.1초입니다. 웬만하면 위험한 멘토 노릇은 안 하는 게 낫습니다. 저는 멘토가 아닙니다. 제 글에서 혹시 멘토의 향기를 기대하셨다면 더 늦기 전에 이 책을 덮는 게 좋을 겁니다.

4.

글을 시작하기에 앞서 마음에 걸리는 것이 한두가지가 아닙니다만, 무엇보다 제 시선이 남성의 한계를 벗어나지 못하리라는 점을 미리 고백합니다. 예전에는 여성에 대해 아는 척을 많이 했고, 한때는 나름 '여성에게 잘하는 남성' 축에 낀다고 생각했습니다. 그러나 나이를 먹어갈수록 알 수 없는 게 여성이더군요. 여성 독자들께서 다른 의견을 들려주시면 제 생각을 발전시키는 데 큰 도움이 될 겁니다. 물론 남성 독자들의 반응도 대환영입니다.

1

거울부터 들여다보기

욕망의 인정

'오바'하는 아저씨들의
숨길 수 없는 욕망

　　　　　　첫눈에 봐도 좀 '오바'다 싶은 중년 아저씨였습니다. 그가 쓴 빨간 모자 중앙에는 어느 대학의 상징인 호랑이가 커다랗게 그려져 있었고 그 아래에는 단과대학이나 학과 이름 대신 최고경영자 과정 동문회로 짐작되는 이름이 조그맣게 적혀 있었습니다. 명탐정 홈즈는 아니라도 사회경험이 있는 사람이라면 충분히 그 아저씨의 출신을 짐작할 수 있을 겁니다. 자수성가한 사장님인데 나중에 인맥이 필요해서 특수대학원의 최고위 과정을 수료한 분! 미국에서 제일 좋다는 대학 이름을 커다랗게 박아놓은 아저씨의 티셔츠를 보면서 그 짐작은 개연성을 넘어 확실성의 단계로 넘어갑니다.

　　인상적이었던 것은 그 아저씨 옆을 지키는 자그마한 체구의 조용한 아주머니였습니다. 비행기에 타기 전부터 아저씨는 주변사람들이 다 들을 수 있는 큰 소리로 "뉴욕에 있는 내 사업 파트너는 말이야" 어쩌고 하며 부인으로 보이는 그 아주머니에게 별 내용 없는 이야기를 늘어놓았습니다. 그런데 아주머니는 오래전에 마음이 떠난 듯 무표정한 얼굴이었습니다. 놀라울 정도로 무관심하고 평화로웠습니다. 어차피 그건 부인에게 하는 말이 아니었습니다. '스피커'는 불특정 다수의 우리를 향해 있었으니까요.

비행기를 탄 후에도 아저씨의 꼴불견은 끝나지 않았습니다. 아저씨는 스튜어디스를 붙잡고 큰 소리로 그 항공사의 누구누구 부사장을 아느냐고 물었습니다. 스튜어디스는 "아, 네" 하면서 슬쩍 넘어가려고 했습니다. 이런 일을 한두번 겪은 게 아닌 눈치였습니다. 그러자 아저씨는 그 항공사의 사무실이 지하철 무슨 역에 있지 않느냐고, 거기에 친구인 부사장을 직접 만나러 간 적도 있는데 모르냐고 집요하게 캐물었습니다. 그때 저는 하마터면 이렇게 말할 뻔했습니다. 그 항공사 본사가 지하철 없는 동네로 이전한 게 벌써 몇년 전인데 친한 친구라며 그것도 모르냐고, 그래서 어쨌다는 거냐고, 좀 조용히 할 수 없냐고요. 어색한 미소를 지으며 스튜어디스 몇명이 지나간 뒤에 아저씨는 '왜 쟤들은 내가 자기네 부사장 친구라는데도 별로 놀라지 않지?' 하는 뜨악한 표정으로 저를 향해 쑥스러운 미소를 날렸습니다. 아주머니는 여전히 이 모든 일이 자기와는 전혀 상관없다는 얼굴입니다.

장시간 비행을 위해 객실의 불을 끄기 직전, 스튜어디스들은 미국

입국을 위한 출입국 기록카드(I-94)를 나눠주었습니다. 그때부터였습니다, 자신만만하고 세상을 다 가진 것 같던 아저씨의 눈동자가 불안하게 흔들리기 시작한 건. 아저씨는 여권과 비행기표를 꺼내들고 용지를 한동안 뚫어지게 바라보았습니다. 그러고는 볼펜을 꺼내 뭔가를 열심히 적다가, 지나가는 스튜어디스를 붙잡고 자기가 제대로 적은 것인지 물었습니다. 스튜어디스가 어떤 부분을 지적하며 잘못 적으셨다고 이야기하자 아저씨는 어색한 웃음을 지으며 "맞아, 그렇지" 하며 다 아는데 실수했다는 표정을 지었습니다. 새로운 용지를 받아 다시 적기 시작, 다시 스튜어디스를 호출, 다시 새로운 오류 확인, 다시 적기 시작…… 이런 동작이 마치 녹화테이프 돌아가듯 거의 20분 동안 반복되었습니다. 이미 다른 승객들은 대부분 잠이 든 상태였습니다.

결국 스튜어디스는 등받이에 꽂힌 안내책자를 찾아 출입국 기록카드의 기재 예시를 아저씨에게 보여주며 "이걸 보고 따라 적으시면 된다"고 이야기해주었습니다. 그런데도 아저씨의 고난은 쉽게 끝나지 않았습니다. 이마에는 구슬땀이 맺혔습니다. "대신 써드리겠다"고 말해볼까, 몇번이나 망설였습니다. 그러나 아저씨의 자존심을 위해 모르는 척하는 편이 낫다는 착한 생각과, 아저씨의 '진상' 짓은 혼이 좀 나야 한다는 못된 생각이 교차했습니다. 결국 저는 그냥 눈을 감고 자는 척했습니다. 아마 복도를 지나다니던 스튜어디스들도 저와 비슷한 생각이었을 겁니다.

기재 예시에도 불구하고 아저씨를 끝까지 괴롭힌 것은 성별을 적

는 칸이었습니다. 'Sex(Male or Female)'라는 질문이 아저씨에게 생
소했던 모양입니다. 고개를 갸우뚱하던 아저씨는 결국 스튜어디스
를 붙잡고 Male과 Female이 무슨 소리냐고 물었습니다. 스튜어디스
가 Male은 남자, Female은 여자를 의미한다고 답하자, 아저씨는 큰
소리로 "맞아, 그렇지. 하지만 남자는 맨, 여자는 우먼이면 됐지 뭘
이렇게 어렵게 적어놓나, 나 참. 영어를 써본 지가 오래돼서……"라
며 헛기침을 날렸습니다. 그 칸에 파트너와의 성관계 횟수를 적었
다는 우스개의 주인공까지 되지는 않았지만, 그때까지 아저씨가 보
여주려 했던 '고려대, 하바드대, 부사장 친구' 등의 딱지들은 흐물흐
물 녹아내렸습니다. 그후에도 출입국 기록카드 쓰기라는 아저씨의
고난은 10여분 넘게 계속되었습니다. 부인 것까지 쓰느라 그랬던 것
같습니다. 이 모든 일이 진행되는 동안 아주머니는 내내 침묵을 지
켰습니다. 그런 아저씨와 평생을 보내며 이제는 모든 것이 담담해진
듯 보였습니다.

별로 특별할 것도 없는 이야기입니다. 저는 거의 매주 KTX 기차
안에서 이런 아저씨들을 만납니다. 공통점은 꼭 지하철, 버스, 기차
에서 누군가와 큰 소리로 통화를 한다는 것이죠. 통화내용은 99.99
퍼센트 아무 내용이 없습니다. 그런데도 목소리는 열차 전체가 쩌렁
쩌렁 울릴 정도로 우렁찹니다. 통화 중에는 보통 유력인사와의 관계
가 언급되지요. "응, 김 의원 만나고 돌아가는 길이야. 그 친구 여전
하더라고……" "박 회장, 잘 지내시나? 허허허. 나는 별일 없지" "최
검사랑 내가 친하기는 하지. 내가 처리해줄게" 뭐 이런 식입니다. 이

런 분들이 하는 대화의 상대방은 사실 휴대전화 너머에 있지 않습니다. 대화의 진짜 상대는 주변에 있는 불특정 다수입니다.

심지어 동료교수 중에도 이런 분들이 있습니다. 국회의원, 부장검사 친구들의 이름을 입에 달고 다니고, 식사 도중에 뜬금없이 그런 사람에게 전화를 걸기도 하지요. 별 내용도 없는 안부전화를 하고는, 옆사람이 묻지도 않는데 "응, 이 부장검사라고 알지? 대학동기라서 친해" 같은 설명을 덧붙입니다. 역시 통화의 대상은 휴대전화 건너편이 아니라 옆좌석의 우리들이죠. 이상하게도 이런 스타일의 여자분을 만나본 경험은 없습니다. 큰 목소리로 전화를 하는 아주머니들이야 자주 볼 수 있지만, 그분들 대화의 진짜 상대방이 옆자리의 우리인 경우는 없더라는 거죠.

이런 아저씨들을 볼 때마다 제가 느끼는 것은 단순히 '시끄럽다'가 아닙니다. 그 이상의 불쾌함이 있습니다. 아저씨들의 욕망을 예민하게 잡아내 반드시 비웃어야 직성이 풀립니다. 왜 그럴까요? 아저씨들의 욕망이 바로 저의 욕망이기 때문입니다. 그런 아저씨들처럼 미숙하게 자기를 과시하다가 웃음거리가 되는 일은 별로 없지만, 비슷한 욕망은 지금도 저의 내면을 스물스물 기어다닙니다. 아침 일찍 현직 장관으로부터 뭔가를 상의하는 전화를 받으면, 저는 그날 점심시간이나 강의 중에 지나가는 이야기로라도 반드시 슬쩍 그 일을 언급합니다. 학생들에게 최신 이슈를 알려줌으로써 학습효과를 높이기 위해서라고 변명하고 싶지만 거짓말이죠. 비행기의 아저씨와 욕망을 표출하는 방식에만 차이가 있을 뿐, 욕망의 본질은 다르지 않습니다. 인정받고 싶은 거죠. 더 정확하게 말하자면, 날 함부로 무시하지 말라는 과시 같은 거고요. 제 내면에 자리한 그런 이상한 과시욕구를 볼 때마다 '어쩌면 인간 남성은 인간 여성보다 침팬지 수컷에 훨씬 더 가까운 존재인지도 모른다'는 생각을 하게 됩니다. 제가 운이 좋아서인지 몰라도, 주변에서 이런 욕망을 안고 사는 여성은 별로 본 적이 없거든요.

'듣보잡'의 하루

책을 몇 권 쓰고 나서 저를 존경한다는 이메일을 가끔 받습니다. 대개는 저를 알지 못하고 글로만 접한 분들의 메일입니다. 그럴 때마다 저는 이렇게 답합니다. "글을 쓰다보면 누구라도 자기를 포장하기 마련입니다. 글 속에 그려진 저하고 실제 저는 많이 다릅니다. 저는 전혀 존경받을 만한 사람이 아닙니다." 그러면 예외없이, 겸손하신 걸 보니 진짜로 존경스럽다는 답장이 날아옵니다. 물론 당혹스럽습니다. 그러나 정말 당혹스럽기만 할까요? 아니죠. 솔직히 기분 좋습니다. 세상이 그런 독자들로만 넘쳐났으면 좋겠습니다. 습관처럼 겸양을 떨지만, 실은 그런 겸양을 떨어야 존경받을 수 있다는 사실을 알 뿐입니다. 이런 상황에서 겸양 떠는 것 말고 다른 반응을 배워본 적도 없습니다. 나이 먹어가면서 교활하다 싶을 정도로 겸양 떠는 기술만 늘어갑니다.

저에게는 글을 써서 유명해지고 싶다는 뿌리깊은 욕망이 있습니다. 그런데 마음 한구석에는 유명해지고 싶지 않다는 또다른 욕망도 있습니다. 정확히 말하자면 유명해지고 싶은 욕망을 들켜서는 안 된다는 욕망인지도 모르겠습니다. 어쨌든 두 욕망은 서로를 미워하며 같은 방을 써왔습니다. 10대 청소년이 꽃잎을 하나씩 뜯으며 사랑한다, 사랑하지 않는다를 중얼거리는 장면을 상상하면 이해하기 쉬울 겁니다. 제가 뜯고 있는 것은 아무리 뜯어도 끝나지 않는 양파껍질 같은 욕망입니다. 하나씩 뜯을 때마다 나는 유명해지고 싶다, 유명해지기 싫다를 반복합니다. 저의 욕망은 그만큼 다층적입니다. 르네 지라르(René Girard)의 말을 빌리면 "인간은 강렬하게 욕망하면서도, 무엇을 욕망하는지 정확하게 알지 못하는" 존재입니다. 욕망은 그렇지 않아도 복잡한 것인데, 욕망을 드러내서는 안 된다는 우리 사회의 묵시적 계율 때문에 우리 욕망은 원형을 알아볼 수 없을 정도로 뒤틀어졌습니다.

지루한 장마가 시작되던 지난여름, 무엇이든 하고 싶은 이야기를 편하게 써보라는 출판사의 제안을 받았습니다. 먼저 인터넷에 연재하고 글이 쌓이면 책으로 낸다는 매력적인 조건도 붙었습니다. 법학이나 사회과학의 탈을 쓰고 여기저기 폼 재며 훈수 두러 다니는 스스로가 슬슬 지겨워지던 참이었습니다. 출판사에 슬쩍 저의 사정을 말했습니다. "몇년 전에 '우리시대 희망찾기' 프로젝트를 기획했던 희망제작소에 매일 출근하다시피 하면서 『불멸의 신성가족』을 썼는데 참 효율적이더라, 서울에 머무는 동안 출판사 구석이라도 글 쓸 장소가 있으면 좋겠다." 마땅한 집필공간이 없는 저의 형편을 이해한 편집장은 얼마 후 "출판사의 서울 회의실에 마침 비어 있는 자리가 있으니 방학 동안은 쓸 수 있을 것 같다"고 알려왔습니다. 우리 집에서 지하철로 다섯 정거장 거리에 있는 깨끗한 건물의 3층 구석방이었습니다.

　모든 글쓰기는 시작이 반입니다. 그만큼 시작이 어렵습니다. 그날도 오후 내내 구석방에 앉아 컴퓨터를 뚫어지게 바라봤지만 답이 나오질 않았습니다. 내가 정말 하고 싶은 이야기라는 게 도대체 있기는 한 걸까, 괜한 글쓰기 약속을 한 것은 아닐까, 후회에 몸을 떨며 우두커니 앉아 있는데 불쑥 편집장이 문을 두드렸습니다. 아래층에서 계간지 편집회의 중이니 편집위원들과 인사를 나누자는 것이었습니다. 우리 사회의 어지간한 지식인들은 모두 읽는다는 전통의 계간지, 한때는 옆에 끼고 다니기만 해도 폼이 났다는 바로 그 잡지였습니다. 같은 건물에서 계간지 회의가 가끔 열리기 때문에 인사도 없이 화장실에서라도 마주치면 피차 민망할까봐 미리 소개를 시키고자 했던 것 같습니다. 저는 잠시 망설였습니다. 좋은 그림이 아니라고 느꼈기 때문이죠. 그냥 본능이었고, 이럴 때는 본능을 따르는 것이 대개 옳습니다. 그러나 마땅히 거절할 이유가 생각나지 않았습니다. 마지못해 따라나섰죠. 언제나처럼 저는 청바지와 티셔츠 차림에, 곧 나가야 해서 커다란 백팩을 등에 멘 상태였습니다.

　아래층은 넓은 회의실이었습니다. 휴식시간이었는지 티테이블과 책상 주변에 사람들이 삼삼오오 모여 있었지요. 족히 스무명은 되어

보였습니다. 과거에 제가 관여했던 (그래서 곧 망한) 잡지들의 모임과는 사뭇 다른 풍경이었습니다. 자유로운 계간지 모임이라기보다는 역사가 오래된 인문학 학회의 휴식시간 같아 보였습니다. 참석자들 사이에 나름의 서열이 존재하는데, 그러면서도 자유로움을 보여주고 싶어하는 그런 공기…… 0.1초 동안 이방인인 저의 눈에 들어온 분위기는 그랬습니다. 사람들 사이를 뚫고 들어가 편집장이 누군가에게 저를 소개했습니다. "김두식 교수님이십니다." 아마 그것만으로 소개가 충분하다고 생각했던 모양입니다. 원래 출판사 편집자들은 자기가 담당하는 저자가 유명한 사람이라고 착각하는 경향이 있거든요. 유명한 저자이기를 소망하다보니, 어느새 사실로 믿게 된건지도 모릅니다. 그 중견 교수는 '누구시더라' 하는 표정으로 인사를 받았습니다. 뭔가 엇나간다는 느낌이 들었지만, 돌이키기에는 너무 늦었습니다.

이럴 때는 빨리 인사만 마치고 나오는 게 그나마 살길. 저는 허리를 굽혀 "네. 경북대 김두식입니다"라고 말하고 바로 자리를 뜨려 했습니다. 어색한 분위기에 당황한 편집장이 급히 덧붙였지요. "『불멸의 신성가족』을 쓰신 그분입니다." 옆에서 누군가 알 듯 모를 듯한 미소를 띠며 "아, 『불멸의 신성가족』요?" 하며 아는 척을 했습니다. 그러자 그분이 어디서 들은 것도 같다는 표정으로 물었습니다. "경북대 계시면 뭘 가르치시나요?" 역시 저를 전혀 모르는 것이 틀림없었습니다. 그래서 마땅히 할 말을 찾지 못하는 기색이 역력했습니다. 괜히 끼어들었다는 후회와 함께 '저는 당신들한테 바라는 게

아무것도 없거든요'라고 외치고 싶었지만, 입에서는 다른 소리가 나왔습니다. "법학 가르칩니다. 다음에 뵙겠습니다." 황급히 자리를 떠나며 다른 몇분과도 인사를 했습니다. 역시 비슷한 분위기였습니다. 상대방에게 조금의 악의도 없음을 잘 알기에 자존심은 더 상하는 상황…… 책을 다섯권도 넘게 썼는데…… 그것도 어려운 전공서적이 아니라 나름대로 대중적인 책들이건만…… 쩝……

어색하게 자리를 떠나며 찬찬히 그 상황을 반추해보았습니다. 사실은 자주 겪는 일이라 제게는 별로 특이할 것도 없습니다. 이런 일은 언제나 선의를 가진 중간매개자들 때문에 생기지요. 그들이 저를 소개하며 '유명한' 따위의 수식어를 붙일 때마다 정말이지 온몸이 오징어처럼 오그라듭니다. 그리고 밀려드는 '듣보잡'의 설움. 물론 이 글을 읽는 누군가는 네가 무슨 듣보잡이냐며, 엄살떤다거나 징징거린다는 식의 반응을 보일 겁니다. 인터넷에서 지방대 출신을 비하하기 위해 시작된 이런 단어는 아예 쓰지 않는 게 정치적으로 옳습니다. 그러나 '듣도 보도 못한 잡것'으로 자리잡은 이 표현만큼 이런 때의 기분을 잘 드러내는 단어도 찾기 어렵습니다.

생각해보면 우리가 사는 시대에 대부분의 글쟁이들은 결국 듣보잡일 수밖에 없습니다. 다원화된 사회에서 전국민이 아는 작가가 된다는 것은 애초에 불가능한 목표이기 때문입니다. 물론 공지영, 조국, 이외수, 진중권, 안철수, 박경철 같은 전국민적 스타들도 있습니다. 하지만 그 '급'의 작가들은 정말 손으로 꼽을 정도죠. 그 '급'이 아닌 이상, 자기 분야를 한걸음이라도 벗어나면 누구라도 듣보잡 대접을 받게 됩니다. 자기보다 젊은 작가의 글은 잘 안 읽는 우리 풍토에서 세대차이까지 끼어들면 누구도 듣보잡 신세를 면하기 힘듭니다. 억울해할 일이 아니란 말씀입니다. (적다보니 완전 '정신승리' 분위기네요.) 그러나 그런 생각을 한다고 기분이 나아지지는 않습니다. 아무리 이야기 중이었다 한들, 또 제가 먼저 인사를 청했다 한들, 제가 공지영, 조국, 이외수, 진중권, 안철수, 박경철 '급'의 작가였다면 그런 그림이 나왔을 리 없으니까요. (다시 '급좌절'.)

한창 이야기 나누는 사람들 사이에 인사를 청하겠다고 끼어든 것도 문제였습니다. 인사를 누가 먼저 청하느냐에 따라 갑과 을의 관계가 갈리기 마련, 당연히 먼저 인사하러 나서는 쪽이 을이 되지요. 회의 중간에 갑자기 끼어들어 인사를 한다면 대체로 뭘 부탁하려는 사람입니다. 유명한 계간지 편집진과 안면을 터서 글이라도 실으려는 작자라고 생각했을 수도 있습니다. 물론 그분들이 실제로 그렇게 생각했을 가능성은 제로에 가깝습니다. 고작 1~2분 동안 일어난 일이라 그분들은 누군가 인사를 했다는 사실조차 기억하지 못할 테니까요. 문제는 그분들이 아니라 상황이 만들어낸 갑을 관계입니다.

이런 이야기를 꺼내는 저도 강연장에 서거나 싸인회를 할 때면 상대방이 누구든 졸지에 그를 듣보잡으로 만드는 일이 많습니다. 갑자기 서명을 부탁하는 분이 있으면 당황해서 자리를 피하느라 결례를 범하는 경우도 있습니다. 특히 기자들에게는 제 자존심을 세우느라 차갑게 대할 때가 많습니다. 우리 학교 신문기자 중에는 강연장에서 우연히 저를 만나 인터뷰를 부탁했다가 너무 차갑게 거절당해서 그 아픔을 몇 년 후에 따로 털어놓은 학생이 있을 정도입니다. 어쨌든 문제는 저의 자격지심!

일단 '듣보잡'의 낭패감을 느끼는 순간 마음속 깊은 곳에서 욕망이 꿈틀거리기 시작합니다. '나도 그 급이 될 수 있거든!' 그리고 다른 한쪽에서는 오래된 변명이 고개를 들지요. '나는 유명해지지 않기를 선택한 거지, 유명해지지 못한 게 아니야. 이건 내 선택 때문에 겪는 불편일 뿐이야.' 비슷한 일을 겪은 후 가끔 듣던 후문(後聞)도 기억 속에서 억지로 길어올립니다. "옷차림과 얼굴이 너무 젊어 보이셔서 설마 그분일 줄은 몰랐어요." 보나마나 마음 착한 매개자가 어색함을 수습하기 위해 만들어내 전해준 이야기겠지만, 저는 얼마 전부터 그런 뒷이야기를 믿기로 했습니다. 저도 살아야겠기에. 물론 어떤 합리화를 덧붙이든 기분은 꿀꿀합니다. 분석하고 있는 스스로가 더 한심하게 느껴질 뿐이고요.

삽질에 가까운 간접 자랑질
"저는 그런 사람이 아닙니다"

하필 그날 저녁 어느 인권단체 행사의 뒤풀이에 참석했습니다. 진보진영의 한가락 한다는 유명인사들이 바글바글한 모임이었습니다. 술을 마시지 않고 사람들과 자주 어울리는 편이 아닌 저는 늘 그렇듯 맨 구석에 자리를 잡았지요. 한 명씩 자기소개를 해야 하는 어색한 시간…… 언제나처럼 "경북대 김두식입니다"라고만 밝히고, 그 단체를 이끄는 분의 탁월한 조직력과 섭외력을 칭송한 뒤 바로 자리에 앉았습니다. 무조건 짧게 말하기, 듣보잡 경험이 쌓이면서 생긴 나름의 방어책입니다. 그런데 누군가 저를 배려한다고 한마디 덧붙이는 소리가 들립니다. "김두식 교수님은 유명한 분이신데, 모르시나요?" 물론 그에 대한 반응은 전혀 없었습니다. 저는 마음속으로 다시 외쳤습니다. '아 제발 그렇게 말하지 말아주세요. 더 썰렁하잖아요. 진짜 유명한 사람이라면 그런 소리 안 해도 다들 알아봐요!' 하루에 듣보잡 2연타라니.

상한 속을 달래며 사이다를 들이켜는데, 젊은 기자 하나가 제가 앉은 테이블로 찾아와 인사를 건넸습니다. 순간 안도했습니다. 그럼 그렇지, 나를 알아보는 기자가 있군. 그런데 아니었습니다. 그가 찾아온 이유는 몇년 전 제가 쓴 글의 내용 일부를 정중하게 항의하기 위한 것이었습니다. 갑자기 치고 들어온 젊은 기자 때문에 잠깐 당황한 사이 몇명의 기자들이 합세했습니다. 대체로 저에게 비판적인 기자들이었습니다. 약간의 어색함은 있었지만, 다행히 다들 좋은 사람이라 곧 분위기를 정리하고 서로에 대한 덕담으로 이야기가 이어졌습니다.

그런데 그 순간 제가 갑자기 '웃기는 짬뽕'으로 변신했습니다. 듣보잡에 이어 항의까지 받다보니 방어기제가 작동한 모양입니다. 저는 뜬금없이 "제가 그런 사람 아니거든요" 따위의 허접한 멘트를 날리기 시작했습니다. 술도 안 마셨는데 저의 설명은 횡설수설, 과거에도 가끔 자랑이 하고 싶을 때 은근히 꺼내들던 이야기를 종합선물

세트처럼 주절주절 주워섬기고 있었습니다. 그날 제가 벌인 자랑질의 기본 줄거리는 다음과 같습니다. 장면에 따라 조금씩 달라지지만 제가 잘난 척할 때 쓰는 모든 레퍼토리는 다음 이야기에 포함되어 있습니다. (읽는 도중 토가 나올 수 있으므로, 식사 직후인 분들은 이 부분만 나중에 따로 읽으시기를 권합니다.)

저는 벌써 6년 가까이 신문에 글을 쓰지 않았습니다. 방송 출연도 모두 거절했습니다. 무슨 대단한 결심을 했거나 따로 절필 선언을 한 것은 아닙니다. 좁디좁은 한국사회에서는 조금만 유명해지고 나면, '아주 많이' 유명해질 것인지 아니면 대충 그쯤에서 멈출 것인지 선택해야 하는 순간이 옵니다. 나도 모르게 하루아침에 유명해졌다고요? 그런 일은 잘 없습니다. 유명해지기 위해서는 의지가 필요합니다. (뭔 소리래?)

매체가 지배하는 21세기 자본주의사회에서 유명해지는 데 필요한 재능이란 한줌의 눈덩이와 같습니다. 우리는 산꼭대기를 향해 그 눈덩이를 굴리며 조금씩 힘겹게 올라갑니다. 어느새 눈덩이는 품에 꼭 안길 정도의 아담한 크기가 됩니다. 그리고 이제 꼭대기에 올라섭니다. 자, 선택의 순간입니다. 방송에서 코멘트를 따겠다고 하루에도 몇번씩 전화가 오고, 신문에서는 기명칼럼 코너를 따로 만들어주겠다고 합니다. 주부 대상 프로그램에서는 시간을 통째로 주겠다고 제안합니다. 여기서 산 아래를 향해 눈덩이를 굴리면 이젠 자신도 통제할 수 없을 정도로 유명한 사람이 될 수 있습니다. 자기 이름이 브랜드가 되고 그 이름을 파는 것만으로 곧 부자가 될 수 있습니다. 처음부터 유명해지는 게 인생의 목표였던 사람은 이 모든 일이 한달음에 진행되는 걸 특별한 고민 없이 지켜보기만 하면 됩니다. 그런데 저는 아니었습니다. (이 부분에서 목에 힘이 팍 들어갑니다.)

책을 내고 칼럼도 쓰면서 한창 상승세를 타던 어느날, 저는 불쑥 그만 유명해지기로 마음먹었습니다. (완전 오글오글, 이하 두 문장마다 한번씩 오글오글 추가.) 아직 준비가 안 되었다는 생각 때문이었습니다. 보수적인 신문들 몇곳에서 정기적으로 칼럼을 연재해달라는 부탁을 받은 게 결정타였지요.『한겨레』에만 3년쯤 글을 썼는데, 오히려 보수 신문의 인정을 받는 사람이 되다니…… 모두 그만해야겠다 싶었습니다. 솔직히 더 쓸 말도 별로 없었습니다. 원고지 9.5매에 담을 수 있는 내용에는 처음부터 한계가 있었습니다. 무슨 자문위원회에 함께 참여하며 한달에 한번꼴로 만나뵙던 김선주 선생님께 그런 고민을 말씀드리니, 선생님은 간단히 결론을 내려주셨습니다. "쓰기 싫으면 쓰지 마. 다 그만두고 쉬다보면 또 쓰고 싶을 때가 생겨. 그때 쓰면 돼." 지혜로운 선배의 조언을 듣고 깨끗하게 그만두었습니다. 강연 요청에도 응하지 않기로 했습니다. 꼭 하고 싶은 이야기가 있으면 책으로 하기로 했습니다.

나서기를 그만두니 선명하게 눈에 들어오는 게 있었습니다. 이른바 '뜨다' '띄우다'와 관련한 묘한 분위기였습니다. 방송 출연이나 글을 부탁하는 사람들 중에는 일부이기는 하지만 "내가 당신을 발굴했다(또는 발굴하겠다)"는 뉘앙스를 팍팍 풍기는 사람들이 있습니다. 그들은 마치 맡겨놓은 물건을 도로 찾아가는 주인처럼 출연이나 기고를 부탁합니다. 물론 미숙한 사람들입니다. 하긴 얼굴을 알리고 자기 이름을 브랜드로 만드는 것이 성공의 지름길인 구조 속에서, 성숙한 사람이라 한들 누군가를 '띄울' 권력을 과시하지 않기란 무척 힘들 겁니다. 칼럼 기고나 방송 출연을 갈망하는 사람들이 바람을 넣은 면도 있겠지요. 작은 권력에 취한 미성숙한 사람일수록 "6년째 방송 출연을 안 해왔고 앞으로도 당분간은 생각이 없다"는 저의 대답을 듣고는 풍선 바람 빠지는 소리를 내며 조용히 사라졌습니다.

전화를 받을 때마다 저는 저보다 더 훌륭한 변호사나 법학자를 추천했습니다. 그런데 미숙한 사람일수록 그런 이름들을 쉽게 버리더군요. "아, ○○○ 교수님요? (우습다는 듯이) 여기저기 너무 자주 얼굴을 비치시잖아요? 나오면 하나마나한 말씀만 하시고…… 저희는 그런 분 별로고요, 김 교수님처럼 신선한 분을 원합니다." 이런 식으로 말하는 사람하고는 거래하지 않는 게 좋습니다. 몇달 지나면 저도 '하나마나한 말씀만 하는' 사람으로 전락할 게 분명하니까요. 어쨌든 이런 거절이 5년 이상 계속되면서, 이제는 "그 신문사의 고참들은 제가 인터뷰 안 하는 것 다 아는데요" 같은 말로 신참기자들 기죽이는 수준에 이르렀습니다. 한마디로 나는 니들이 생각하는 이름이나 파는 사람이 아니라고 말하고 싶었던 겁니다.

한국사회는 바닥이 좁습니다. 인터뷰를 안 하기로 하면 모두 안 해야지, 어떤 매체는 거절하고 어떤 매체는 응하게 되면, 거절한 매체와는 앞으로 원수가 될 각오를 해야 합니다. '나랑은 안 해주면서, 큰 매체하고는 한다 이거지? 온갖 고상한 소리는 다 하면서 실제로는 자기 잇속만 차리는 놈, 언젠가는 내가 네 정체를 밝혀주리라' 뭐 이런 식이죠. 그래도 일단 거절을 결심한 다음에는 독하게 밀어붙였습니다. 심지어 대학신문이나 중고등학생들의 인터뷰 요청도 모두 거절했습니다. 그렇게 거절에 관성이 붙다보니, 나중에는 강연 요청도 대부분 거절하게 되었습니다. 덕분에 아주 먼 지방에서 소수의 사람들이 강연 요청을 해올 때면 안도의 한숨을 내쉴 수 있었습니다. 나에게 이익이 되는 것도 거절해왔으니 이걸 거절해도 양심에 꺼릴 게 없다, 얼마나 다행인가, 생각하면서요. 가끔은 사회적 책임을 방기하는 것 아닌가 걱정될 때도 있었지만, 일단 몸이 편하니 좋았습니다.

그런데 문제는 책이 나올 때였습니다. 사람들과 책으로 대화하기로 마음먹었으니 적어도 책의 출간은 사람들에게 알려야 했습니다. 물론 책에는 독자적인 생명력이 있어서 될 책은 되기 마련입니다. 책은 출간되는 순간부터 저자와 분리된 채 자기 갈 길을 갑니다. 그런 점에서 자식과 같습니다. 제가 쓴 책들이 대부분 그랬습니다. 출간된 직후에는 사람들의 큰 주목을 받지 못했고, 몇천권 팔리면 곧 기억에서 사라졌습니다. 그런데 심지어 저자인 저도 잊어버릴 즈음, 눈 밝은 독자가 제 책의 어떤 숨겨진 가치를 찾아내 입소문을 내면, 그런 책은 다시 생명을 얻고 스테디셀러가 되었습니다. (잘난 척도 이 정도면 일정한 경지에 이른 거죠?)

이런 믿음 때문에 저는 책을 낼 때 추천을 받지 않고 남의 책도 추천하지 않습니다. 요즘 거의 모든 책에 유행처럼 번지고 있는 추천의 열풍은 과도한 면이 있습니다. 화려한 추천사는 그 책의 가치를 증명하기보다는 저자와 출판사의 인맥을 과시할 뿐입니다. 사정이 이렇다보니 독자들도 추천사를 믿고 책을 사지는 않습니다.

출판사에 미리 그런 생각을 이야기해놓아도 막상 책이 나온 뒤에는 인터뷰를 피하기 어렵습니다. 인터뷰뿐만이 아니죠. 때로는 북콘서트, 저자와의 대화 같은 각종 이벤트에도 얼굴을 내밀어야 하고, 줄을 선 독자들을 위해 즉석 싸인회도 열어야 합니다. 저자와 독자의 접촉빈도가 신간 홍보에서 차지하는 비중이 갈수록 높아지는 까닭입니다. 요즘처럼 매일 엄청난 숫자의 책이 쏟아지는 상황에서 그렇게라도 하지 않으면 독자들은 자기가 좋아하는 저자의 신간 출간소식조차 알기 어렵습니다. 인터넷서점에서 개최하는 각종 강연회도 강연회 자체가 목적이라기보다는 그 강연회를 홍보하는 배너광고를 통해 독자들에게 지속적으로 출간소식을 알리는 의미가 큽니다. 잦은 강연을 통해 이름값을 올리면 그에 따라 책의 판매가 늘고, 책 판매가 늘면 이름값이 더 올라가고, 그러면 강연 요청도 늘고 책도 더 팔리는 씨너지 효과가 있습니다.

이런 판국이니, 원칙적으로 인터뷰는 않겠다고 미리 출판사와 이야기해놓아도 얼굴 알리기를 완전히 피할 수는 없죠. 한두번 인터뷰를 할 때마다 걱정도 되었습니다. 중요한 사회적 이슈가 있을 때는 인터뷰를 기피하더니, 자기 책 장사할 때는 인터뷰를 하는구나, 뭐 이런 소리를 듣게 될까 두려웠던 거죠.

저는 사람들하고 어울리는 것을 즐기는 편이 아닙니다. 집과 학교만 오락가락하고 술자리에는 통 섞이지 않으니 친구들도 많지 않습니다. 오죽하면 '한번 만나면 친구, 두번 만나면 아주 친한 친구, 세번 만나면 둘도 없는 친구'라고 말하고 다니겠습니까. 책도 대부분 혼자 썼습니다. 작업을 혼자 하다보니 엉뚱한 오류가 나오는 경우도 많았습니다. 신문에 글도 쓰고 했으니 기자들을 많이 알 것 같죠? 제가 글을 쓴 신문사 기자들 중에 저하고 두번 이상 만난 사람은 다섯 손가락을 넘지 않습니다. 세번 이상 만난 사람은 아마 세명 정도 되려나요.

예전에는 잘 몰랐는데 그게 현명한 게 아니더군요. 한국사회에서는 사람을 많이 아는 게 곧 힘입니다. 나쁜 일이 터졌을 때 "그 친구가 그럴 사람이 아닌데……"라고 한마디 해줄 사람이 너무나 절실합니다. 누구도 자기와 친분 없는 사람을 위해 그런 변명을 해주지는 않는 까닭이죠. 혼자 지낸다는 것은 그 모든 손해를 감수하는 일입니다. 그래도 그럴 가치는 있지요. '자기만의 목소리'라는 포기할 수 없는 장점이 있으니까요.

　헉헉, 자, 이래도 제가 상업적인 동기로 거짓을 책에 적거나, 야심을 갖고 움직이는 사람으로 보이십니까? (물론 마지막 말까지 진짜로 입에 올린 것은 아닙니다. 제가 그 정도로 멍청하지는 않거든요. 저의 내면을 그대로 보여주는 '자랑질'은 여기까지 하겠습니다. 잘 참아주신 독자들께 감사드립니다.)

정직하게 거울을 들여다보면

　　　　　　　만약 여러분이 제 앞에서 이런 이야기를 듣고 있었다고 상상해보십시오. 누구라도 이렇게 외치고 싶겠죠. "쥐뿔도 없는 게 잘난 척은……" 그날 뒤풀이 장소에서 제가 대놓고 그런 말을 듣지 않았던 것은 순전히 상대방 기자들이 훌륭한 사람들이었기 때문입니다. 듣보잡 2연타에 이어 자랑질까지…… 저에게나 상대방에게나 여러모로 끔찍한 하루였습니다.

　눈 밝은 사람이라면 지금까지의 '자랑질'을 읽고 제가 어떤 사람인지 금방 파악했을 겁니다. 따로 설명이 필요없겠죠. 누가 묻지도 않는데 이런 얘기를 주절주절 풀어내는 사람이 있다면 그는 욕망의 덩어리임에 틀림없습니다. 진짜 욕망에서 자유로운 사람은 이런 말을 하지 않습니다. '유명해짐'이라는 관념 자체가 머리에 들어 있지 않은 까닭에, 유명해짐이 아예 화제가 될 일이 없지요. 유명해지지 않기로 했다는 식의 유치한 이야기를 하는 사람은 유명해지겠다는 욕망의 덩어리인데다가 복잡하기까지 한 존재입니다. 욕망을 숨기려고 하다보니 사람 자체가 맑지 않습니다.

　아주 가끔 "김두식 교수는 뭔가 야심이 있는 사람 같아서 별로야" 따위의 평가를 전해들은 적이 있습니다. 처음 보는 기자들에게 장광설을 늘어놓은 데는 그런 평가를 뒤집고 저의 진면목을 알리고 싶다는 욕망도 작동했을 겁니다. 사실 그런 평가를 들을 때마다 불쾌했습니다. 불쾌했던 이유는 세가지입니다. 첫째로는 그 평가가 사실이기 때문입니다. 저는 야심이 있는 사람입니다. 이미 말씀드린 것처럼 책으로 이름을 날리고 싶은 야심이지요. 그걸 잘 숨기고 사는데, 누군가에게 들키는 게 유쾌할 리 없습니다. 동시에 '세상에 야심 없는 사람은 도대체 누굴까, 바로 너 한명뿐?'이라고 되묻고 싶은 마음도 생깁니다. 둘째로는 그 평가가 사실이 아니기 때문입니다. 기자들이 관심을 갖는 야심이란 보통 정치적 야심을 의미합니다. 그런데 저는 요즘 유행하는 말로 '권력의지'가 매우 약한 사람입니다. 남의 숨겨진 야심을 잘 찾아내는 사람은 대개 그 자신이 동일한 야심을 지닌 경우가 많습니다. 유난히 남의 욕망이 눈에 잘 들어올 때는 먼저 자기 내면을 조용히 돌아볼 필요가 있지요. 셋째로는 그런 이야기가 어딘가에서 유통되고 있다는 데 대한 불쾌함입니다. 누구도 대놓고 면전에서 그런 이야기를 하지는 않습니다. 뒤에서 그런 이야기를 하는 사람들은 모두 저를 개인적으로 전혀 알지 못합니다. 구체적인 사례의 뒷받침이 없는 추상적인 인상비평이어서 방어가 불가능한 것도 불쾌감을 키우는 요인입니다. 그런 이야기를 하고 다니는 사람도 저와 똑같이 '굴절된 욕망'을 지닌 존재입니다. 욕망이 직선으로 달려가지 않고 어딘가에서 구부러지고 또 구부러지고, 숨겨지고 또 숨겨지다보니, 원형을 알아볼 수 없습니다.

유명해진다는 관념 자체가 아예 머리에 없는 사람의 마음과 몸은 맑고 가볍습니다. 매사에 자연스러운 이 사람은 훨씬 밝고 건강한 관계를 만듭니다. 10년, 20년 신문에 나든 말든, 방송에 나가든 말든, 굳이 그 사실을 화제로 만들지 않습니다. 그런 경지에 오르지 못한 사람이 자기 욕망을 감추고 흉내만 내려다보니 저처럼 '삑사리'가 납니다. 욕망을 감추려다보니 매사 어색합니다. 길거리에서 저를 알아보는 독자를 만나면 저는 몸 둘 바를 모릅니다. 예상치 않은 장소에서 제 책을 잘 읽었다고 하는 동료학자를 만날 때도 마찬가지입니다. 화제를 다른 곳으로 돌리려고 노력하다 여의치 않으면 그냥 그 자리를 피해 도망칩니다. 상대방이 불쾌하게 느낄 정도입니다. 새 책을 내면 한동안 서점에도 못 갑니다. 저를 알아볼 사람이 가장 많은 공간이기 때문입니다. 물론 칭찬받는 자리를 빨리 피하는 것은 일종의 지혜입니다. 대개 그곳이 자기 무덤이 되기 쉬우니까요. 제 입으로 그런 지혜를 말하고 다닌 적도 있습니다.

그런데 그게 전부가 아닙니다. 누군가 저를 알아볼 때 저는 불편하면서도 기분이 좋습니다. 만약 자기 감정에 정직한 사람, 자기 욕망에서 진짜 자유로운 사람이라면 훨씬 자연스럽게 상대방과 제 책에 관한 이야기를 나눌 수 있겠죠. 저는 그렇게 하지 못합니다. 그 자리를 빨리 피해서 도망치기는 하지만, 대신 나중에 그 순간을 몇번이나 음미하고 또 음미합니다. "오늘 서점 갔더니 누가 다짜고짜 존경한다고 싸인을 요청하더라고…… 민망해서 혼났어. 이제 불편해서 서점에도 못 가겠어……” 그런 음미의 순간을 함께 나누는 고역은 고스란히 아내와 딸의 몫입니다.

웃는 얼굴로 인사하러 와서 비판으로 이야기를 시작한 기자들도 그렇습니다. 그 친구들이 저에게 무슨 악의가 있었던 건 아닙니다. 오히려 좋은 관계를 만들고 싶었던 게 분명합니다. 말이 통할 만한 선배라고 생각했던 겁니다. (앗, 또 정신승리?) 그게 아니라면 뒤풀이 자리에서 웃는 얼굴로 일부러 저를 찾아오지 않았겠지요. 다만 자존심이 강한 친구들입니다. 기자 중에 특히 이런 젊은이들이 많습니다. 아부로 가득 찬 세상을 살다보니, 아부하지 않는 사람이 되어야겠다는 결기를 지니게 되었고, 그게 그의 행동을 지배하는 가장 중요한 원칙이 됩니다. 그래서 좋은 이야기로 관계를 트기보다는 비판을 통해서 좋은 관계를 만들고 싶어합니다. 그런데 그게 쉽지 않습니다. 비판받는 사람도 결국은 똑같은 인간이고, 다짜고짜 비판부터 받으면 누구라도 불쾌하니까요. 그런 일이 반복되다보면 자칫 건방진 양아치 기자라는 평판을 얻기 쉽습니다. 본인들로서는 이보다 억울한 일이 없겠지요. 저나 그 기자들이나 각자의 자존심과 왜곡된 욕망 때문에 아름다운 관계를 만들 좋은 기회를 놓친 셈입니다. 정직하지 못한 우리 삶에서는 이런 안타까운 일이 매일 벌어집니다.

그리고 방금 저도 ‘권력의지가 없다’는 표현을 썼는데요. 주로 ‘진보’진영에서 쓰는 이 표현에서도 저는 욕망의 왜곡을 발견합니다. 유명해지고자 눈덩이를 굴린다는 제 이야기 기억하시죠? 맞습니다, 유명해지기 위해서는 자기 의지가 필요합니다. 그런데 우리 사회의 어느 누구도 그 눈덩이를 자기가 굴리고 싶어하지 않습니다. 자기는 가만히 있는데 다른 누군가 자기 안의 보석을 발견하고 눈덩이를 굴려주길 바랍니다. 그러나 대부분의 사람들은 남의 보석에 관심이 없기 때문에 그런 일은 좀처럼 일어나지 않습니다. 권력의지가 없다는 말도 같은 맥락에서 나옵니다. 누구도 자기 몸에 오물을 묻히고 싶지 않습니다. 그런데 권력을 가지려면 선거도 치러야 하고 인사청문회도 나가야 하고 자기 약점과 오류를 사람들 앞에 드러내야 합니다. 권력의지가 없다는 말은 그 과정을 피하고 싶다는 의미입니다. 깨끗해서가 아니라 두려워서 하는 말인 것입니다. 정말 권력의지가 없는 상태에서 정직하게 그런 고백을 하는 분들은 존중받아야 합니다. 억지로 정치에 끌어들이려 해서는 안 됩니다. 다만 요즘 들어 다른 사람이 자기 눈덩이를 대신 굴려주기를 기대하면서 그런 표현을 쓰는 사람이 늘고 있지 않나 걱정될 때도 있습니다.

보수는 자기 욕망에 비교적 정직한 사람들입니다. 욕망에 정직하다보니 욕망이 굴절될 여지가 적습니다. 그러나 진보는 그렇게 단순하지 않습니다. 권력의지가 없다고 말하는 사람들은 대부분 자기 명예를 지키기 위해 권력을 포기한 사람들입니다. 최소한 스스로는 그렇게 믿고 있는 사람들입니다. 그러나 그들도 여러 욕망 중에 명예를 선택한 것일 뿐, 무슨 성인군자의 반열에 오른 게 아닙니다. 그런데도 명예를 위해 돈과 권력을 포기한 사람들은 이상한 자부심을 갖습니다. 뭘 포기했는지 객관적으로 검증된 바가 없는데도 그렇습니다. 그 자부심 때문에 자기 명예를 훼손하는 상대방에 대해 거의 살의에 가까운 분노를 느낍니다. 같은 편의 비판을 받을 때는 더 그렇습니다. 그런데 비판 앞에 너그러워야 한다는 규범의 지배를 받기 때문에 당장 분노하지는 못합니다. 겉으로는 관심없는 척 비판을 받아들이지만, 속에 쌓인 감정의 앙금은 영원히 사라지지 않습니다.

돈, 섹스, 권력, 어느 것이든 욕망을 드러내는 사람은 진보진영에서 존경받기 어렵습니다. '권력'은 얻고 싶어도 '권력의지'는 숨겨야 합니다. 권력의지를 숨길 때는 열광적인 지지자들이 모여들지만, 권력의지를 드러내는 순간 물거품처럼 사라집니다. 진보 지지자들은 욕망을 드러내는 사람을 사랑하지 않으니까요. 욕망을 감추고 살다보니, 남의 숨겨진 욕망이 자꾸 눈에 밟혀서 상대방의 욕망을 들춰내고 난도질하는 데 귀신같은 능력을 보여줍니다. 명예는 목숨처럼 소중히 여기면서도 남의 명예를 무너뜨릴 때는 억지추론과 논리 비약을 거듭합니다. 이러니 진보 대 진보의 논쟁이 진보 대 보수의 논쟁보다 훨씬 더 살벌할 수밖에 없습니다. 그리고 다들 이렇게 생각하며 삽니다. '나는 뜨고자 하지 않았으나 떴다. 그러나 나를 제외하고 세상에 뜬 모든 사람들은 욕망의 씨스템과 타협한 자들이다.'

어차피 누구나 겪기 마련인 '듣보잡'의 순간을 더 굴욕적으로 느끼는 것은 굴절된 욕망 때문입니다. 말로는 온갖 겸손을 떨지만 사람들이 알 만한 작가라는 자부심을 숨기고 있었는데, 그게 무너지는 순간 분노가 치솟습니다. 상대방에게는 아무 책임이 없는데도 말입니다. 욕망이 있으니 '듣보잡' 대접에 더 민감해지고, 그런 경험이 쌓이다보니 '듣보잡' 대접을 피하기 위해 은근한 자기자랑이 늘어납니다. 비행기에서 만난 아저씨는 애교로 봐줄 수 있습니다. 식사 중에 뜬금없이 부장검사에게 전화를 거는 동료교수도 별로 해가 될 일이 없습니다. 오히려 저 같은 사람이 훨씬 위험합니다. 겉으로 보면 계(戒)에 속해 있지만 실상은 색(色)의 노예인 사람입니다. 색과 과도하게 싸우는 과정에서 그 노예가 되었는지도 모릅니다. 규범 안에서 언제나 칭찬받으며 모범적으로 자란 계의 사람들 중에 저와 비슷한 사람들이 많습니다. 일찍이 종교에 입문하여 욕망에 대한 정신승리를 선언한 사람들 중에는 더 많습니다. 욕망을 잘 다독이며 평생 동행해야 할 친구로 삼지 않고, 싸워서 극복하거나 잘 숨겨야 할 적으로만 대해온 결과죠. 이번 글쓰기는 어떻게든 욕망을 정직하게 받아들이고 인정하겠다는 제 결심의 첫걸음입니다.

독자 여러분들께는 이런 제안을 해봅니다. 오늘 내가 하는 말, 쓰는 글 중에 '유명해지고 싶다' 또는 '잘난 척하고 싶다'는 욕망을 지워도 그대로 남아 있을 문장이 몇개나 될까요. 트위터나 페이스북에 올리는 글 중에 은근히 잘난 척하는 걸 빼고 나면 몇개나 남을까요. 한번 세어보십시오. 그런 말을 하지 말고, 그런 글을 쓰지 말자는 이야기가 아닙니다. 그런 말, 그런 글을 빼고는 별로 할 얘기가 없는 게 우리 인간들입니다. 그 사실을 받아들이자는 겁니다. 자신이 욕망의 덩어리임을 인정하고 나면 남을 바라보는 우리의 눈길은 한결 따뜻해질 수밖에 없습니다.

사족 막상 제 욕망을 인정하고 나니 마음은 조금 편해집니다. 하지만 여기에도 함정은 있습니다. 이런 고백을 하는 동안 저에게는 또다른 욕망이 똬리를 틉니다. 그게 뭘까요? '듣보잡' 이야기에 등장한 출판사는 창비입니다. 계간지는? 당연히 『창작과비평』이죠. "참석자들 사이에 나름의 서열이 존재하는데, 그러면서도 자유로움을 보여주고 싶어하는 그런 공기" 같은 표현에는 어떤 의도가 담겨 있는 걸까요? 예민한 독자들은 눈치채셨을 겁니다. "와, 김두식, '뒤끝 작렬'이다." 그런데 여기까지도 양파껍질의 바깥 부분입니다. 더 안쪽에는 '나는 내 글을 실어주는 대형 출판사도 깔 수 있는 사람'이라는 또다른 과시욕망이 숨어 있습니다. 정말 유치합니다.

아, 이 양파껍질 벗기기의 끝은 어디일까요?

2

욕망을 통해 스캔들이 왔다

학벌문제와 희생양 사냥

신정아 『4001』의 재미와 의미

        저는 신정아씨가 쓴 『4001』(사월의책 2011)을 무척 재미있게 읽었습니다. 저만 읽은 게 아니라 친구들에게도 많이 권했습니다. 제 주변에는 왜 그런 책을 읽느냐고 놀리는 분들이 많지만, 저는 그렇게 생각하지 않습니다. 잘 걸러서 읽기만 하면 어떤 책에서도 배울 점은 있습니다. 평소 제가 박철언 전 장관의 『바른 역사를 위한 증언』(랜덤하우스코리아 2005), 김용갑 전 의원의 『굿바이 여의도』(중앙북스 2008), 『노태우 회고록』(조선뉴스프레스 2011) 등을 옆에 끼고 다니는 걸 목격해온 친구들은 『4001』에 빠진 저를 보고도 별로 놀라지 않습니다. 신정아씨 책은 어떤 책에서든 배울 점이 있다는 원론적 차원을 넘어, 인간이란 무엇인지 구체적으로 고민할 거리를 많이 던져준 반가운 책이었습니다.

서점 나들이가 취미인 저는 『4001』이 나온 직후 재미있는 장면을 자주 목격했습니다. 그 책이 놓인 곳 주변을 빙빙 돌면서도 막상 책을 집어들지 못하는 독자들이 참 많더군요. 더러운 것을 본다는 표정으로 흘끗흘끗 훔쳐보다가 책을 들고 인상을 찡그리며 읽는 분들도 봤습니다. 지식인들 중에는 그런 책을 사보지 않겠노라고 선언한 분도 있습니다. 출간 2주 만에 10만부를 팔았다는 책인데, 누구도 그 책을 읽었다고 말하지 않습니다. 호기심은 있어서 몰래 사보면서도, 그 사실을 당당하게 말하지 못하는 거죠. 우리 모두가 지닌 그런 이중성은 신정아씨 사건뿐 아니라 한국사회를 이해하는 중요한 열쇠가 됩니다.

우리나라에서는 스캔들 당사자의 목소리를 직접 들을 기회가 거의 없습니다. 모니카 르윈스키(Monica Lewinsky)나 짐 베이커(Jim Bakker) 같은 사람의 책이 베스트셀러가 되는 미국과 달리, 우리나라에서는 일단 걸렸다 하면 완전히 매장되어 다시는 사람들 앞에 나서지 못하는 까닭이죠. 그들의 목소리를 실어줄 매체도 없습니다. 그러고 보면 『4001』은 우리 사회의 구조나 흐름에 관심있는 사람들에게 흔치 않은 탐구의 기회를 제공하는 고마운 책이기도 합니다.

물론 신정아씨 책에는 일부 거짓과 과장이라는 한계가 있습니다. 자기 잘못을 합리화하고 슬쩍 넘어가려는 것도 눈에 띕니다. 우리 현대사를 시간적으로 배열할 능력이 있는 독자라면, 노무현 전 대통령과의 관계나 자신의 외할머니를 전직 영부인과 연결시키려는 저자의 시도에 대해 금방 이상하다고 느낄 겁니다. 그런 부분을 찾아내 관찰하고 분석하는 것도 이 책을 읽는 숨겨진 재미입니다. 걸러야 할 부분을 잘 걸러서 읽는다면 『4001』만큼 풍성한 토론거리를 간직한 책도 흔치 않습니다.

저는 『4001』이 나오기 전부터 신정아씨 사건을 형사정책 강의에 자주 활용해왔습니다. 프랑스의 문학평론가이자 사회인류학자인 르네 지라르의 희생양 이론을 설명할 때마다 신정아씨 사건을 예로 들었죠. 모방욕망, 스캔들, 만장일치의 폭력, 희생양으로 이어지는 르네 지라르의 탁월한 이론들은 우리 사회를 분석하는 재미있는 틀입니다. 『폭력과 성스러움』(김진식·박무호 옮김, 민음사 2000, 이하 『폭력』) 『희생양』(김진식 옮김, 민음사 2007) 『나는 사탄이 번개처럼 떨어지는 것을 본다』(김진식 옮김, 문학과지성사 2004, 이하 『사탄』) 등에서 강화·반복되는 르네 지라르의 희생양 메커니즘은 너무 방대한 서사라 한두 문단으로 요약하기란 불가능하지만 제가 이해한 한도 내에서 정리해보면 이렇습니다. 독자들도 신정아씨 사건이나 노무현 전 대통령의 서거를 대입시켜 읽어보면 한결 이해가 쉬울 겁니다.

르네 지라르의 희생양 이론

르네 지라르가 볼 때 욕망은 타고난 본능이나 충동이 아닙니다. 자연적인 욕구가 충족된 후에도 인간은 늘 뭔가를 강렬하게 욕망하는데 그 욕망은 자기 고유의 것이 아닙니다. 우리 욕망은 다른 사람(모델)의 욕망을 흉내낸 것입니다.(『폭력』 219면)

진로상담을 하다보면 학생들이 지닌 목표 또는 욕망의 상당부분은 부모에게서 빌려온 것임을 알 수 있습니다. "나도 서울대에 가고도 남을 실력이 있었다. 그런데 집안형편이 너무 어려웠다. 그래서 목표를 이룰 수가 없었다. 너는 할 수 있다. 공부를 위해서라면 너에게 무슨 지원이든 아끼지 않겠다." 많은 학생들이 이런 장탄식을 듣고 자라면서 은연중에 부모의 욕망을 그대로 모방합니다. 그런데 따지고 보면 부모의 욕망도 오롯이 부모 자신의 것은 아닙니다. '엄친아'라는 단어를 생각해보십시오. 자녀의 대학진학을 걱정하는 부모의 머릿속을 지배하는 것은 친구나 이웃의 공부 잘하는 아이입니다. 누구네 딸은 신문에 딸려온 전단지만 보고 혼자 한글을 익혔다더라, 누구네 아들은 전교 1등이라더라, 이런 이야기가 부모의 욕망에 불을 지릅니다. 그런 이야기를 들을 때마다 "응, 우리 애는 공부에 관심이 없어서……"라며 무심한 척하지만 마음속으로는 안타까움의 쓰나미가 몰려옵니다. 한마디로 이웃이 없으면 욕망도 없습니다.

　　이같은 모방욕망은 인간을 다른 동물과 구분짓는 결정적 요인입니다. 인간의 욕망이 모방적이지 않고 어린아이들이 주변사람을 모델로 선택하지 않는다면, 언어도 문화도 없을 테니까요.(『사탄』 30면) 본질적으로 모방욕망은 자유와 발전을 만들어내는 좋은 것입니다. 그러나 동시에 우리를 동물보다 못한 존재로 만드는 원인이기도 합니다. 욕망과 현실의 불일치가 경쟁과 폭력을 낳는 까닭입니다.

　　모방욕망은 전염병과 같아서 순식간에 사람들을 동일한 욕망으로 몰아넣습니다. 일단 동일한 욕망에 사로잡히고 나면 그 욕망의 끝에 무엇이 있는지는 중요하지 않습니다. 그저 앞사람의 욕망을 따라 전진할 뿐입니다. 우리는 성공한 사람을 선망하면서 동시에 그를 미워합니다. 남의 것을 부러워하다 못해 빼앗고 싶다는 욕망을 갖습니다. 방해물이 있으면 이 욕망은 더욱 강화됩니다. 경쟁자가 있으면 욕망을 줄이기보다는 오히려 자기 욕망이 정당하다는 확신을 갖습니다. 모방은 경쟁을 낳고 경쟁은 모방을 강화합니다. 무제한의 야망과 과도한 경쟁은 사회를 파괴합니다.

　이같은 사회 파괴는 고대사회에서 흔히 기아, 홍수, 가뭄 같은 재앙으로 연결됩니다. 때로는 정체 모를 전염병이 발생하기도 합니다. 그런 자연재해조차 실은 사회적 불안이 극대화되어 무질서가 창궐하는 상황을 고대인의 부족한 언어로 묘사한 것일 때가 많기 때문입니다. 가뭄을 한번 생각해보십시오. 오랜 기간 비가 오지 않아 땅은 마르고 먹을 것은 부족합니다. 공포, 분노, 적대감에 빠진 사람들은 누군가 책임져야 한다고 목소리를 높입니다. 가뭄이라는 눈앞의 현상은 모방욕망과 상관없어 보이지만, 가뭄으로 증폭된 갈등과 분노는 끝없는 모방경쟁의 결과입니다. 집단적인 협력이 필수인 농업사회에서는 더욱 그렇습니다. 작년이나 재작년에 겪은 물 부족보다 올해의 가뭄이 특별히 심각한 수준은 아닙니다. 그러나 모방욕망과 과도한 경쟁이 낳은 폭력성의 증대는 협동을 통한 정상적인 농사를 불가능하게 만듭니다. 생산성을 급격히 떨어뜨려 평범한 물 부족도 심각한 기근으로 느끼게 만듭니다. 갈등과 불안이 계속 고조되지만 어디에서도 해결책을 찾을 수 없습니다.

그 위기가 절정에 달해 모두가 견딜 수 없는 상황이 되었을 때 만장일치의 폭력이 시작됩니다. 평소에는 의견이 달랐던 사람들도 누군가를 죽여 위기를 해소해야 한다는 데 쉽게 합의합니다. 마녀사냥에서 흔히 볼 수 있는 경우입니다. 고대사회에서는 가뭄이 극심한 상황에서 기우제를 지내며 왕의 목을 치기도 합니다.

이같은 만장일치적 폭력에는 희생자의 제자나 신하까지 배신을 통해 묵시적으로 가담합니다. 예수를 죽이는 현장에서 예수를 세번 부인한 베드로가 그런 예입니다.(『희생양』175면) 예수를 죽일 때 대제사장인 가야바가 했던 유명한 말은 만장일치적 폭력의 본질을 정확히 드러냅니다. "한 사람이 백성을 위하여 죽어서 온 민족이 망하지 않게 되는 것이 너희에게 유익하다." 당시 유대사회를 대표하던 인물(모델)이 경건한 확신을 갖고 만장일치적 폭력을 유도하는 것입니다.(『희생양』186면) 만장일치적 폭력이 시작되면 공격자들은 희생자를 향해 미친 듯이 달려듭니다. 분노와 두려움이 낳은 놀라운 폭력성으로 희생자를 문자 그대로 찢어 죽이고 때로는 그 시체를 잘근잘근 씹어먹습니다. 르네 지라르는 이같은 엽기적인 폭력을 묘사하기 위해 '린치'(lynch)라는 영어 표현을 빌려옵니다.(『사탄』87면)

이런 폭발적인 폭력과 희생을 통해 사회는 질서와 평화를 되찾습니다. 왕의 멱을 따는 순간 하늘이 어두워지며 비가 평평 내리기 시작합니다. 희생양이 죽으면서 페스트는 치유되고, 자연재해는 물러가며, 혼란은 가라앉고, 막혔던 것은 통하고, 모든 것이 일상으로 돌아옵니다. 희생양이 진짜로 페스트를 치유하거나 자연재해를 물리치지는 못하지만, 개인 사이에 극대화되었던 불화를 정리함으로써 위기를 멈추게 하는 것입니다.(『희생양』 77면) 그리고 조금 시간이 흐르면 억울하게 죽은 희생자에 대해 신성한 종교적 의미를 부여하는 작업이 시작됩니다. 한 개인을 의심하여 살해하고 추방한 사람들이 이제 그 억울한 개인에 대해 과도한 숭배를 시작하는 것입니다. 그는 이제 신화화(神話化)의 과정을 거쳐서 신적인 존재로 부활합니다. 이게 바로 서양의 여러 신화에서 시작되어 예수의 죽음으로 이어지는 '희생양 메커니즘'입니다. 노무현 전 대통령의 죽음과 신화화도 이런 맥락에서 이해할 수 있습니다.

이 모든 과정은 종기가 생겨 터지기까지의 과정과 비슷합니다. 몸이 피곤할 때 피부의 어떤 한 부분이 점점 붉게 부어오르면서 고통을 느낄 때가 있죠. 처음에는 꽤 넓게 분포되어 있던 붉은 기운이 서서히 기분 나쁜 검붉은 색으로 변하면서 크기는 조금씩 작아집니다. 그러면서 중앙에 하얀 색깔의 농이 고이기 시작하죠. 이때가 고통이 극대화되는 시기인데, 모방욕망으로 고조된 극단적 위기가 바로 이런 상태입니다. 집단 전체의 폭력성이 한 사람의 희생양에게 집중되는 것은 농양이 중앙에 뭉치는 것과 같습니다. 이 농양이 터져서 고름이 줄줄 흘러내리는 순간, 고통이 사라지고 이제 살았다는 느낌을 갖게 되는 것처럼, 희생양을 통해 집단은 질서와 평화를 회복하게 되죠. 남성들이 사정(射精)을 통해 느끼는 평화도 이와 비슷합니다.

학벌이 불 지르는
희생양 메커니즘

르네 지라르의 희생양 이론이 신정아씨 사건과 어떻게 연결될 수 있는지 눈썰미 있는 독자분들은 이미 파악하셨을 겁니다. 우리 사회 모든 욕망의 중심에는 학벌이 있습니다. 희생양 메커니즘이 적용되는 출발점도 당연히 학벌입니다.

우리나라는 세계 어디에서도 유례를 찾기 힘든 학벌사회입니다. 거의 모든 문제가 학벌과 연결됩니다. 부모와 자식 사이에 일어나는 갈등도 대부분 공부에서 비롯됩니다. "왜 늦게 일어나느냐" "아빠가 원하는 것은 공부 잘하는 게 아니라 너의 성실함이다" "너를 위해서 밴드 하는 걸 막는 거다" 등 온갖 표현을 쓰지만 결국 공부만 월등하게 잘하면 모두 용서받을 수 있는 갈등요인들입니다. 김규항 선생의 말처럼 "보수 부모는 당당한 얼굴로 아이를 경쟁에 밀어넣고 진보 부모는 불편한 얼굴로 아이를 경쟁에 밀어넣"습니다. "우파 부모는 아이가 일류대생이 되길 소망하고, 좌파 부모는 아이가 좌파적인 일류대생이 되길 소망한다"는 그의 말도 이제는 상식이 되었습니다.

대학입시를 앞두고 학원들이 작성하는 배치표는 그대로 뇌의 중앙에 자리잡아 평생 우리를 지배합니다. 뇌가 아니라 아예 혈액 속에 자리잡아 핏줄을 타고 이어내려가는 것처럼 느껴질 때도 있습니다. 최근 인기를 끄는 다큐멘터리 방식의 짝찾기 프로그램에서도 출연자들을 정리하는 기본 프로필은 딱 두가지입니다. 어느 대학을 나왔느냐, 어떤 일을 하고 있느냐. 두번째 프로필은 가끔 어떤 부모를

두었느냐 따위로 대체되기도 하지만, 그런 경우에도 어느 대학을 나왔느냐는 첫번째 프로필은 빠지지 않습니다. '남자 1호' '여자 2호' 하는 방식으로 이름을 빼앗고 번호를 부여하면서도 학벌만은 생략하지 못하는 것입니다.

여전히 그게 중요한 화제이기는 하지만, 좀 배웠다는 집단에서는 애써 그 질문을 피합니다. 촌스럽기도 하고, 자칫하면 상대방에게 결례가 될 수 있기 때문이지요. 그러나 여전히 궁금증은 남습니다. 유학생 동네에서 특히 그런 경우가 많습니다. 새로운 유학생이 도착했을 때 공항까지 차를 태우러 나가고 숙소를 찾아주는 등 초기 정착을 돕는 것은 대체로 한인교회나 한인학생회의 역할입니다. 그런데 공항에 나가 유학생을 태우고 숙소로 향할 때 선배 유학생이 가장 먼저 묻고 싶은 것이 무엇일까요. 출신대학입니다. 체면 차리고 망설이다 그걸 묻지 못하면 이후 몇달 동안 만나고 사귀어도 도무지 그의 정체를 파악하지 못했다는 찝찝한 느낌이 듭니다. 그러다가 어느날 바람결에 그의 출신대학을 듣게 되지요. 그 순간 머리가 환하게 밝아오면서 눈앞에 마법처럼 대학입시 배치표가 쫙 펼쳐집니다. 그 대학 출신인 고교 동창생의 얼굴과 함께 말입니다. 새로 사귄 유학생과 옛 동창생의 얼굴이 서서히 겹쳐지면서 이제야 새 친구를 이해하게 되었다는 느낌이 파도처럼 밀려오지요. 그러면서 내가 내려다봐야 하는 사람인지 올려다봐야 하는 사람인지가 때로는 통쾌하게 때로는 아프게 정리됩니다. 이 과정에서 소모하는 심리적 에너지도 만만치 않습니다.

그런데도 우리 사회에서는 이른바 '명문'대학을 나온 사람일수록 학벌의 힘은 별것 아니라고 말하는 경향이 있습니다. 서울대 출신들은 "우리는 어떤 파워엘리뜨 집단에 가도 숫자가 너무 많아서 같은 학교라는 이유만으로 뭉치지 못한다"고 말하죠. 몰려다니기로 유명한 고려대 사람들은 "뭉쳐다닌다는 이미지 때문에 오히려 손해를 본다"고 한탄합니다. 그들이 간과하는 것은 그런 이야기의 소재조차 되지 못하는 학교 출신들이 겪는 소외입니다. 신문을 보든, 책을 읽든, 학벌주의를 옹호하든 비판하든, 대부분 이야기들의 중심에는 단지 몇개의 대학만이 있습니다. 그 안에 있어서 누리는 것은 별게 없을지 모르지만, 그 밖에 있어서 누리지 못하는 것은 너무 많습니다.

학벌은 뜨거운 감자입니다. 누구나 문제의식에는 공감하지만 해법을 찾기란 사실상 불가능한 골칫거리입니다. 모든 사람의 모방욕망이 집중되는 핵이기 때문에 그걸 쟁취하기 위한 경쟁과 그에 따른 상처도 엄청납니다. 학벌사회에서 만들어진 과도한 자신감과 열등감에서 자유로운 사람을 찾기란 거의 불가능합니다. 모방욕망과 과도한 경쟁 속에서 우리 내면에는 아무 이유 없이 누군가 때려죽이고 싶다는 분노가 자리잡습니다. 나라 전체가 하나의 거대한 정신병동으로 변했다는 느낌이 들 때도 있습니다. 그런 의미에서 학벌은 일종의 폭약 덩어리입니다. 어떤 계기로든 이 폭약에 불이 붙으면 무엇이라도 태울 수 있습니다.

폭약 덩어리를 안고 가는 우리 사회가 서서히 달구어지는 시기는 선거 직전입니다. 특히 대통령선거를 앞두면 모방욕망과 갈등은 극에 달합니다. 선거 한번에 너무 큰 판돈이 걸려 있기 때문입니다. 당선한 쪽은 모든 것을 얻고, 낙선한 쪽은 모든 것을 잃습니다. 그 열매를 알기에 공정을 유지해야 하는 신문들조차 노골적으로 특정 후보자에게 '올인'합니다. 자연스럽게 희생양이 필요하고 스캔들이 터질 수 있는 최적의 상황이 만들어집니다. 신정아씨 사건이 터진 2007년 여름이 바로 그랬습니다.

신정아씨를 희생양이라고 부르는 데 불편함을 느끼는 분도 있을 겁니다. 예수 이후로 사람들은 흔히 희생양은 무죄한 존재여야 한다고 생각합니다. 그러나 희생양은 완전히 무고한 존재일 수도 있고 아닐 수도 있습니다. 신정아씨는 자기가 겪은 일에 일정한 책임이 있었던 희생양입니다. 그가 학벌을 위조한 것은 분명한 사실입니다. 마치 자신도 피해자인 것처럼 『4001』의 상당부분을 린다 트레이시라는 정체불명의 여성에게 할애했지만, 근본적으로 신정아씨는 예일대의 박사학위가 아니라 캔자스대의 학사학위조차 취득한 적이 없습니다. 캔자스대의 학사학위가 존재하지 않는 이상, 그 이후의 논문대필, 예일대의 실수 따위는 더 거론할 필요가 없습니다. 논문대필 과정에서 자신도 속았다고 아무리 항변해봐야 학사학위도 없는 상태에서 석박사학위를 만들어낸 사실을 정당화할 도리가 없기 때문입니다. 그는 가짜 학사, 석사 학위로 큐레이터가 되었고, 가짜 박사학위로 동국대 교수와 광주비엔날레 예술감독이 되었습니다. 여기까지는 변명의 여지가 없습니다. 신정아씨는 딱 여기까지 책임을 지면 족합니다.

신정아씨 사건과 함께 벌어진 학력위조 사냥은 많은 사람을 쓰러뜨렸습니다. 장미희, 최수종, 최화정, 오미희, 강석 씨 같은 연예인들뿐 아니라 인테리어 전문가 이창하, 동숭아트센터 대표 김옥랑 씨 등도 구설에 올랐습니다.[1] 연극배우 윤석화씨는 학력위조에 대한 취재가 시작되자 홈페이지를 통해 오랜 거짓말을 고백했습니다. "광고방송용 노래를 부르던 시절에 철없이 했던 거짓말이 30년 세월 동안 제 양심의 발목을 잡았다"면서 "이화여대를 다니지 않았다"고 밝힌 것이지요. 윤석화씨는 그동안 1974년 이화여대 생활미술과에 입학했다가 다음해 민중극단을 통해 연극의 매력에 빠져 대학을 자퇴했다고 말해왔습니다.[2]

윤석화씨의 당시 인터뷰를 찾아보면 유난히 학벌에 관한 이야기가 눈에 많이 띕니다. 공부도 잘하고 놀기도 잘했던 금란여고 시절, 이화여대 진학 이후 대학생활이 재미없어 유학만 생각했던 것, 대학 1학년 때부터 불렀던 CM송, 언니들이 유학하고 있던 미국, "한국에서 언더(학부)를 마치고 오라"고 말렸던 언니들, 일본 와세다대를 졸업한 아버지의 동기동창이 일본 메이지대 이사장으로 있어서 받을 수 있던 메이지대 입학허가서, 일본 비자를 받고 여권이 나오기를 기다리던 때 갑자기 터진 외국유학 전면금지 조치, 과감하게 떠난 미국유학, 뉴욕대 공연학 학사 '디그리' 취득 등 적지 않은 지면이 온통 학교 이야기입니다.[3]

윤석화씨가 유난히 학교 이야기를 많이 한 것은 아마도 열등감 때문이었겠죠. 그런데 이 열등감이 윤석화씨만의 문제인가요? 학력을 위조한 걸로 보도된 사람들만 미친 겁니까? 가슴에 손을 얹고 잠깐만 생각해봐도 답은 금방 나옵니다. 그분들도 저와 똑같은 사람입니다.

저는 대학 3학년 때 예수원이란 수도원에서 재미있는 경험을 한 적이 있습니다. 강원도 태백 산골짜기에 자리잡은 그곳에서 우연히 서울법대 4학년 학생을 맞닥뜨렸는데요. 그는 이미 행정고시, 외무고시, 사법시험을 모두 합격하고, 진로가 고민되어 기도하기 위해 예수원을 찾았다고 자신을 소개했습니다. 두꺼운 안경을 끼고 차분하게 생긴 전형적인 수재형 얼굴이었습니다. 제 마음에는 질투가 불일듯 했지만, 뭐라도 배울 게 있을 것 같아 그에게 고시공부에 관한 조언을 구했습니다. 그는 그저 시큰둥하게 "열심히 하면 된다"고만 했습니다. 마치 한때 유행했던 집중력 향상기계 광고 속의 우등생처럼 말이죠. 저는 그를 붙잡고 과목별로 구체적인 교과서를 추천해달라고 부탁했습니다. 그는 말을 얼버무리며 자꾸 저를 피하려고만 했습니다. 법대생이라면 누구나 보는 책을 이야기해도 그는 그 책의 저자인 자기 학교 교수 이름도 전혀 모르는 눈치였습니다. 좀 이상하다 싶었지만 더이상 추궁할 수 없었지요.

다음날 아침 일어나보니, 그는 이미 짐을 싸서 도망친 후였습니다. 가짜 서울법대생이었던 것입니다. 짧지만, 저에게 깊은 인상을 남긴 사건이었습니다. 그 장소가 다른 곳이 아닌 수도원이었기 때문입니다. 그곳은 "기도는 노동이고, 노동은 기도"라는 정신을 가진 공동체였습니다. 누구도 억지로 끌려오지 않았습니다. 모두 자발적으

로 기도하고 노동하고 묵상하러 올라온 곳입니다. 거기까지 와서 거짓말을 한다는 게 말이 안 되지요. 그때 저는 저의 내면을 들여다보았습니다. 우선 거짓말이 들통나서 그가 도망간 상황이 통쾌했습니다. 전날 밤의 불편했던 마음이 싹 사라졌습니다. 그리고 깨달았습니다. '거짓말이 들통나서 도망친 그 사람이나 나나 학벌의 노예라는 점에서 본질적으로 다르지 않구나.'

학벌이란 무시무시한 장벽 앞에선 누구나 한번쯤 거짓말의 유혹을 느낍니다. 출신학교 이야기를 할 때 누구도 증명을 요구하지는 않습니다. 아주 사소한 거짓말을 해보면 주변 분위기가 당장 달라지는 것을 느낄 수 있습니다. 그래서 미국 교민사회에서는 '아저씨는 모두 경기고, 서울대 출신 국장님, 아줌마는 모두 이대 나온 여자'라는 농담이 있을 정도입니다. 신정아씨도, 윤석화씨도 처음 시작은 그랬을 겁니다. 우리 모두가 느끼는 똑같은 열등감, 유혹 앞에서 조금씩 선을 넘다보니 그렇게 망가지게 된 것이지요. 그런데 희생양 사냥이 시작되고 나면, 누구나 느끼는 학벌 앞의 우월감, 열등감, 유혹의 존재를 아무도 인정하지 않습니다. 거짓말한 사람만 죽일 놈, 미친놈이 됩니다. 사람들은 자기 욕망이 들통날까봐 두려워하며 더 맹렬한 사냥을 벌입니다. 그 과정에 분명한 쾌감이 있습니다.

희생양 변양균과 제사장의 윤리

　　　　　스캔들이 터지고 나서 우리는 신정아씨와 변양

균 당시 대통령비서실 정책실장에 대해 너무 많은 것을 알게 되었습니다. 신문과 방송은 그 두 사람의 관계를 추적하는 데 총력을 기울였습니다. 두 사람이 23세의 나이차에도 불구하고 "사랑하는 쩡아에게" "쩡아가 오빠에게" "오늘 저녁에 만날까" "너희 집에서 치킨 시켜 먹을까" 등 연인 사이에서나 주고받을 법한 이메일을 주고받았다는 보도가 줄을 이었습니다.[4] 이런 기사에는 언론이 상습적으로 써먹는 "이메일을 주고받은 관계로 전해진다" 같은 모호한 표현이 동원되었습니다. 주어를 밝히지 않은 무책임한 문장입니다. 검찰 관계자가 아니고는 누구도 알 수 없는 내용도 많았습니다. 학벌, 권력, 섹스…… 모두가 욕망하지만 쉽게 가질 수 없는 것들로 잘 버무려진 이 스캔들 앞에서 사람들은 열광했습니다. 이같은 미친 열기는 한 중앙일간지가 신정아씨의 확인되지 않은 누드사진을 1면에 게재하는 '막장'으로 치달았습니다.

이 과정에서 가장 큰 피해를 입은 것은 변양균 전 정책실장이었습니다. 변 실장도 물론 완전히 무죄인 희생양은 아닙니다. 변 실장은 특별교부세 대상이 아닌 흥덕사와 보광사에 특별교부세를 지원하도록 한 직권남용권리행사방해죄로 징역 1년에 집행유예 2년, 사회봉사 160시간을 선고받았습니다. 그러나 유죄가 인정된 부분은 변 실장에 대한 공소사실의 핵심이 아니었습니다. 검찰이 이것저것 쑤시는 과정에서 밝혀진 지엽적인 과오였습니다. 변양균 실장에 대한 공소사실의 핵심은, 그가 성곡미술관 큐레이터로 일하는 신정아씨의 입지 강화를 위해 온갖 대기업의 대표나 경영자 들에게 영향력을 행사하여 미술관에 협찬할 것을 요구함으로써 제3자 뇌물수수 및 직권남용권리행사방해죄를 범하고, 기획예산처 장관의 지위를 이용하여 동국대 총장에게 신정아씨의 교수 임용을 부탁하며 뇌물을 수수했으며, 광주비엔날레 예술감독 선정에 관여하여 업무방해를 했다는 것입니다. 그런 내용을 담은 공소사실은 그동안 언론이 앞다투어 보도했던 각종 의혹들의 결정판입니다. 그런데 법원은 이들 대부분이 증거가 없거나, 사실이라 하더라도 범죄가 성립하지 않는다는 이유로 무죄를 선고했습니다.[5]

예컨대 동국대 교수 채용비리에 관한 공소사실은, 변양균씨가 당시 기획예산처 장관이었기 때문에 대학의 장기발전을 위한 국책사업 재정지원 등을 할 수 있는 위치에 있었고, 동국대도 그걸 노리고 신정아씨를 채용했으며, 신정아씨가 교수 월급을 받았다면 결과적으로 변양균씨가 동국대에서 뇌물을 받은 셈이라는 내용을 담고 있습니다. 그냥 보기에는 그럴듯해 보입니다. 그러나 신정아씨가 교수 채용과 관련하여 변양균씨와 의논한 건 사실이라 해도 범죄공모가 있었다고 보기는 어렵고, 그걸 인정할 증거도 없습니다. 기획예산처가 예산을 짜기는 해도 집행과정에서는 교육인적자원부가 지원 규모와 대상을 결정하기 때문에 기획예산처 장관이 특정 대학에 예산을 지원할 수 있도록 영향력을 행사하기도 어렵습니다. 근본적으로 직무관련성이 없는 겁니다. 교수가 된 것은 신정아씨고, 변씨와 신씨는 별도의 가계로 생활을 꾸려왔으며, 변씨가 신씨에게 생활비를 지급하지도 않았습니다. 이런 상황에서 신씨의 교수 채용 자체가 변씨에게 제공한 동국대의 뇌물이라고 인정하기란 불가능합니다. 시간이 흐른 지금, 정신을 차리고 공소사실과 판결문을 차근차근 읽어보면 대부분의 공소사실이 처음부터 죄가 되기 어려웠음을 쉽게 알 수 있습니다. 물론 애인을 교수로 추천하거나, 애인이 있는 미술관에 기업의 지원이 몰리도록 한 것은 잘못입니다. 여기저기 부탁하고 다닌 것은 공직자에게 특히 치명적인 과오죠. 하지만 형사재판을 받고 인생이 완전히 망가져야 할 정도의 잘못은 아니었습니다.

변양균 실장이 대부분의 공소사실에서 무죄판결을 받았다는 사실은 널리 알려져 있지 않습니다. 언제나처럼 어떤 신문, 방송도 그의 무죄사실은 열심히 보도하지 않았습니다. 특별교부세 지원 부분이 유죄(집행유예) 판결을 받은 덕분에 신문, 방송은 그것만 제목으로 뽑으며 손쉽게 면피할 수 있었습니다. 아무도 관심 갖지 않을, 길고 긴 무죄판결문을 쓰느라 판사들만 죽어난 셈입니다. 개인의 스캔들을 권력형 비리로 만들고자 미친 듯이 달려들었던 사람들은 무죄판결 부분에 대해 모두 입을 다물었습니다.

이 미친 사냥의 선두에 서는 사람은 기자와 검사 들입니다. 전체 과정을 르네 지라르의 희생양 제의로 이해한다면, 기자와 검사 들은 일종의 '제사장'입니다. 이들은 희생제물을 선정하고, 자기 손에 직접 피를 묻힙니다. 어쩌면 칼날 위를 걷는 직업일 수 있습니다. 그런데 우리나라 기자와 검사 들은 자기 직업이 갖는 위험성 또는 신성한 성격에 대해 너무 무관심합니다. 폭력적인 희생제의에 기여하면서 희생양의 고통을 최소화하려는 노력을 하지 않습니다. 강압적인 조사나 선정적인 기사로 자신이 원하는 결과만 얻어내려고 합니다. 신정아씨 같은 사람이 조사를 받다가 '너무나 무서운 나머지' 앉은 채로 오줌을 싸게 될 지경입니다(『4001』 328면). 조사 중에 알게 된 사실을 자랑 삼아 흘리기도 하고, 제대로 확인되지 않은 사실을 마구 보도하기도 합니다. 때로는 희생양의 억울함을 알면서도 눈을 감습니다. 거대한 흐름 속에서 자기 몫을 늘리는 데만 주의를 집중합니다.

희생제사가 끝난 후 그 고기는 원래 제사장들의 몫입니다. 만장일치적 폭력이 끝나고 사람들이 일상으로 돌아가면, 제사장들은 희생양의 고기를 뜯어먹습니다. 그렇기 때문에 제사장에게는 일반인보다 엄격한 윤리가 요구되며, 거룩한 제물을 상하지 않게 할 의무가 부과됩니다. 희생양을 잡아먹는 대신 그들을 보호해야 할 무거운 책임을 지는 것입니다(『레위기』 21, 22장은 좀 과하다 싶은 사제의 윤리를 적고 있습니다). 그러나 우리 기자와 검사 들에게서 이런 윤리와 책임의식을 찾기란 매우 힘듭니다. 신정아씨를 희생양으로 삼는 과정에서도 기자와 검사는 망나니처럼 칼을 휘두르고 그 고기를 뜯어먹었을 뿐, 환부를 예리하게 도려내어 고통을 최소화하는 노력을 기울이지 않았습니다. 평소 신정아씨와 가까웠던 기자 중에는 특종을 위해 그 관계를 이용한 사람들도 많았습니다. 신씨는 그들에 대한 아쉬움을 『4001』 곳곳에서 토로합니다.

변씨를 향해 돌을 던지는 우리는 어떻습니까? 판검사, 기자, 고위공무원, 회사대표뿐 아니라, 일반인들도 자기가 가진 권력의 범위 내에서 청탁을 하고 청탁을 받으며 사는 곳이 우리 사회입니다.[6]

무슨 일이 터지면 너나 할 것 없이 가장 먼저 '전화 한통' 해줄 지인을 찾습니다. 가족 중에 판검사가 나오기를 열망하는 것도 그 뿌리를 추적해보면 '전화 한통' 해줄 권력자를 주변에 갖고 싶은 욕망 때문입니다. 하지만 '전화 한통'의 욕망은 아무나 충족할 수 없습니다. 여기서 분노와 갈등이 증폭됩니다. 내가 하면 '부탁'이고 남이 하면 '청탁'이 됩니다. 누가 청탁을 하거나 받았다고 보도되면, 우리는 그 한 사람이 마치 악마라도 되는 것처럼 맹비난합니다. 내가 숨기고 싶은 모든 어두운 면을 그 한 사람에게 투영하여 돌을 던집니다. 희생양에게 손을 얹어 우리 모두의 죄를 전가한 후, 그 희생양의 멱을 따고 불태우는 제사과정과 하나도 다를 게 없습니다. 그를 잡음으로써 우리는 평화를 얻습니다. 참 무서운 구조입니다.

2007년 7월에 시작된 신정아씨 사건은 한달 반 정도 미친 회오리처럼 진행되다가 다른 모든 스캔들처럼 어느 순간 조용히 잦아들었습니다. 일부 무죄판결이 나기도 했지만, 사람들은 이미 그 사건에 관심을 잃은 뒤였습니다. 어딘가에 더 많이 존재하고 있을 학력위조자들에 대한 사냥도 일시에 중단되었습니다. 기자와 검사 들도 대중의 관심을 잃은 사건에 더이상 기운을 쓰지 않습니다. 3년이 지나 사람들의 기억에서 거의 사라질 즈음에 신정아씨는 『월간조선』 2010년 9월호 인터뷰를 통해 조금씩 근황을 흘리기 시작합니다.[7]

르네 지라르의 희생양 메커니즘을 가르칠 때마다 신정아씨 사건을 적절한 예로 활용해왔던 제 입장에서는 자서전의 출간을 예고한 신정아씨가 반갑게 느껴질 수밖에 없었습니다. 그가 일종의 '부활'

을 해서 희생양의 신화화 과정까지 설명할 수 있으면 좋겠다는, 조금은 치사한, 학자적 욕심도 있었습니다. 책이 출간된 후 전직 대통령들과 영부인에 관한 내용이 이미 허위나 과장으로 판명났고, 신정아씨에 대한 관심도 오래 지속되지는 못했지만, 그가 앞으로 어떤 방향으로 재기를 시도할지는 여전히 지켜볼 만한 과제입니다. 적어도 저에게는 말이죠.

3

사랑에 빠진 아저씨

제때 불태우지 못한 소년의 열정

똥아저씨와 중년의 욕망

일부 내용이 허위와 과장으로 밝혀진 후에도, 저는 여전히 신정아씨의 『4001』을 주변에 권합니다. 이 책은 사랑에 빠진 중년 남성의 심리를 상당히 정교하게 묘사한 논픽션입니다. 책을 쓴 사람이 바로 그 중년 남성의 옛 애인이라는 사실도 중요합니다. 우리나라에서 소설을 제외하고 이렇게 솔직하게 '혼인 외' 사랑을 묘사한 글은 흔치 않습니다. 이 책을 통해 신정아씨가 변양균 실장을 또 한번 죽인 것 아니냐는 분들도 있지만, 저는 그렇게 생각하지 않습니다. 우리 내면의 욕망을 조금만 솔직하게 인정한다면, 변양균 실장은 그저 우리 주변에 있는 흔한 중년의 초상일 뿐입니다. 겉은 어른이지만, 속에는 여전히 충분히 불태우지 못한 '소년'의 열정이 남아 있는 사람이죠. 바로 저처럼 말입니다.

신정아씨는 변양균 실장을 '똥아저씨'라고 부릅니다. 학력위조 논란이 시작되고 신정아씨가 뉴욕으로 간 상황을 묘사하는 첫번째 장에서부터 신씨는 자기들끼리만 아는 비밀스러운 호칭을 밝히지요. 기자들이 마음대로 써갈기던 '오빠'를 훌쩍 뛰어넘는 애칭입니다. 그러나 똥아저씨는 어쩌면 변양균 대통령비서실 정책실장과 전혀 다른 인물일 수 있습니다. 똥아저씨는 신정아씨의 눈에 비친 한 중년 남성의 초상입니다. 변 실장 스스로도 똥아저씨 이야기를 읽으며 자기와 너무 달라서 깜짝 놀랐을지도 모릅니다. 뒤늦게 사랑에 빠진 남자가 어느 한 시기에 보인 자연스러운 퇴행현상을 두고 그의 인격 전체를 평가하는 것은 옳지 못합니다. 제가 여기서 나누고 싶은 것은 '변 실장'이라는 현실 속의 인물이 아니라 '똥아저씨'라는 『4001』 속의 인물에 관한 이야기입니다.

똥아저씨와의 만남이 어떻게 시작되었는지를 설명하기에 앞서 신정아씨는 기자들을 피해 뉴욕으로 가기 전 그와의 마지막 만남부터 이야기합니다. 내일이면 신정아씨가 뉴욕으로 출국하게 된 상황, 오늘 만나면 교도소에서나 다시 만나게 될지 모르는 기약없는 순간입니다. 이 절박한 상황에서 똥아저씨는 유난히 신정아씨를 안으려고만 합니다. 신씨는 그 마지막 시간 동안 똥아저씨와 안고 있기보다는 차분히 마음을 나누고 싶었습니다. 그러나 똥아저씨는 그런 신씨를 보며 내내 풀이 죽어서 신씨의 손을 만지작거리고 머리만 자꾸 쓰다듬습니다. 신씨는 그런 똥아저씨가 안쓰러워서, 그렇게 절박하게 헤어지는 것이 안타까워서, 결국 눈물로 뒤범벅된 채 서로를 뜨

겹게 안았다고 고백합니다.(『4001』119면)

　신씨는『동아일보』미술담당 기자의 소개로 똥아저씨를 처음 만났습니다. 얼마 후 첫 키스를 나누었고, 이후 똥아저씨는 차에서 키스를 하다가 감정이 오르면 꼭 신씨의 집으로 가려고 했습니다. 신씨는 늘 거절했습니다. 그러다가 2003년 11월 9일 똥아저씨는 신씨에게 1박 2일 여행을 제안합니다. "우리 나이차이가 얼마나 나는데 1박 2일 소리가 나오느냐?"며 신씨가 면박을 주었지만, 둘은 당일치기 해돋이 여행을 떠났고, 용평의 한 콘도에서 장시간 실랑이를 벌인 끝에 처음 관계를 갖게 됩니다. 신씨는 이 부분을 설명하면서 자기 목소리 대신 변양균 실장의 법정진술을 인용합니다. 아마도 변실장의 진술에 신씨가 '첫경험'이더라는 내용이 들어 있기 때문이었을 겁니다.(131~34면) 여러모로 잘 계산된 인용이었습니다. 이후 두 사람은 밀고 당기는 연애관계를 이어갑니다. 이들은 때때로 남산을 산책하고 풀밭에 누워 만화책을 보았고, 가끔 똥아저씨가 신씨를 업어주기도 했습니다. 근처 하얏트호텔에서 똥아저씨가 좋아하는 빵과 디저트를 사다가 하루 종일 남산에서 뒹굴며 지내기도 했습니다.(137~38면) 중년의 고위관료와 젊은 미술관 큐레이터가 사회적으로는 용인되기 어렵지만 나름대로 아름다운 사랑을 만들어간 셈입니다.

　『4001』은 이런 아름다운 추억뿐 아니라 연애의 어두운 부분도 솔직하게 털어놓습니다. 두 사람은 모두 책 읽기를 싫어했습니다. 똥아저씨는 노는 것을 좋아하고 어쩔 수 없이 몸담아온 규범에서 늘 벗어나려는 쪽이었습니다(141면). 신정아씨의 표현을 그대로 빌리자면, 똥아저씨는 처음에는 신씨를 '꼬시려고' 예술에 관심있는 척했지만, 신씨를 '자빠뜨리고 난 후에는' 예술의 '예'자도 꺼내지 않았다고 합니다(354면). 호텔 예약도 호텔비 지불도 모두 신씨의 몫이었습니다. 남자들은 모두 그런 건지 똥아저씨는 사랑만 하면 모든 게 다 누그러질 거라는 이상한 착각도 갖고 있었습니다. 남의 눈을 의식하는 똥아저씨에게 신씨가 "똥아저씨 처지만 중요하고 시집도 안 간 내 처지는 신경도 안 쓰냐?"고 화를 낸 적도 있었습니다.(142면) 똥아저씨는 신씨에게 가끔 자신의 가족에 대해 이야기했고, 신씨 앞에서 거리낌없이 부인과 통화하기도 했습니다. 통화내용의 태반이 거짓말인 것을 보고 실망도 했습니다. 똥아저씨의 부인과 몇 차례 인사를 나눌 때마다 신씨의 가슴은 '까맣게 타들어'갔습니다.(120~21면)

이 모든 것은 철저하게 신정아씨 입장에서 본 똥아저씨의 모습입니다. 이 묘사와 달리, 실제 변 실장은 책 읽기를 좋아하고, 예술을 사랑하며, 가족에게 책임감 있는 남자일 수도 있습니다. 책 안 읽고, 예술의 '예'자도 꺼내지 않는 똥아저씨는 오롯이 신정아씨와의 관계 속에 제한된 변양균 실장의 모습입니다. 23년의 나이차이를 넘어 서로에게 푹 빠져 육체적으로 탐닉하는 연인들이 매일 책을 읽으며 예술을 논하는 것도 우스운 일입니다. 풀죽은 모습으로 헤어지는 마지막 순간까지도 신씨를 안고자 했던 똥아저씨의 모습은 변 실장을 아는 많은 사람들에게 충격적으로 생소할 겁니다. 그건 이중적인 것도 아니고, 위선도 아닙니다. 어쩌면 변양균 실장 자기도 알지 못했을, 사랑에 빠져 소년으로 돌아간 또 하나의 자기 자신, 즉 똥아저씨의 모습일 뿐이지요. 똥아저씨를 다시 한번 우습게 만들자고 제가 이런 인용을 하는 건 아닙니다. 자기 내면을 깊이 들여다보았을 때 똥아저씨에게 돌을 던질 수 있는 중년 남성이 얼마나 될지 묻고 싶을 뿐입니다. 적어도 저는 그런 돌을 던질 자격이 없습니다.

그들은 그렇게 만났고, 사랑했고, 함께 무너졌습니다. 영부인의 숨겨진 손녀인 것 같은 뉘앙스를 풍기며 변 실장에게는 자신을 '보살필 책임이 있었다'는 식으로 묘사한 부분이 눈에 걸리기는 하지만 (126면), 그런 부분만 잘 걸러내면 이 책은 중년 남성의 금지된 사랑을 상대방의 입장에서 매우 섬세하고 정직하게 그려낸 작품입니다. 비난하기보다는, 우리 자신을 돌아보며 읽어야 할 책이라는 말씀입니다.

사랑이냐 지분거림이냐

책이 나오고 나서 가장 큰 논란이 되었던 것은 서울대 총장을 지낸 전직 총리와 기자 출신 국회의원의 성추행 부분입니다. 전직 총리도 전직 기자도 신정아씨의 주장을 부인했지만, 두 사람 모두 명예훼손을 비롯한 법적 대응은 하지 않았습니다. 엄청나게 많은 사람들이 검색했을 것이 분명한 전직 기자의 이름은 지금도 포털사이트에서 신정아씨 관련검색어로 뜨지 않습니다. 법적 대응은 안 했어도 포털의 관련검색어로 뜨는 것은 잘 막아낸 셈이지요. 두 사람이 법적 대응을 했더라도 진실을 밝히기란 쉽지 않았을 겁니다. 어차피 양 당사자만 아는 사실인데다, 그들의 기억조차 이미 자기중심적으로 재편되었을 개연성이 크기 때문입니다.

"남자는 지위가 높거나 낮거나, 많이 배웠거나 못 배웠거나 상관없이 '남자'라는 점에서는 다 똑같은 것 같다"고 신정아씨는 적었습니다. 전직 총리나 전직 기자 부분의 진실은 알 수 없지만, 꽤 많은 남자들이 신정아씨에게 집적거린 것은 사실인 것 같습니다. 일단 전직 총리 부분을 일부라도 사실로 받아들였을 때, 저는 이런 의문을 갖습니다. 전직 총리의 지분거림과 똥아저씨의 사랑 사이에 근본적으로 다른 점이 있었을까. 두 사람은 모두 유부남이고, 일정한 사회적 지위에 있었으며, 신정아씨를 좋아했습니다. 다른 게 있다면 똥아저씨가 좀더 정직했다는 것, 시간적으로 전직 총리보다 좀더 앞서 있었다는 것 정도? 접근방법도 두 사람 사이에 별 차이가 없습니다. 그렇다면 신정아씨의 주장이 모두 사실이더라도 전직 총리는 억울할 것 같습니다. 신씨에게 접근했던 수많은 남자들 중의 하나일 뿐인데, 책에서 실명이 거론되고 아주 우스운 사람으로 몰리는 수모를 겪었으니까요. 전직 총리의 지분거림은 적어도 택시에서 성추행하려 한 기자와 동렬에서 거론될 일은 아닙니다.

신정아씨의 책이 출간된 후 나온 여러 반응 중에 제 눈길을 끌었던 것은 김선주 선생의 『한겨레』 칼럼이었습니다. 김선주 선생은 '술자리에서… 잘하자'라는 제목의 글에서 먼저 신정아씨가 1년 6

월 실형을 산 것은 너무 가혹하고 부당하다고 자신의 의견을 밝힙니다. 하지만 술자리와 그 뒤끝 이야기를 적은 신정아씨의 태도에 대해서는 비판적 태도를 보이지요. 좋건 싫건 남자와 여자가 함께 살아야 하는 세상이고, 결혼 여부와 상관없이 함께 밥 먹고 술 먹고 노래방도 가야 하고 여행도 출장도 가야 하는 현실에서, 이성에 대한 관심, 호의, 애정과 희롱, 구체적인 폭력은 구분되어야 한다는 것입니다. "40년 넘도록 남자사회에서 위에서 아래까지 온갖 술자리 경험을 한" 김선주 선생은, "다부지고 단호하게 자르면 혹은 공개적으로 모욕을 주면 어떤 사회지도층 인사도 더이상 지분거리지 않는다"고 적었습니다. 신정아씨가 겪었던 일 정도는, 남성 중심의 가부장제 사회를 거의 단신으로 헤쳐온 역전의 언론인 김선주 선생께는 어쩌면 일상이었을 수 있습니다. "달리는 택시 속에서 몸을 더듬으면 따귀를 때리거나 차에서 뛰어내려야" 하고, "아니다 싶으면 핸드백을 포기하고 차비만 꺼내서 화장실 가는 것처럼 술자리를 떠나야" 하며, "술버릇 나쁜 사람이 밤늦게 불러내면 다시는 안 나가야 한다"는 조언도 그의 경험에서 나온 이야기일 겁니다.[1] 그만큼 술자리에서 여성에게 지분거리는 남성이 많다는 이야기도 되겠지요. 김선주 선생은 남녀간의 호의와 그 표현은 자연스럽고 기분 좋은 일이라면서, 모두를 도둑놈 취급해서도 안 되고 어정쩡하게 빌미를 제공해서도 안 된다고 말합니다. 남녀가 함께 살아야 하는 세상에서 남녀 모두가 알아야 할 지혜겠지요.

제 주변의 전문직 여성들이 눈에 보이지 않게 겪는 이런 고통을

얼마 전까지만 해도 저는 잘 몰랐습니다. 남자나 여자나 직장생활이 다 비슷하지 뭐 다를 게 있을까 쉽게 생각했던 거죠. 그런데 그게 아니더군요. 직장생활 하는 여성, 특히 좀 '자유로워 보이는 여성'에 대한 중년 남성들의 지분거림은 생각보다 훨씬 심각한 수준입니다. 여성이 기혼이든 미혼이든 가리지 않습니다. 직장의 남성 상사는 부하 여직원에게, 남성 작가는 출판사 편집자에게, 기자는 만만한 취재원에게, 취재원은 만만한 젊은 기자에게, 저명한 남성 운동가는 젊은 간사에게, 남성 목사는 젊은 여신도에게, 권위있는 남성 교수는 여성 제자나 젊은 교수에게 은밀한 눈길을 보냅니다.

그런 눈길을 보내다가 여성이 거절하면 바로 눈길을 거두는 남성은 그나마 나은 사람입니다. 자기 욕망을 솔직하게 인정하고 드러내는 사람들 중에 이런 유형이 많습니다. 욕망을 감추고 숨기려는 사람일수록 더 집착하고 더 미숙합니다. 상대방이 보내는 거절의 메시지도 읽어내지 못합니다. 밤 10시가 다 된 시간에만 신정아씨를 불러내 큰일을 하게 도와주겠다며 슬쩍슬쩍 어깨를 치거나 팔을 건드린 분은 (만약 그게 사실이었다면) 이런 답답한 남성의 전형입니다. 그런 사람은 어딜 가나 넘쳐나서 만약 여성들이 다 함께 폭로하기로 작정하면 수없는 남성 지도자들이 가을 낙엽처럼 우수수 떨어지게 될 겁니다. 그게 우리 중년 남성들의 솔직한 자화상입니다. 일단 터지고 나면 굉장히 특이한 일처럼 인구에 회자되지만, 막상 주변을 돌아보면 어디에나 널려 있는 평범한 사람들의 이야기라는 말씀입니다.

'상하이 스캔들'에서
'돼지들에게'까지

똥아저씨만 이상한 사람이라고 보기에는 우리 주변에 비슷한 욕망으로 고민하는 중년 남성이 너무나 많습니다. 『4001』이 출간된 2011년 3월 우리나라는 또 하나의 스캔들로 떠들썩했습니다. 중국 상하이 총영사관에서 근무하다가 2010년 11월 국내로 조기소환된 영사 한명이 '덩 여인'이라는 중국여성과 부적절한 관계를 맺었다는 이른바 '상하이 스캔들'이었습니다.

'상하이 스캔들'을 이야기하기에 앞서 '스캔들'이라는 단어부터 잠깐 살펴봅시다. 스캔들은 '스칸달론'(skandalon)이라는 헬라어 명사에서 나온 말입니다. 이 말은 길을 가다가 '부딪히면 넘어지는 돌'이라는 원뜻을 갖고 있습니다. 쉽게 피할 수 있는 일반적인 장애물이 아니라, 거의 피할 수 없는 기묘한 장애물입니다. 르네 지라르는 '스캔들'이 모방적 경쟁상태와 그 결과를 지칭하는 말이라고 설명합니다(『사탄』 30면). 이 단어는 신약성서에 자주 나오지만 우리말 성서에서는 다른 단어들로 번역되어 찾아볼 수 없습니다. 예를 들어 『마태복음』 18장의 한두 구절에서 스캔들이라는 원어 표현을 살려보면 이렇습니다. "만일 네 손이나 네 발이 너를 스캔들에 몰아넣거든 찍어 내버리라. 장애인이나 다리 저는 자로 영생에 들어가는 것이 두 손과 두 발을 가지고 영원한 불에 던져지는 것보다 나으니라. 만일 네 눈이 너를 스캔들에 몰아넣거든 빼어 내버리라. 한 눈으로 영생에 들어가는 것이 두 눈을 가지고 지옥불에 던져지는 것보다 나으니라."(『마태복음』 18:8~9) 아주 유명한 구절인데도 전혀 다른 느낌을 주지요? 우리를 넘어지게 하는 피할 수 없는 장애물이라는 원뜻을 곱씹으면, 스캔들이 남의 일이 아님을 깨달을 수 있습니다.

'상하이 스캔들'은 상하이 영사관에서 비자담당 업무를 맡고 있던 허아무개 영사가 33세의 덩씨와 부적절한 관계를 유지하며 이중비자를 내주고 덩씨 주변인물들에게까지 불법으로 비자를 발급해준다는 소문에서 시작되었습니다. 뒤이어 국무총리실 공직복무관리관실에는 다른 영사들도 덩씨와의 부적절한 관계가 의심된다는 제보가 접수되었습니다.[2] MB정권 200여명의 휴대전화 번호 등 각종 문건이 덩씨에게 유출된 것으로 알려지면서 만일 이 번호가 외국 정보기관으로 넘어가면 통화내용이 도청될 가능성이 있다는 이른바 '전문가'의 말이 인용되기도 했습니다.[3] 외국 정보기관이 MB정권 사람들을 도청하려고 이런 스캔들을 만들어내고 기껏 전화번호부나 복사하고 있었는지 따위의 상식적 의문은 간단히 무시됩니다. 언론이 주도하는 스캔들의 전형적인 증폭과정이죠. 사건이 터지자 허 영사는 바로 사표를 냈습니다. 다른 영사들은 소속부처에 "외교업무를 위해 해당 여성과 친하게 지낸 것은 맞지만 불륜은 아니었고, 국가기밀을 유출한 적이 없다"고 해명했습니다.[4]

'한국판 색, 계' 따위의 선정적인 제목이 신문에서 춤을 추었지만, 누가 봐도 간첩사건으로 비화될 내용은 아니었지요. 정부 합동조사단이 중국에 파견되는 등 소란을 떤 끝에 사건은 곧 스파이 사건이 아닌 영사들간의 단순 '치정'으로 정리되었습니다.[5] 덩씨에게 유출된 자료들은 주로 법무부 소속의 허 영사가 넘겨준 것이고, 일부는 다른 영사들이 유출한 것으로 확인되었습니다. 덩씨의 정체는 비자브로커로 발표되었습니다.[6] 조사 후 이어진 징계에서 총영사는 해임되었고 일부 영사는 감봉 처분을 받았습니다. 허 영사는 이미 퇴직했기 때문에 징계를 받지 않았지요. 시끄러웠던 시작에 비해 용두사미로 흐지부지 종결된 스캔들이었습니다. 허 영사 외에는 어느 누구의 부적절한 관계도 확인된 적이 없습니다. 언론의 과장된 보도 때문에 억울한 사람도 있을 겁니다.

홍미로운 것은 상하이 스캔들에 연루된 영사들입니다. 이들은 한결같이 이른바 '명문대'를 졸업하고 고시에 패스한 잘나가는 엘리뜨들이었습니다. 덩씨와의 관계를 인정한 허 영사는 서울대를 졸업하고 행정고시에 합격하여 5급 검찰사무직으로 공직을 시작했습니다. 그는 검사가 주류인 법무부에서도 능력을 인정받아 참여정부 시절 청와대 민정수석실에 파견되었고 강금실 전 장관의 비서도 지냈습니다. 다른 영사들도 행정고시와 외무고시에 합격해 여러 요직을 거친 사람들이었습니다.[7] 이들은 모두 40대였습니다.

사건이 터진 직후 일부 언론은 허 영사가 덩씨의 남편에게 보낸 이메일 내용을 공개했습니다. 허 영사는 "덩씨가 내린 결론은 제 사랑을 믿을 수 없고 그렇기 때문에 헤어지자는 것이었다"면서 "직장 핑계를 대며 (상하이로) 돌아가지 못하는 나를 믿을 수 없다고 생각한 것 같다"고 적었습니다. "덩을 위해 모든 것을 포기한 나로서는 머리가 그저 멍한 상태"라며 "저는 덩씨와의 사랑을 위해, 그녀와의 신의를 위해 직장도, 가족도, 사회적 체면과 세간의 평가, 부모님의 기대까지 다 버렸다"고도 했습니다. "덩은 저 없이 일주일 이상 살 수 없다고 했"고, "실제로 덩이 우리가 이별 직전까지 갔을 때 자살을 시도한 적도 있었다"고도 털어놓았습니다.[8] 허 영사는 두 사람 사이의 사랑이 진실이라 믿었던 것 같습니다. 기간의 차이는 있어도, 똥아저씨가 신정아씨를 사랑했던 것처럼, 허 영사도 뒤늦게 눈뜬 사랑에 인생을 던진 거죠. 언론의 보도가 사실이라고 칠 때 그렇다는 이야기입니다.

물론 이런 스캔들이 공직에 있는 사람에게만 터지는 것은 아닙니다. 변 실장이나 허 영사가 공직자였기 때문에 사생활이 공적인 문제로 비화되어 신문지상을 오르내렸을 뿐입니다. 『서른, 잔치는 끝났다』로 유명한 최영미 시인은 2005년 『돼지들에게』라는 시집을 출간합니다. 이 시집에는 최 시인이 한해 전 발표한 같은 제목의 시가 실려 있습니다. "언젠가 몹시 피곤한 오후,/돼지에게 진주를 준 적이 있다"로 시작되는 시는, 시집 뒤표지의 추천사처럼 "우리 사회를 뒤덮고 있는 거짓과 속임수에 대한 가차없는 공격"으로 독자들을 놀라게 했습니다. 최 시인이 말하는 돼지는 명백하게 진보적인 남성 지식인을 가리키고 있습니다. 진주를 단순히 성적 욕망의 충족이라고만 해석하면 너무 일차원적인 이해가 되겠지만, 그런 의미도 포함되어 있는 것은 분명합니다. 진주를 얻은 돼지가 좋아라 날뛰며 다른 돼지들에게 뛰어가 진주가 자기 것이 되었다고 자랑하자, 이제는 열마리의 배고픈 돼지들이 달려들어 진주를 달라 외칩니다. 못 들은 척 외면하면 그들은 시인이 가는 길목을 지키고 있다가 아무도 보는 사람이 없는지 확인한 뒤 시인의 집 대문을 두드립니다. 그들이 외치는 것은 한가지, "진주를 줘. 내게도 진주를 줘. 진주를 내놔"입니다. 시인은 "어린 늑대들은 잔인했고,/세상사에 통달한 늙은 여우들은 교활했다"고 탄식합니다. 시인이 멀리 도망쳐도 탐욕스러운 돼지들은 포기하지 않습니다. 진주를 달라고, 마지막으로 제발 한번만 달라고 외칩니다.

『돼지들에게』에 실린 두번째 시 「하늘에서 내려온 여우」에는 지치지도 않고 세계를 해석하며 마이크 앞에서 짖어대는 늙고 노회한 여우와 그를 따르는 어리고 단순한 개들이 등장합니다. 아름다운 말로 대중을 속이지만, 늙고 노회한 여우는 그저 "박수소리에 도취해, 자신의 위대함에 속아/스스로에게도 정직하지 못한 예언자"일 뿐입니다. 세번째 시 「돼지의 변신」은 원래 평범한 돼지였으나 "감방에서 한 이십년 썩은 뒤에" 여우가 된 지식인을 비판합니다.

이어지는 시 「비극의 시작」과 「여우와 진주의 러브스토리」는 내러티브를 갖고 있습니다. 여우와 진주는 버스를 타고 교외로 소풍을 가는데, 나란히 앉은 여우의 손이 우연인 듯 진주의 손을 스칩니다. 그리고 여우와 진주의 러브스토리가 시작됩니다. 따뜻한 밥 한끼 대접에 감격한 진주의 눈물을 보고 여우는 흐뭇해하지요. "그다음은 여러분이 짐작하시는 그대로다"라는 의미심장한 한마디로 시는 마무리됩니다. 짧은 문장에 모든 사연을 담아낸 시들입니다.

사실 저는 시를 즐겨 읽는 사람이 아닙니다. 최영미 시인의 시를 해석하고 평가할 능력도 없습니다. 시가 나온 이후 한동안 진보세력 안에서는 그게 누구누구라는 식의 추측이 나돌았습니다. 돼지와 여우가 실체가 있는 사람인 것은 분명하지만 저는 그게 누구인지 알 수 없고, 알고 싶지도 않습니다. 최영미 시인은 『돼지들에게』 출간 이후 이렇게 밝혔습니다. "'돼지' 연작시를 쓸 때는 아무개라는 대상이 있었지요. 그러나 시상(詩想)을 정리하면서 아무개가 보편적으로 변했어요. 예전의 시들이 경험에 의존했다면 지금은 상상과 경험이 어우러져 시를 만들어내지요."[9] 저는 최 시인의 말을 액면 그대로 받아들입니다. 최 시인이 말하는 『돼지들에게』의 보편성을 받아들이고 나면, 돼지인 그들, 돼지인 저의 모습이 눈에 들어옵니다. 어느 것 하나 남의 이야기가 아닙니다.

제때 불태우지 못한 소년의 열정

똥아저씨, 허 영사, 돼지나 여우 선생님, 술자리에서 지분거리는 아저씨들은 뒤늦게 일탈의 길에 빠진 사람들입니다. 이들은 대개 40대 이후 삶의 안정기에 들어선 사람들입니다. 성공을 위해 20대와 30대를 정신없이 달려온 결과, 겨우 어느정도 기반을 잡았습니다. 이변이 없는 한 앞으로도 성공가도를 달리게 예정되어 있습니다. 어디까지 올라갈 수 있는지도 이미 대충은 정해진 상태입니다. 그냥 정해진 길을 그대로 걸어가면 됩니다. 굳이 무리할 필요도 없습니다. 아이들도 한창 손이 가는 시기는 지났습니다. 집값 대출은 아직 남아 있지만 그것도 슬슬 출구가 보이기 시작합니다. 어렵게 얻어낸 약간의 여유 속에서 비로소 주변을 돌아보게 됩니다. 낙엽이 떨어지는 걸 보니 문득 가슴속으로 찬바람이 불어옵니다.

이 남성들은 기본적으로 '계(戒)', 즉 규범의 세계에서 평생을 보낸 사람들입니다. 어려서부터 공부를 잘했고, 늘 칭찬받았으며, 규범을 어긴 일이란 기껏 과속딱지 몇번 끊은 게 전부입니다. 룸살롱을 찾아다니면서 몸을 함부로 굴린 사람들도 아닙니다. 법을 만들어 적용하고 집행하며 평생을 살아온 사람들도 있습니다. 돼지나 여우 선생님처럼 진보 지식인으로 살아온 분들, 심지어 감옥에 다녀온 분들은 규범과 거리가 멀지 않냐고요? 겉모습이 달라 보일 뿐, 남에게 어떻게 살아야 하는지 설교하며 살아왔다는 점에서 이들도 본질적으로는 '계'에 속합니다. 이들은 자기도 모르는 사이에 너무 '훌륭한 어른'이 되어버렸습니다. 그런데 깊은 내면에서 이들의 뒷덜미를 잡아당기는 것이 있습니다. 바로 제때 불태우지 못한 '소년'입니다.

30대 후반부터 한동안 사진에 빠져 지내면서 저는 처음 소년의 존재를 자각했습니다. 사진 찍기는 돈이 많이 드는 취미입니다. 성능 좋은 카메라와 렌즈를 찾아 바꿔치기를 거듭하다보면 한달 월급 정도는 금방 날아가버립니다. 그렇게 돈을 쓰는 저를 보고 가족들은 고개를 갸우뚱했습니다. 자기를 위해 돈 쓰는 것은 최소화하고 나머지는 이웃에게 돌려야 한다고 믿는 아내는 이게 무슨 일인가 황당해하기도 했습니다. 남편도 같은 믿음을 갖고 있는 줄 알았는데 카메라 따위를 사는 데 그렇게 돈을 쓸 줄은 몰랐다는 거죠. 그런 눈총을 받으면서도 가끔 시간 날 때마다 저는 남대문시장 카메라 상가를 기웃거렸습니다. 창가에 진열된 각종 카메라들을 보면서 넋을 잃은 적도 많았죠.

어느날인가 카메라 상가의 유리창 앞에서 꿈도 못 꿀 비싼 가격의 라이카 카메라를 바라보고 있는데 머릿속으로 문득 영상 하나가 스쳐지나갔습니다. 삼선교에 있던 '아카데미과학' 유리창 안의 장난감을 넋놓고 바라보는 소년의 모습이었습니다. 조립식 병정, 전차, 전투기, 전함 등을 팔던 아카데미과학은 1970년대 소년들의 로망이었습니다. 성북동에서 어린시절을 보낸 저는 집에서 조금만 걸어나가면 삼선교의 아카데미과학 유리창 앞에 설 수 있었습니다. 유리창 안에는 비싼 조립식 장난감 전차들이 자리잡고 있었습니다. 사고 싶었으나 엄두도 낼 수 없는 물건들이었습니다. 부모님을 마구 조르면 아마도 한두번은 사주셨겠지요. 그러나 모범생이던 저는 단 한번도 그렇게 부모님을 조르지 못했습니다. 중산층의 빠듯한 살림을 알고 있었기 때문이겠죠. 한두마디로 설명하기는 어렵지만, 장난감 따위에 돈을 낭비해서는 안 된다는 중산층 가정 특유의 규범의식이 작용했던 것 같기도 합니다. 제 의식세계의 수면 아래에 존재하는 이런 규범의식에 대해서는 나중에 따로 설명할 기회가 있을 겁니다. 어쨌든 카메라 상가 유리창 앞에서 제 머릿속에 떠오른 것은 아카데미과학 유리창 앞에 서 있던 그 소년, 바로 저의 모습이었습니다.

모든 게 분명해지더군요. 조립식 장난감이 카메라로 변했을 뿐, 저의 내면은 변한 것이 없었습니다. 그걸 깨닫자 콧날이 시큰해졌습니다. 그리고 그날 저녁 아내에게 진열장 앞에서 만난 소년 이야기를 들려주었습니다. 귀 밝은 아내는 금방 알아들었고, 저는 '얼마 동안' 카메라에 몰두하는 자유를 누릴 수 있었습니다. 문제는 그 소년이 장난감이나 카메라 같은 영역에만 남아 있는 게 아니더라는 데 있죠.

중년 남성의 내면에 남아 있는 소년은 '지랄총량의 법칙'으로 알려진 '지랄'이기도 하고, '에너지'이기도 하며, '청춘'이기도 하고, 프로이트(S. Freud)가 말하는 '이드'(id)이기도 합니다. 당연히 '색(色)', 즉 욕망의 영역에 속한 힘이죠. 10대 중반부터 20대 후반까지 소년은 남성의 내면에서 미친 듯이 춤을 춥니다. 조물주의 설계에 따르자면 바로 그 즈음에 가장 자연스럽게 분출되어야 하는 에너지입니다. 이몽룡과 성춘향이 그랬던 것처럼 주로는 섹스를 통해서 말이지요. 그런데 우리가 사는 세상에서는 도저히 그럴 수가 없습니다. 욕망을 찍어누른 사람만이 성공이란 달콤한 열매를 맛볼 수 있기 때문입니다. 섹스를 통해 분출되어야 할 에너지는 엉뚱하게도 도서관, 고시원, 영어학원에서 대부분 소비됩니다. 그런 에너지 소비가 '건강한' 것으로 권장되기도 합니다.

남녀 불문하고 다들 비슷한 형편이라 어차피 연애할 상대방도 시간도 공간도 찾기 어렵습니다. 취직, 고시, 유학 준비에 몰두하며 스스로를 몰아붙이는 과정에서 젊은이들은 더욱 '계'에 속한 인간으로 변해갑니다. 그런 극심한 경쟁을 거쳐서 겨우 결혼할 여유를 갖게 되었을 때, 상대방을 고르는 기준도 '색'보다는 '계'에 속한 것들입니다. 어떤 집안 출신인지, 어떤 대학을 나왔는지, 직장은 어디인지, 얼마나 장래성이 있는지, 건강한지, 품성이 안정적인지 등등을 빼놓은 배우자 선택이란 상상도 할 수 없습니다. '계'에 속한 청년들은 이 모든 것에 외모를 더하여, '다른 사람들이 볼 때 괜찮은' 사람을 배우자로 선택합니다. 한눈에 반했다거나, 불꽃같은 연애를 했다는 사람들도 이런 기준에서 완전히 자유롭지는 못합니다. 강한 끌림, 성적 매력 같은 것을 배우자 선택의 기준으로 삼으면 덜떨어진 사람으로 취급받기 십상입니다. 연애와 결혼은 구분된다는 가치관도 결국은 '색'에 대한 '계'의 영원한 승리를 의미할 뿐입니다.

이런 과정을 거친 뒤 규범적인 '계'의 남자들은 좋은 직장과 안정된 가정을 지닌 사회지도자로 자리잡습니다. 원래는 에너지를 충분히 사용하고 누린 다음에야 어른이 되는 것인데, 우리 사회에서는 그렇지 못한 사람만이 '훌륭한 어른'이 됩니다. 그저 '어른 행세'하는 법만 배운 소년들이 '훌륭한 어른' 타이틀을 거머쥐는 셈이죠. 인간이 평생 써야 할 지랄의 총량이 정해져 있다고 볼 때, 지랄이라는 실탄을 거의 사용해보지 않은 사람들이 지도자가 되는 것입니다. 겉은 멀쩡한 어른인데 마음 깊은 곳 감성의 어느 한구석은 텅 빈 소년들입니다. 갈 곳을 잃은 '색'은 마음 한구석의 더 어두운 공간으로 숨어들어갑니다. 잠복한 것일 뿐 결코 사라진 것이 아닙니다.

그런 소년이 어느날 소녀를 만납니다. 일 때문에 우연히 만난 여성이 덥석 소년의 손을 잡는 순간, 평생 '계'의 세계에서 살아온 이규범남은 거짓말처럼 우르르 무너집니다. 그리고 일순간 '색'의 세계로 몸을 던집니다. 좋게 보면 순수하고, 나쁘게 보면 한없이 유치한 사랑놀이가 시작됩니다. 상대방과 나 사이의 자아경계가 무너지는 상태를 뒤늦게 경험합니다. 10대 소년들이 느끼는 것과 하나도 다를 바 없는 퇴행도 경험합니다. 그녀 앞에 서면 어린아이가 됩니다. 남이 보면 유치해서 쓰러질 편지를 쓰고, 낯 뜨거운 애칭을 부르며 서로를 갈망합니다. 상대방을 위해서는 죽어도 좋다고 생각하고, 실제로 그 사랑의 결과 많은 것을 잃기도 합니다.

대체로 이들이 갈구하는 것은 육체적인 사랑입니다. 문자 그대로 '색'입니다. 결혼도 하고, 아이들도 있고, 이미 성경험을 할 만큼 한 사람들인데 이상하게도 육체적인 사랑에 매몰됩니다. 엄청난 존경을 받아온 돼지나 여우 선생님이 찾는 것도 정신적 교류가 아니라 육체적 사랑입니다. 진주를 보호하러 왔다던 그들은 예외없이 모두 돼지로 끝이 났습니다.

그런데 소년들이 선택한 신정아씨, 덩 여인, 시인(물론 최 시인을 의미하는 것이 아닙니다. 여기서 시인이란 「돼지들에게」의 '나'를 지칭합니다) 같은 여성에게는 일정한 공통점이 있습니다. 성공한 기혼 남성이 혼인 외의 사랑을 선택할 때 가장 중요한 기준은 바로 '안전'입니다. 신정아씨는 미국에서 학사, 석사를 취득하고 큐레이터로 일하던 부잣집 막내딸이었습니다. 예일대에서 박사학위도 취득했다고 합니다. 일이 잘못될 경우 '잃을 게 많은 사람'입니다.

잃을 게 많은 사람은 자기를 지키기 위해서라도 상대방을 함께 보호하기 마련입니다. 덩 여인은 중국여성입니다. 배경이 든든하고 돈도 많다는 소문이 따라다닙니다. 가진 게 많고 외국인이어서 상대적으로 노출의 염려가 적습니다. 명성을 쌓은 시인 역시 마찬가지입니다. 소년의 입장에서 이보다 안전한 상대방을 찾기도 힘듭니다. 순수하고 유치한 사랑놀이를 시작했지만, 근본적으로 성공한 소년들은 안전한 선택을 하고자 합니다. 자기 가정을 깨고 싶지 않은 것도 분명합니다. 물론 마지막에는 이 모든 '안전'이 허구로 드러났지만 말입니다.

일탈의 길과 사냥꾼의 길

실제로 행동에 나섰든 그러지 못했든, 우리 사회 40대 이상 성공한 남성의 상당수는 이런 소년들입니다. 불타는 사랑을 갈구하면서도 마음 한편에서는 늘 안전을 원합니다. 소년들 중에 용감한 (또는 우연히 결정적 기회를 만난) 사람은 똥아저씨나 허 영사처럼 새로운 사랑에 몸을 던집니다. 용기없는 소년은 전직 총리처럼 기회를 찾아 이리저리 찔러보는 사람이 됩니다. 어떻게 하면 거래처 사람과 함께 룸살롱이나 한번 갈까 호시탐탐 기회를 노리는 많은 남성들도 따지고 보면 전직 총리 같은 유형입니다.

그리고 일탈의 길에 빠져든 소년들의 반대편 극단에 '사냥꾼이 된 소년'들이 존재합니다. 사냥꾼이 된 소년들은 '계'에 속한 남성의 결정판입니다. 이 소년들은 남의 사생활에 유난히 관심이 많습니다. 억눌린 욕망을 해소하는 방법으로 엿보기를 선택했기 때문입니다. 이들은 늘 차가운 눈을 번뜩이며 '주변에 누가 혹시 남몰래 행복한 지' 감시합니다. 다른 사람의 알려지지 않은 스캔들을 들으면 그 이야기를 보물처럼 간직하며 가까운 친구들에게만 풀어놓습니다. 회사에도 교회에도 온통 이런 사람들이 넘쳐나서 굳이 예로 들 필요가 없을 정도입니다.

서울 근교 신도시에서 담임목사의 스캔들이 터진 적이 있습니다. 목사는 몇년 전 '목회 구상'을 이유로 16박 17일 동안 해외여행을 다녀왔습니다. 그 여행에는 목사와 친하게 지내던 부목사와 교인 10여명이 동행했습니다. 여행이 끝난 후 동행했던 교인들 중의 일부가 여행 중 목사가 보인 이상한 행동에 대해 문제를 제기했습니다. 목사와 어느 여집사 사이에 "교역자와 교인 사이라고 보기 힘든 언행"이 있었다는 것입니다. 목사가 운전할 때는 반드시 그 여집사가 조수석에 앉았고, 수시로 서로 반말로 이야기했습니다. 식당에서는 꼭 두 사람이 마주앉았고, 각각 음식을 시켜 반반씩 나눠 먹기도 했습니다. 심지어 목사가 여집사의 엉덩이를 아래에서 위로 만지는 일도 있었다고 합니다. 여집사가 전혀 문제삼지 않았고, 다른 사람들이 이 상황을 "연인으로 연상되는 행동"으로 묘사한 걸 보면 엉덩이를 만진 것이 성추행은 아니었던 것 같습니다. 이같은 문제제기는 목사가 평소에 보여준 불투명한 재정운용의 문제와 맞물려 결국 목사의 사임으로 이어졌습니다.

이 스캔들에서 저의 관심을 끈 것은 그 목사의 비리가 아니라, 여행지에서 목사의 일거수일투족을 감시하고 있었을 교인들의 눈이었습니다. 목사가 어느 여집사와 반말을 주고받고, 음식을 반씩 나눠 먹고, 엉덩이를 만졌다면 물론 잘못이죠. 그러나 그걸 보면서 과도하게 반짝인 교인의 눈은 과연 정상일까요. 사냥꾼이 된 교인들의 숨겨진 욕망은 과연 목사의 욕망과 본질적으로 다른 것이었을까요. 증권가 '찌라시'나 신문사 내부 정보보고망에 올라오는 생생한 스캔들을 보면서 눈을 번뜩이는 사람들의 욕망이 똥아저씨나 허 영사의 그것보다 조금이라도 나은 면이 있을까요.

일탈하는 아저씨와 사냥꾼이 된 아저씨는 정반대에 선 것처럼 보이지만 실상은 같은 유전자를 갖고 태어난 일란성쌍둥이입니다. 성장과정도 똑같아서 따로 설명을 덧붙일 필요가 없습니다. 다만 욕망을 배출하는 방법이 조금 다를 뿐이지요. 그런데도 사냥꾼이 된 아저씨들은 마치 정의를 독점한 것처럼 검사와 기자의 바로 뒷자리에서서 희생양을 향해 돌을 던집니다. 표면적으로 보면 '계'의 사람들이지만, 숨겨진 '색'의 농도만큼 더 맹렬하게 돌을 던진다는 점에서사실은 '색'의 사람들이라 할 수 있죠.

똥아저씨, 허 영사 등은 소년 중에서 어쩌면 가장 순수한 축에 속하는지도 모릅니다. 우리 사회의 건강성을 회복하기 위해서는 자기내면에도 그런 소년이 존재함을 솔직하게 인정할 필요가 있습니다. 희생양 사냥이 이성을 잃기 시작하는 시점에 잠깐 멈춰서서 '그 사람과 내가 뭐가 다르지?' 질문해보아야 합니다. 스캔들의 중심에 선

희생양과 자신을 동일시함으로써, 우리는 희생양 양산의 메커니즘을 깰 수 있습니다. 적어도 그 메커니즘을 폭로하는 출발점에는 설 수 있는 것입니다. 자기와 희생양이 크게 다르지 않다는 것을 인정하고 나면, 비로소 "죄없는 자 먼저 돌로 치라"는 예수의 가르침이 우리 가슴을 울리게 됩니다. 침팬지와 나의 유사성을 받아들이는 순간, 침팬지보다 인간에 훨씬 가까운 존재가 될 수 있는 것입니다.

4

누구나 정신승리는 필요하다

욕망의 정글에서 살아남는 법

누구나 정신승리는 필요하다

2011년 8월에 실시된 무상급식 주민투표가 투표율 미달로 개표도 못 하게 되었을 때 홍준표 한나라당 대표는 "6·2 지방선거(2010)에서 오세훈 서울시장이 득표한 것보다 이번 주민투표 참여인구가 늘었기 때문에 이번 선거는 사실상 승리"라고 주장했습니다. 오세훈 서울시장이 사퇴한 후 치러진 서울시장 선거에서 박원순 후보가 당선되자 홍 대표는 다시 "10·26 재보선은 이긴 것도 진 것도 아니다"라는 말을 남겼습니다. 서울시장 선거에서는 졌지만 자신들이 공천한 여덟곳의 기초자치단체장은 전승했기 때문에 그렇다는 것입니다. 명백한 패배를 승리 또는 무승부로 포장한 홍 대표의 이런 자기합리화는 시민들의 냉소를 불러왔고, 한동안 '사실상 승리'라는 말이 유행어가 되었습니다.

홍 대표의 이런 태도는 요즘 유행하는 말을 빌리자면 전형적인 '정신승리'입니다. '듣보잡' 경험을 적은 글에서 여러차례 '정신승리'를 외친 저도 사실은 홍 대표와 같은 유형의 사람입니다. 정신승리는 도를 지나치면 홍 대표처럼 웃음거리가 되지만, 외부의 심각한 공격에 대항해 내면의 자존감을 지키는 유용한 수단이기도 합니다.

앞서 말씀드린 것처럼 입시로 상징되는 모방욕망의 사회는 늘 희생양을 원합니다. 욕망이 억압된 상황에서 사람들은 일탈자가 되거나 사냥꾼이 될 수밖에 없습니다. 세상은 날로 정글로 변해갑니다. 젊은 세대 사이에는 서로 공격하고 상처 주고 웃음거리로 만드는 문화가 확고하게 자리잡았습니다. 누군가 상대방의 장점을 이야기하고 칭찬하면 모두들 어색해서 견디지 못하고, 농담처럼 서로 씹고 비판하면 다 함께 웃고 즐깁니다. 웃음거리가 된 사람은 '쿨하다'는 평가를 받기 위해 겉으로 함께 웃는 척하지만 그의 내면에는 깊은 상처가 남습니다. 조금 더 고상한 형태를 취할 뿐 기성세대의 문화도 다르지 않습니다. '더 많이 씹을수록 더 친한 관계'라는 오해 속에서 우리는 매일 그렇게 상처를 주고받으며 살아갑니다. 내면에 쌓여가는 생채기는 우리를 더 공격적으로 만들고, 희생양을 원하는 빈도는 더 잦아집니다. 사냥꾼 노릇을 열심히 하는 만큼, 어느 순간 졸지에 희생양이 될 확률도 높아집니다.

르네 지라르는 이런 희생양 메커니즘을 폭로한 사람이 바로 예수라고 설명합니다. 폭로의 댓가로 예수 자신도 희생제물이 되고 맙니다. 그는 자신의 죽음을 통해 희생양 제의의 종식을 촉구하고, 모방 욕망과 폭력의 악순환을 멈출 수 있는 새로운 모델을 제시합니다. 자기가 가진 모든 것, 심지어 생명까지도 남을 위해 내주는 충격적인 모델입니다. 우리 모두가 예수의 모범을 따라, 자기 자신을 내주고 언제나 희생양 편에 서서 소수자의 입장을 옹호하며 박해자의 부당함을 고발하는 아름다운 삶을 살 수 있다면 얼마나 좋을까요. 그런데 그게 쉬운 일이 아닙니다.

이 책이 정말 좋은 책이 되려면 이쯤에서 예수의 삶을 따르는 방법이 제시되어야 합니다. 그러나 제 삶을 냉정하게 돌아볼 때, 예수를 따르는 삶에 대해서는 자신있게 나눌 만한 이야깃거리가 단 한가지도 없었습니다. 예수를 모델로 삼았지만 실상 저의 삶은 '정신승리'에 의해 지탱될 때가 많았습니다. 그래서 이번 장에서는 저만의 웃기는 정신승리 비법을 나누기로 마음먹었습니다. 개그콘서트의 표현을 빌리자면 이야기가 갑자기 삼천포로 빠지면서 사람들을 공황상태에 빠뜨리는 '꺾기도' 비법을 쓰는 셈입니다. 저의 비겁함이 그대로 드러나는 유치하고 부끄러운 이야기라 여러분에게는 큰 도움이 안 될 수도 있습니다. 어쩌면 글쓰기 욕망을 밝힌 첫 장보다 저의 맨얼굴, 숨겨진 욕망이 훨씬 더 잘 드러나는 이야기가 될지도 모릅니다. 욕망의 덩어리들이 모여 사는 정글에서 욕망의 덩어리로 살아남는 저만의 자기합리화 비법은 이렇습니다.

그들은 여러분을 사랑하지 않습니다,
그렇게까지는, 결코……

　　　　　최근에 저는 "김두식 교수는 엘리뜨주의자"라는 학생들 사이의 평가를 전해듣고 씁쓸하게 웃은 일이 있습니다.[*] 겉은 소탈해 보이지만, 실상은 공부 잘하는 애들만 편애한다는 소문이었는데요, 소문의 출발이 재미있습니다.

　저는 로스쿨 수업시간에 질문을 자주 하는 편입니다. 자유롭고 독창적인 사고를 권장한다고 폼은 잡지만 형법이나 형사소송법 과목에서는 대부분 한두가지 정답이 정해져 있기 때문에 너무 엉뚱한 답이 나왔을 때는 질문자 입장에서 뭐라 할 말을 찾기 어렵지요. 그러다가 가끔 제가 원하는 답에 70퍼센트 정도 근접한 답변을 하는 학생이 나올 때가 있습니다. 그러면 저는 아주 과장된 표정으로 이런 칭찬을 날립니다. "훌륭하다. 어떻게 거기까지 생각이 미칠 수가 있느냐? 공부를 정말 많이 한 것 같다. 교수보다도 훨씬 많이 아는 학생이다."

　저 나름대로는 '칭찬은 고래도 춤추게 한다'는 얘기를 강의에 적용해보려고 한 것입니다. 그런데 그게 '삑사리'가 나면서 학생들은 제가 수업시간에 답변을 잘하는 학생들만 편애한다고 생각한 모양

---

[*] 여기서 '엘리뜨'라는 표기는 저의 맞춤법이 아니라 창비의 외래어표기법입니다. 불편하면 창비에 항의해주세요. 창비가 자신만의 표기법을 유지하는 이유에 대해서는 다음 글을 참조하시고요. 염종선 「이딸리아는 어디에 있는 나라인가」, 『창작과비평』 2011년 겨울호.

입니다. 특히 답변 잘하는 학생들 중 일부가 이른바 명문대학을 나온 경우 학생들의 의심은 더욱 증폭되었습니다. 명문대 출신들만 사랑하는구나! 어차피 해명이 불가능한 이런 이야기를 전해듣고 저는 간단하게 상황을 정리했습니다. "저는요, 여러분을 사랑하지 않거든요, 그렇게까지는, 결코!" 바로 여기에서 저의 첫번째 정신승리 비법이 출발합니다.

1985년 고등학교 3학년으로 올라가서 치른 첫번째 모의고사에서 저는 반에서 4등인가 5등인가를 했습니다. 영어는 절반도 맞지 못했습니다. 학교가 발칵 뒤집어진 것 같았습니다. 1학년에서 2학년으로 올라갈 때는 전교 600여명 중에서 1등을 했고, 2학년에서 3학년으로 올라갈 때는 문과에서 2등을 했던 애가 갑자기 반에서 5등으로 떨어지니 화제가 될 만도 했지요. (이런 상세한 등수를 밝히는 것도 열등감이죠. 틈만 나면 자기자랑…… 나쁜 버릇이 고쳐지질 않아요.) 물론 저는 그 이유를 알고 있었습니다. 고등학교 시절 내내 저는 중간고사, 기말고사 때만 바짝 공부하는 '당일치기' 선수였습니다. 방학 때면 공부한답시고 친구들과 함께 시립도서관을 찾았지만, 거기에는 읽고 싶은 소설과 사회과학서 들이 너무 많았고, 늘 그 유혹을 이기지 못했습니다. 틈틈이 이성교제도 했기 때문에 항상 시간이 부족했습니다. 그러다보니 영어, 수학을 종합적으로 이해하는 데 필수적이라는 『정돌수학』『성글종합영어』 같은 책을 한번도 제대로 보지 못했습니다. 『성글종합영어』는 매번 제일 앞에 나오는 to부정사와 동명사만 보다 말아서 지금도 영어할 때는 to부정사와 동명사

문장만 쓸 정도입니다. 이런 형편이다보니 범위가 정해져 있지 않은 모의고사에서는 어차피 힘을 쓸 수가 없었습니다. 첫번째 모의고사에서의 '몰락'도 예정된 일이었고요.

그걸 모르는 친구들은 저를 볼 때마다 "너 무슨 일 있니? 어떻게 된 거야?" 물으며 걱정했습니다. 수업에 들어온 선생님들도 "이게 뭐야? 정신이 있는 거야, 없는 거야?" 하며 혼을 내셨습니다. 교무실에도 여러번 불려갔습니다. 복도에서 만나는 선생님들은 "열심히 해야지. 다음번에는 제자리 찾을 거지?" 하시며 동네북처럼 제 머리를 툭툭 치셨습니다. 선생님과 전교생이 모두 저를 비웃는 것처럼 느껴졌습니다. 세상 모든 사람들이 제 이야기만 하고 있는 것 같았습니다. 주변사람들을 실망시켰다는 절망이 엄습했습니다. "공부가 인생의 전부는 아니다"라는 말을 입에 달고 살던 시절이었지만 가슴은 쓰렸습니다. 영어, 수학이라는 게 단기간에 따라잡을 수 있는 과목이 아니었으므로 역전의 가망성도 없었습니다.

까딱하면 정신적으로 무너질 수도 있는 상황에서, 머리를 처박고 엎드려 있는데 문득 이런 의문이 들었습니다. '이 많은 사람들이 정말로 나를 사랑하는 걸까?' 아주 사소하고 돌발적인 의문이었지만, 그 질문은 제 인생에 중요한 전기를 마련해주었습니다. 답이 너무도 분명했기 때문이죠. 복도에서 제 머리를 치는 선생님들, 제 처지를 걱정해주는 친구들 얼굴을 하나씩 떠올려보았지만 그중에 저를 '정말로' 사랑하는 사람은 아무도 없었습니다. 학교 끝나고 집에 돌아가서까지 김두식 학생의 운명을 염려하는 선생님이 한분이라도 있었을까요? 당연히 없습니다. (죄송합니다, 담임선생님. 선생님은 집에 가셔서도 제 걱정만 하셨다고요? 잘 몰랐습니다.) 친구들도 마찬가지입니다. (어, 친구야, 너는 그렇게 걱정했다고? 미안하다. 네 마음을 몰라줘서.) 다들 자기 인생이 바쁘고 절박해서 제 인생까지 따로 걱정해줄 여유는 없습니다. 그런데도 복도와 교실에서 그렇게 깊은 관심을 표시한 이유는 뭘까요? 그 답도 분명했습니다. 서로 할 말이 없었던 거죠. 복도에서 스쳐지나가는 어색한 순간을 때우기 위해, 그 짧은 시간에 없는 애정을 억지로 표시하기 위해 선생님들은 제 머리를 툭툭 치신 겁니다. 친구들 역시 고3 초창기 음울한 분위기에서 뭔가 안주처럼 씹을 이야기가 필요했을 뿐이고요. 돌아서서 제 얼굴이 보이지 않는 순간 그들의 머리에서 저라는 존재도 자동으로 사라졌을 게 틀림없습니다. 아무도 나를 사랑하지 않는다,는 사실을 깨닫자 이상하게도 제 마음에 깊은 평안이 찾아왔습니다. 나를 사랑하지도 않는 사람들의 반응에 너무 민감할 필요가 없다는 진리를 만난 거죠.

세상에 나를 사랑하는 사람이 그리 많지 않다는 건 차가운 진실입니다. 그걸 알면 세상이 스산하게 느껴지죠. 그런데 그 진실이 주는 자유가 있습니다. 사랑하지도 않는 사람들의 반응에 일일이 신경쓸 필요는 없으니까요.

예를 들어 명절 때면 만나는 친척들의 질문도 뻔하지 않습니까? "공부는 잘하니? 몇등이나 하니?" "어느 대학 갈 거야? 무슨 과를 목표로 하니?" "취직은 했나? 청년실업이 요즘 큰일이라던데." "시집

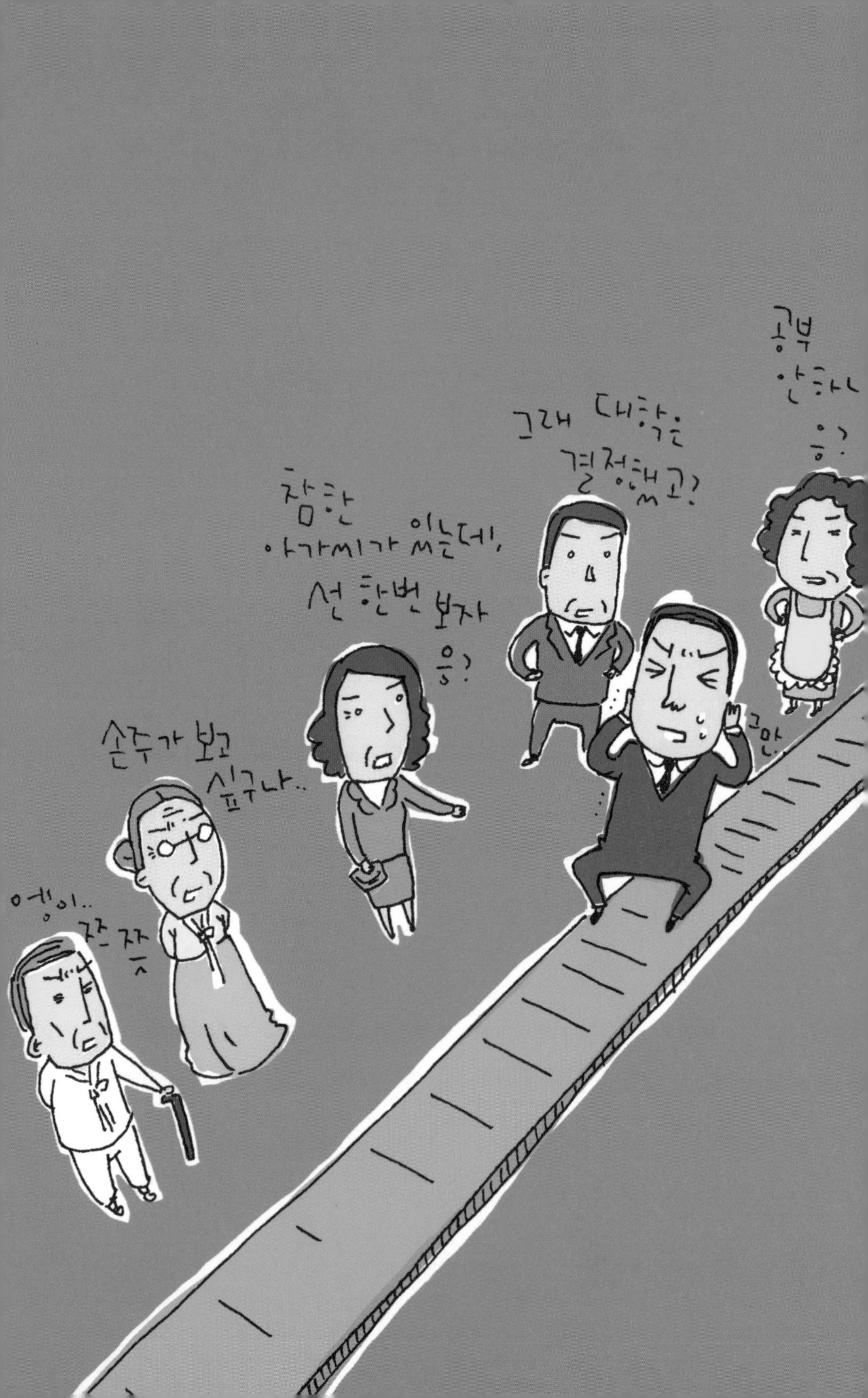
엥이.. 쯧 쯧
손주가 보고 싶구나..
참한 아가씨가 있는데, 선 한번 보자 응?
그래 대학은 결정했고?
공부 안하니 응?
그만..

은 언제 가? 사귀는 사람은 있어?" "지난번 사귀다던 사람이랑은 어떻게 됐어? 결혼 안 해?" "좋은 소식 없어? 결혼한 지 벌써 1년이잖아?" 이렇게 추궁하고 또 추궁하다가 세월이 지나면 결국 다시 한바퀴 돌아 이제는 똑같은 질문이 자녀에 대한 것으로 형식만 약간 바뀝니다. "애는 공부 잘하니? 몇등이나 하니?" "그 집 애는 어느 대학 가요? 무슨 과가 목표예요?" 결국 답이 별로 중요하지 않은 시간 때우기용 질문들입니다. 친척이나 친지 관계라는 게 얼마나 무의미한지를 보여주는 무한순환 질문일 뿐이죠. 무의미한 질문인 만큼 그저 최대한 무의미하게 답하면 그만입니다. 어차피 상대방이 나의 답변을 기억하는 것도 아닙니다. 다음 명절이면 또 똑같은 걸 물어볼 게 틀림없습니다.

저를 엘리뜨주의자라고 본 학생들의 생각도 사실은 제가 그들을 깊이 사랑하고 있다는 고마운 오해에서 비롯된 것입니다. 학생들은 선생들이 늘 자기들을 생각한다고 오해하는 경향이 있습니다. 물론 그런 선생들도 있겠지만, 저는 아닙니다. 로스쿨에서 학생들 얼굴만 보면 바로 출신대학이 떠오른다는 교수도 있지만, 저는 의식적으로 내 것이든 남의 것이든 출신대학은 잊으려고 노력해온 사람입니다. 강의가 끝나고 연구실로 돌아와 아까 답변 잘한 학생의 출신학교를 찾아볼 성의도 없습니다. 발표를 독려하기 위해 발표한 학생들을 표시해두었다가 학기말에 가산점을 주려고 노력할 뿐, 개인 신상을 기억할 여유는 없다는 거죠. 물론 제가 훌륭한 교수가 아니라서 생긴 일입니다. 그러나 다른 선생들이라고 해서 저와 근본적으로 다를까요? '소명'이나 '부르심' 같은 말로 멋지게 포장하지만, 대학이든 회사든 공장이든 대다수의 평범한 사람에게는 그저 월급을 받고 생계를 유지하는 직장일 뿐입니다. 남의 실수나 몰락을 진심으로 걱정할 만큼 깊은 인간관계가 쌓일 수 있는 공간이 아닙니다.

나를 사랑하지 않는 사람들의 말 한마디에 흔들리지 않기로 결심한다고 해서 세상의 모든 욕망과 두려움에서 완전히 자유로워질 수는 없습니다. 그러나 마음속 한 귀퉁이에 약간의 여유공간을 마련할 수는 있습니다. 모방욕망과 무한경쟁 속에서 매일 조금씩 죽어가는 게 우리 영혼입니다. 그 영혼이 잠깐 산소를 맛볼 수 있는 공간을 확보하는 것은 매우 중요합니다. 세상에서 나를 정말로 사랑하는 사람들은 열심히 꼽아봐야 열 손가락을 채우기도 어렵습니다. 그 차가운 진실을 받아들이면 마음이 한결 편해집니다. 이같은 차가운 진실의 인정은 욕망의 인정만큼이나 소중한 정신승리의 출발점입니다.

사람 사이에는 궁합이 있다

우리나라 대학에도 강의평가 제도가 자리를 잡아가고 있습니다. 학기말이면 학생들은 수강한 교수에 대해 다양한 항목의 평가를 하죠. 강의평가는 학생의 의견을 듣는 좋은 기회지만 교수들 입장에서 마음이 마냥 편할 수만은 없습니다. 일단 자기 강의가 점수화되어 남과 비교된다는 게 끔찍하고, 학생들이 익명으로 적어놓은 생생한 비판에 마음 상할 때도 많으니까요. 동료교수 중에는 학생들에 대한 애정이 식는다는 이유로 아예 강의평가 결과를 보지 않는다는 분도 있습니다. 솔직히 말하자면 확인하기가 무서운 거죠.

저는 전체 점수가 그리 나쁘지 않은 편인데도(애고, 또 자랑), "형사소송법 시간에 웬 검사들 비판을 그렇게 많이 하나?"는 식의 주관적인 평가를 볼 때마다 기분이 조금(사실은 많이) 나빠지곤 합니다. 형사소송 절차 전체를 더욱 잘 이해하도록 돕기 위해 일부러 기존 제도에 대해 비판적인 태도를 취한 건데, 그런 속마음은 몰라주고 어떻게 이런 비판을 할 수 있느냐, 뭐 이런 서운한 마음이 드는 거죠. 강의평가를 읽는 제 마음의 변화는 불치병을 선고받은 환자의 심리적 수용단계와 크게 다르지 않습니다. 부정, 분노, 타협, 우울을 거쳐서 대개는 '맞아, 다음 학기부터는 검사와 제도에 대한 비판은 좀 줄이고 진도에 충실해야지' 하고 수용하는 단계에 이르니까요.

그런데 이 장면에서 저의 또다른 정신승리 비법이 등장합니다. 교수생활과 대중적 글쓰기 경력이 10년쯤 되면서 깨닫는 건데요. 대학 강의를 하다보면, 강의가 시작되기도 전에 벌써 교수를 사랑하기로 작정한 학생들이 있습니다. '교수님 사랑해요'파 학생들이죠. 제 강의내용이 좋냐, 나쁘냐를 묻지 않고 무조건 저를 좋아해주는 사람들인데, 경험칙상 50명 중에 다섯명쯤은 이런 친구들이 있습니다. "교수님처럼 유명한 분의 강의를 듣게 된 것만 해도 영광인데, 강의도 너무 잘하셔서 짱 좋아요"라며 저에 대한 애정이 눈빛에 줄줄 흐르는 학생들입니다. 그들이 볼 때 청바지를 입고 강의하는 제 모습은 탈권위의 상징이고, 강의 중의 사회비판적인 태도는 지식인의 표상이며, 대외활동은 개혁을 위한 뜨거운 헌신입니다. (진짜로 그렇게 말해준 학생은 없고요, 그냥 '자뻑'입니다. 제 희망사항인 거죠.) 약간 부담스럽기는 해도, 이런 학생들을 제가 싫어할 이유는 전혀 없습니다. 이들의 존재 자체로 힘을 얻기도 합니다.

그런데 그 반대편에는 '교수님 싫어요'파 학생들이 존재합니다. 강의도 듣기 전에, 혹은 첫 시간에 이미 저를 미워하기로 작정한 학생들입니다. 그들이 볼 때 청바지는 예의없는 겉멋이고, 사회비판적인 태도는 반골기질 또는 기득권자의 위선이며, 대외활동은 무성의한 강의의 원인일 뿐입니다. 제 얼굴만 봐도 그들은 불편함을 느낍니다. 이들의 숫자도 경험칙상 50명 중에 다섯명 정도 됩니다. 저를 좋아하는 학생들과 싫어하는 학생들의 공통점은 어느 쪽도 분명한 이유는 없다는 겁니다. 그리고 이런 두 부류의 학생들 중간에 특별한 호불호 없이 그냥 강의를 듣는 다수의 학생들이 자리잡고 있습니다.

예전에 저는 세 그룹의 학생들 중 '교수님 싫어요'파 학생들에게 신경을 많이 썼습니다. 일부러 그런 건 아니었습니다. 그들의 눈초리를 향해 본능적으로 저의 모든 신경 안테나가 곤두섰습니다. 대체로 억울한 심정이었습니다. 몇번이나 나는 그런 사람이 아니다,라고 외치고 싶었습니다. 매사에 그렇게 부정적인 태도를 취하다보면 인생길이 편치 못하다고 조언하는 꼰대짓도 하고 싶었습니다. 때로는 그들의 바짓가랑이를 붙잡고 이렇게 묻고 싶었습니다. "도대체 나의 어떤 점이 마음에 안 드세요? 뭐든 바꿔드릴게요." 평생 칭찬만

들고 자란 모범생에게 주로 나타나는 병적인 인정욕망에서 저도 자유롭지 못했던 거죠.

강의만 그런 게 아닙니다. 신문에 글을 쓰거나 새로 책을 출간할 때도 비슷했습니다. 강연을 나가봐도 마찬가지입니다. 어디를 가나 청중과 독자의 반응은 10퍼센트의 과도한 호감, 10퍼센트의 과도한 비난, 그리고 80퍼센트의 무덤덤함이었습니다. 교수들, 동창들, 교회 사람들과의 관계도 이 통계를 크게 벗어나지 않았습니다. 그리고 이들을 대하는 저의 태도도 늘 비슷했습니다. 세상 모든 사람이 '교수님 사랑해요'파였으면 하고 바라면서도, 막상 강의, 강연, 저술을 할 때는 자꾸 10퍼센트의 '교수님 싫어요'파 사람들에게만 관심이 집중되었습니다.

그런데 즉각적인 반응을 몸으로 느낄 수 있는 강연의 경우, '교수님 싫어요'파 사람들에게 신경을 쓰면 쓸수록 성과는 좋지 않았습니다. 공개강연까지 찾아오는 사람들은 대체로 저에게 따뜻한 애정을 가진 독자들입니다. 싫어하는 저자의 강연을 듣기 위해 지하철을 타고 먼 길 오는 수고를 감수하는 사람은 흔치 않죠. 그런데도 '교수님 싫어요'파 사람들에게 신경을 쓰다보면 강연 중에 누가 묻지도 않았는데 방어적으로 변명을 하게 되고, 이상하게 위축될 때가 많았습니다. "저 그런 사람 아니거든요"를 외쳤다 하면 무조건 망했습니다. 대다수의 청중들은 왜 그런 이야기를 하는지 영문조차 알 수 없기 때문이죠.

몇번 비슷한 경험이 반복되면서 상황을 찬찬히 분석하게 되었습니다. 처음에는 매사에 긍정적인 태도를 지닌 사람들과 부정적인 태도를 지닌 사람들의 차이라는 생각이 들었습니다. 그런데 꼭 그런 것도 아니었습니다. 저에게 열광하는 '교수님 사랑해요'파 학생이라고 해서 다른 모든 교수들에게 그런 태도를 취하는 것은 아니었습니다. 저를 싫어하지만 다른 교수에게 열광하는 경우도 많았습니다. 교회를 열심히 다니는 보수적이고 착실한 학생 중에 '나만은 김두식 교수의 본심을 이해한다'며 늘 지지를 보내는 사람이 있는가 하면, 진보적인 학생 중에 '나만은 김두식 교수의 위선을 알고 있다'고 확신하는 사람도 있었습니다. 역시 반대의 경우도 있었고요. 정치적 입장의 차이도 아니고, 성장배경의 차이도 아니고, 신앙의 차이, 남녀 차이도 아니었습니다. 그럼 도대체 뭘까?

이 장면에서 떠올린 것이 선조들의 오랜 지혜가 담긴 '궁합'이란 단어였습니다. 궁합은 '혼인할 남녀의 사주를 오행에 맞춰보아 부부로서의 좋고 나쁨을 알아보는 점'입니다. 속궁합이라는 말도 있는데 사전적으로는 "신랑, 신부의 생년월일을 오행에 맞춰보는 궁합"이라고 나오지만, 흔히 잠자리에서의 만족도를 의미하죠. 아주 잘 맞는 궁합은 '찰떡궁합'이라고 합니다. 평생을 기독교인으로 살아온 저는 궁합 같은 것을 한번도 맞춰본 적이 없습니다. 아내도 저도 아예 자기 사주를 모릅니다. 태어난 일시야 부모님께 여쭤보면 알수 있겠지만 그걸 물어볼 정도의 관심을 가져본 적이 없고 들어도 기억하지 못했을 겁니다. 점집은 근처에도 못 가봤고요. 근본적으로 사람과 사람 사이의 좋고 나쁨을 점집에서 예측할 수 있다는 데 손톱만큼도 동의하지 않습니다. 그런데 무슨 궁합이냐고요? 점집에서 그런 걸 알아보는 행위에는 관심도 없고 그 결과를 믿지도 않지만, 사람 사이의 관계에 좋고 나쁨, 혹은 편하고 불편함이 있을 수 있다는 건 받아들이게 되었다는 얘기입니다. 사람과 사람 사이에는 원래 맞고 안 맞는 '어떤 것'이 있을 수 있다는 걸 뒤늦게 깨달은 거죠.

세상에는 분명히 나랑 안 맞는 사람이 존재합니다. 관심법(觀心法) 스타일의 비과학적 관찰에 따르면 제가 만나는 사람들 중 10퍼센트 정도는 늘 그렇습니다. 딱히 이유를 꼭 집어 말할 수는 없지만 함께 있으면 피차 불편한 사람입니다. 물론 그렇다고 이런 불편함을 처음부터 모두 궁합 탓으로 돌리면 안 됩니다. 우선 그 불편함의 원인이 1)나 때문인지 2)상대방 때문인지 3)누구의 탓도 아닌지 분석해봐야 합니다. 말을 조금 바꾸면 1)나의 욕망 때문인지 2)상대방의 욕망 때문인지 3)욕망의 충돌 또는 욕망의 문제와 아예 상관없는 것인지 살펴보는 겁니다. 나 때문에 생긴 문제라면 당연히 나를 바꾸도록 노력해야 합니다. 그런데 그것도 내 '행위' 때문이 아니라 나의 '존재' 자체 때문이라면 어쩔 도리가 없습니다.

예를 들어 어느 교수가 노동문제에 대해 진보적인 발언을 했다고 칩시다. 그 발언의 구체적인 어떤 부분에서 숨겨진 우월감 또는 편견을 발견하고 그를 비판하는 사람이 있을 수 있습니다. 그때는 잘못된 부분을 고치고 빨리 사과해야 합니다. 그러나 "명문대 교수 노릇하며 온갖 기득권을 누린 사람이 왜 노동 이야기까지 하면서 잘난 척하느냐?"고 비판하는 사람을 만날 때는 빨리 사과하되 마음에 담아두지는 않는 게 좋습니다. 지금 와서 그의 과거 또는 존재 자체를 모두 바꿀 방법은 없기 때문이지요.

어떤 사람이 너무 집요하게 내 존재를 물고 늘어질 때는 자연스럽게 그의 욕망이 문제가 아닌지 살펴보는 것도 괜찮습니다. 뭐든 너무 집요해질 때는 집요한 사람 자신의 문제인 경우가 많습니다. 그럴 때는 가볍게 털고 자리를 피해야죠. 가끔 조심해야 할 때도 있는데, 상대방이 나를 집요하게 물고 늘어지는 이유가 "내 똑똑함을 알아주세요" "사랑해주세요"인 경우입니다. 이런 경우에 죽자 하고 논쟁을 벌이거나 너무 빨리 자리를 피했다가는 그와 좋은 관계를 만들 아까운 기회를 놓칠 수 있습니다. 상대방의 놀라운 관점, 총명함을 그냥 칭찬해주면 되는 건데, 방어적으로 칼을 휘두르다가 상대방을 다치게 해서는 곤란하지요.

여기까지 살펴봐도 도저히 원인을 알 수 없는 경우가 있는데, 그때는 궁합이 안 맞는다고 생각하면 됩니다. 내 잘못도 그의 잘못도 아닌, 그냥 안 맞는 관계인 거죠. 저는 대체로 폭력적인 술자리를 만들어 밤새 술을 퍼마시며 우정을 쌓는 남자들과 궁합이 안 맞습니다. 상대방들도 거의 예외없이 저를 불편해합니다. 그런 사람들과의 관계에서 싸우지 않고 조용히 손을 터는 것도 지혜이자 용기입니다. 자신과 안 맞는 사람에게 에너지를 쓰기에는 우리 인생이 너무 짧습니다.

절교할 용기,
살벌한 눈빛을 간직하기

　　　　　　　궁합이 맞지 않을 땐 손을 털라는 이야기를 했습니다만, 궁합이 잘 안 맞는 사람이 하필 생사여탈권을 쥔 상사, 평생 사랑을 약속한 남편이나 애인이라면 어떻게 하느냐는 문제가 남습니다. 여기서 저의 세번째 정신승리 비법이 나옵니다. 즉 관계를 잘 유지하기 위해 가장 중요한 것은 '그 관계를 끝장낼 수 있는 용기'라는 얘기입니다.

　포항에서 교수로 일하던 시절, 학생들은 저를 '씨씨 브레이커'(CC breaker)라고 불렀습니다. 학생들이 아무 때나 교수 연구실을 찾아와 상담하는 게 일상화되어 있던 조그만 기독교 대학이었는데, 제 방만 찾아오면 캠퍼스 커플이 깨진다고 해서 생긴 별명이었지요. 저로서는 억울한 별명이었습니다. 제가 캠퍼스 커플을 깨기로 작정하고 상담에 나선 게 전혀 아니었거든요. 상식적으로 생각해봐도, 사귄 지 얼마 되지 않아 한창 열정에 들뜬 남녀 학생들이 상담하러 제 방을 찾아올 일이란 아예 없습니다. 대개 위기를 맞은 연인, 그것도 주로 여학생들이 제 방문을 두드렸고, 저는 그때마다 이렇게 이야기해주었을 뿐입니다. "상대방과 잘 맞았다면 제 방을 찾을 일이 없었겠죠? 잘 안 맞는다고 생각하면 그냥 헤어지세요. 남자는 많습니다. 연인과 헤어지는 데는 가장 늦었다고 생각할 때가 가장 빠른 때입니다."

　기독교 대학에는 그때나 지금이나 마초 남학생들이 많습니다. 구조적으로 그럴 수밖에 없습니다. 교회에서는 교회가 주님께 순종하듯 아내가 남편에게 순종해야 한다고 가르칩니다. 주님이 교회의 머리이듯 남편은 아내의 머리라는 것입니다. 물론 아내만 일방적인 의무를 지는 것은 아닙니다. 남편은 그리스도께서 교회를 사랑하시고 교회를 위해 당신 자신을 바치신 것처럼 아내를 사랑해야 합니다.(『에베소서』 5:22 이하) 더 나아가 아내의 몸은 아내의 것이 아니라 남편의 것이고, 남편의 몸은 남편의 것이 아니라 아내의 것입니다. 그렇기 때문에 서로 상대방의 요구를 물리쳐서는 안 된다고도 가르칩니다.(『고린도전서』 7:4~5)

얼마 전 『오마이뉴스』에는 "남편이 잠자리 요구하면 싫어도 해줘라?"라는 제목의 글이 실린 적이 있습니다.[1] 비기독교 신자인 남편을 교회에서 운영하는 '아버지학교'에 보냈다가 충격받은 시민기자 강수정씨의 글이었습니다. 강씨는 "1. 남편의 머리됨에 순종하라 2. 남편을 존경하라 3. 남편을 요부처럼 사랑하라 4. 집안일에 최선을 다하라 5. 성(性)을 무기로 쓰지 마라 6. 남편은 아내 하기 나름이다 7. 돕는 배필로 살아라"로 요약되는 아버지학교의 아내 대상 강의내용을 듣고 깜짝 놀랐습니다. 특히 5번과 관련해 "여러분이 내키지 않더라도 아프거나 몸에 문제가 있지 않은 한 남편이 원할 때 그냥 해주라"는 강의를 들으며 강씨는 심장이 벌벌 떨렸다고 합니다. 저는 오히려 이 기사를 읽으며 충격을 받았습니다. 강씨가 심장이 벌벌 떨릴 정도로 충격받았다는 그런 내용의 이야기를 저는 평생 들어왔기 때문입니다. 오랜 세월 그런 내용을 들으면서도 문제를 못 느낄 정도로 무심했다는 거죠. 제가 속한 근본주의 기독교가 외부에서 볼 때는 얼마나 이상할 수 있는지를 다시 한번 느꼈습니다.

기독교 대학의 남학생들도 이런 식의 강의를 들으며 청년기를 보냅니다. 그러면서 비기독교인 마초와는 좀 다른 유형의 부드러운 마초가 만들어지지요. 따뜻하고 신사적이지만, 결정적 순간에는 "내키지 않더라도 아프거나 몸에 문제가 있지 않은 한 남편이 원할 때 그냥 해달라"고 요구할 수 있는 남자들입니다. 이들은 혼전순결을 중시하기 때문에 결혼 전에 함부로 성관계를 요구하지 않으나(물론 정말 그런지는 의문입니다), 여자친구에게 결혼에 준하는 헌신을 요구하는 경우가 많습니다. 이런 가르침을 받고 성장한 여학생들은 또 그들대로 아직 결혼하지 않았어도 남자친구에게 대체로 순종적입니다.

좁은 학교에선 소문이 빠르다보니 연애를 시작하면 곧 주변이 모두 알게 되고, 그래서 쉽게 헤어지지 못하는 부담도 있습니다. 결혼을 전제로 진지한 연애를 하라는 교회의 가르침 때문에 연애는 곧 결혼을 의미하는 것처럼 잘못 받아들여지기도 합니다. 사랑은 오래 참고, 온유하고, 시기하지 않고……로 이어지는 『고린도전서』 13장의 말씀 때문에 연애할 때도 무조건 자기를 헌신해야 한다고 믿는 경향도 존재합니다. 그래서 좀 사귀어보고 잘 안 맞는다고 느껴도 쉽게 헤어지지를 못하죠.

기독교 대학 출신은 아니지만 저 역시 학생시절 이런 유형의 남학생이었고, 20대 초반 연애할 당시 비슷한 스타일의 기독교 마초였기 때문에 이런 심리를 비교적 잘 이해했습니다. 그래서 "안 맞으면 헤어져라. 아직 결혼한 관계도 아닌데 결혼한 것 같은 책임과 의무를 가질 이유가 없다. 첫번째 남자친구와 결혼하는 것은 비극이니 제발 더 많은 남자들을 사귀어보라"고 자신있게 조언할 수 있었습니다. 자기 연애에 대한 "하나님의 뜻을 알고 싶다"고 괴로워하는 학생들에게는 "네가 행복한 것이 하나님의 뜻이니 마음놓고 헤어지라"고도 이야기해주었습니다.

제 조언을 듣고 실제로 많은 커플이 깨졌습니다. 처음에는 헤어짐을 가슴 아파했지만, 얼마 지나면 모두들 저에게 감사하더군요. 심지어 제 조언을 들은 여학생 때문에 졸지에 실연당했다가 나중에는 오히려 저에게 고마워한 남학생도 많았습니다. 그렇다고 제 조언을 듣고 모든 커플이 깨진 것은 아닙니다. 의외로 "헤어지라"는 조언을 듣고 오히려 관계가 돈독해진 커플도 많았고, 그중 몇몇은 결혼해서 잘 살고 있습니다. 저와 상담하고도 깨지지 않은 커플은 소문이 나지 않았을 뿐입니다. 이런 상담을 많이 하다보니 교수생활 5년쯤 지나고 나서는 찾아오는 학생이 너무 많아 공부를 할 수가 없을 정도였습니다.

제자들이 성장하면서 연애상담은 자연스럽게 결혼상담으로 이어졌습니다. 그때도 저의 원칙은 같았습니다. "결혼식 전날이라도 잘 안 맞는 것 같으면 헤어지라"는 것이었습니다. 말이 안 통하는 사람과 평생을 보내는 것보다는 하루의 망신을 감수하는 것이 낫기 때문입니다. 파혼하면 여자에게 손해라고 걱정하는 제자도 있었습니다.

웃기는 얘기입니다. 파혼에 따른 어떤 손해도 권위적이고 폭력적이며 말 안 통하는 배우자와 평생을 보내는 고통과 비교할 수 없습니다. 게다가 주변을 한번 돌아보십시오. 정말 행복한 부부를 지금까지 몇쌍이나 보셨나요? 목숨 걸고 사랑해서 결혼한 커플 중에도 행복이 오래 지속되는 경우를 찾기란 쉽지 않습니다. 결혼 전에 이미 의심이 생긴다면 당연히 그만두는 게 낫습니다. 그래서 저는 제자가 파혼했다는 이야기를 들으면 진심으로 축하해주었습니다.

이런 상담을 자주 하면서 연애든 결혼이든, 실제로 헤어지느냐 계속 사귀느냐는 그렇게 중요한 문제가 아니라는 걸 깨달았습니다. 오히려 관계에서 중요한 것은 '헤어질 수 있는 용기' 그 자체였습니다. 대학 1학년 때 대선배에게 '찍혀서' 연애를 하고, 졸업하자마자 결혼한 여자 후배가 있습니다. 결혼한 후에도 남편은 선배 노릇을 계속했습니다. 모든 결정권은 남편이 가졌고, 돈관리도 남편이 했으며, 아내의 일거수일투족을 감독했습니다. 후배 아버지의 사업 실패로 집안이 기울면서, 돈 잘 버는 '사'자 직업을 가진 남편은 더욱 기고만장해졌습니다. "내가 아니면 너네 집안이 어떻게 먹고살 수 있느냐?"고 큰소리쳤고, 그럴 때마다 후배는 깊은 상처를 입었습니다. 그렇다고 아주 나쁜 남자는 아니어서 남편은 늘 아내를 사랑한다고 말했고, 자기는 열심히 하는데 아내가 고마워하지 않는다고 서운해했습니다. 후배는 이미 약해질 대로 약해진 상태였습니다.

저는 후배에게 "당장 헤어지지는 않더라도, 헤어질 수 있는 용기를 가져라. 그리고 헤어질 준비를 하라. 남편에게 내가 원한 것은 이런 삶이 아니라고 말하라"고 조언했습니다. 제 입에서 '헤어지라'는 단어가 떨어지자 후배는 화들짝 놀랐습니다. 기독교 쪽 선배가 그런 조언을 할 줄은 몰랐겠지요. 그러나 곧 후배의 얼굴에는 그전에 없던 생명의 빛이 떠올랐습니다. 새로운 에너지가 생긴 것입니다. 얼마 후 다시 만난 후배는 고개를 갸우뚱하면서 "헤어지자는 마음을 먹고 나자 이상하게도 힘이 나더라. 남편에게 당장 헤어지자고 말한 것은 아닌데도, 남편이 뭔가 변화를 느꼈는지 조심하기 시작했다. 이건 도대체 뭐냐?"고 물었습니다.

그게 뭔지는 저도 잘 모릅니다. 그런데 사람과 사람 사이에는 눈에 보이지 않는 어떤 에너지가 있습니다. 말하지 않아도 전달되는 내면의 힘 같은 거죠. 앞서 말씀드린 '궁합'도 아마 이런 에너지 사이의 일치를 지칭하는 단어일 겁니다. '헤어질 수 있는 용기'를 갖는다는 것은 상대방과 독립된 인격체로서 자기 위치를 확보한다는 의미를 지닙니다. 그런 용기 또는 에너지는 굳이 말하지 않아도 상대방에게 전달되기 마련입니다. 그리고 우습게도 그런 용기를 가진 사람만이 관계를 유연하게 지속시킬 수 있습니다. 관계를 유지하는 데는 관계를 끝장낼 용기가 필요하다는 말씀입니다. 이 원칙은 거의 모든 관계에 적용됩니다.

나이를 먹어갈수록 인간세상은 정글이라는 걸 느낍니다. 모방욕망과 무한경쟁 속에서 우리 주변은 '강한 자에게 약하고, 약한 자에게 강한 사람들'로 가득 차 있습니다. 이들은 언제나 먹이를 찾아 헤맵니다. 점잖은 척하는 교수사회도 똑같습니다. 어느 단과대학이나

둘 이상의 세력이 존재하고 눈에 보이지 않는 권력투쟁이 진행됩니다. 손톱만큼이라도 권력을 쥔 사람은 예외없이 그 힘을 과시하고 싶어합니다. 자기 힘을 과시할 만한 대상을 찾아 잔혹하게 처리함으로써 시범 케이스를 삼습니다. 침팬지들이 정글에서 보이는 행태와 크게 다르지 않습니다.

이런 상황에서 사람들은 흔히 강자에게 붙어 안전을 추구합니다만, 그게 결코 안전한 길이 아닙니다. 강자는 이용가치가 있을 때만 약자를 보호하기 때문입니다. 착한 태도만 가져서는 곤란합니다. 늘 착하고 평화로운 관계를 유지하면서도 내적으로는 '최악의 경우, 너희들을 모두 불사를 수 있다'는 내면의 결기와 에너지를 지녀야 합니다. 그렇게 떠들고 다니라는 의미가 아닙니다. 말로 그렇게 떠드는 사람은 대개 속이 텅 빈 사람들입니다. 마음속으로 정말 그렇게 생각하고, 눈빛으로 그 힘을 보여주어야 합니다. 그걸 보여주지 못하고 단순히 착하기만 한 사람들은 강자의 노예 노릇만 하다가 역할을 다하면 인간정글에서 먹이로 전락합니다.

조용한 기독교인인 줄 알았는데 갑자기 왜 이런 살벌한 이야기를 꺼내느냐고요? 예수의 가르침 중에 가장 유명한 것은 아마도 "악한 자를 대적하지 말라. 누구든지 네 오른편 뺨을 치거든 왼편도 돌려대라"는 말씀일 겁니다. 실천하는 사람은 많지 않지만, 한때는 교과서에도 실렸을 만큼 대표적인 성서 구절이지요. 그런데 세계적인 신학자 월터 윙크(Walter Wink)는 그의 책 『예수와 비폭력 저항』(김준우 옮김, 한국기독교연구소 2003)에서 여기 나오는 오른편, 왼편 뺨의 순서에 주목합니다(32면 이하). 먼저 얻어맞은 뺨은 왼편이 아니라 오른편 뺨입니다. 누군가 나의 오른편 뺨을 칠 때 일반적으로 사용하는 것은 왼편 손바닥이겠지요. 하지만 예수시대의 유대사회에서는 공적인 상황에서 왼손의 사용이 금지되었기 때문에 상대방의 뺨을 때릴 때도 왼손은 쓸 수가 없었습니다. 마주본 상태에서 상대방을 때리려면 오른손을 써야 합니다. 오른손으로 오른편 뺨을 때려야 하는데 그게 쉽지 않습니다. 그러기 위해서는 오른편 손바닥이 아니라 오른편 손등을 사용할 수밖에 없습니다. 그렇다면 도대체 어떤 상황에서 이런 이야기가 나오게 되었을까요?

오른편 손등으로 상대방의 오른편 뺨을 때리는 것은 상해를 가하기 위함이 아닙니다. 남편, 노예주인, 상관 같은 윗사람이 아내, 노예, 부하 같은 하급자에게 모욕을 주면서 '너는 나에게 꼼짝 못하는 존재이고, 나는 네 주인'이라는 걸 일깨워줄 때 오른편 손등을 사용합니다. 예수의 이야기를 듣는 사람들은 대부분 하층민중들이었기 때문에 이런 비인간적인 대우를 받는 데 익숙했습니다. 오른편 뺨을 맞는다는 의미도 정확하게 이해했습니다. 그런 사람들에게 예수는 왼편 뺨도 돌려대라고 가르친 것입니다. 왼편 뺨을 돌려대는 것은 나약하게 "나를 한대 더 때려달라"는 의미가 아닙니다. 왼편 뺨을 때리려면 주인은 오른편 손바닥을 이용할 수밖에 없습니다. 오른편 손바닥으로 상대방을 때리는 것은 대등한 인간 사이에서 벌어지는 싸움을 의미합니다. 즉 노예가 주인에게 왼편 뺨을 돌려대는 것은 때릴 때 때리더라도 나를 더이상 노예로 보지 말고 평등한 인간으로 인정해달라는 반항입니다. 이 순간에 필요한 것은 역시 목숨을 건 결기입니다. 노예가 되지 않고 당당한 인간의 지위를 회복하기 위한 평화적인 저항수단을 가르치고 있는 것입니다. 노예제도가 사라진 세상에서 굳이 목숨까지 걸 필요는 없지만, 이런 결기, 눈빛, 에너지는 인간 존엄성을 지키기 위해 여전히 중요합니다.

그런데 이런 결기, 눈빛, 에너지는 한순간의 결단이나 기교로 쉽게 만들어지는 것이 아닙니다. 헤어질 수 있는 용기, 관계를 끝장낼 수 있는 용기는 근본적으로 '혼자 서는 용기'와 연결됩니다. 애인과 헤어지지 않으려면 헤어질 수 있는 용기를 가져야 합니다. 직장상사와 좋은 관계를 이어가려면 그 관계를 끝장낼 수 있는 용기가 필요합니다. 친구와 우정을 지키는 데 필요한 것은 절교할 수 있는 용기입니다. 혼자 있고 싶지 않다면, 혼자 있을 수 있는 용기를 가져야 합니다. 혼자 있을 때 행복한 사람만이 다른 사람과 함께 있을 때도 행복할 수 있습니다. 여기에 인생의 슬픔과 묘미가 있습니다.

혼자서도 행복하려면 내면이 안정되고 튼튼해야 합니다. 쉬운 일이 아닌 걸 제가 누구보다도 잘 압니다. 공적인 영역에서 저는 비교적 혼자 서는 용기를 지니고 살아온 편입니다. 하지만 사적인 영역으로 넘어오면 저야말로 애정결핍으로 늘 이성의 사랑을 갈구해온 사람입니다. 우리 집에는 애정결핍형의 두 남녀(아빠, 딸)와 자기충족형의 한 여자(엄마)가 함께 삽니다. 애정결핍형의 두 사람은 일하는 엄마 밑에서 자랐다는 공통점을 갖습니다. 자기충족형인 한 사람은 엄마가 거의 24시간 붙어 있으면서 모든 것을 돌봐주는 안정적인 가정환경에서 성장했습니다. 애정결핍형인 아빠와 딸은 늘 자기충족형인 엄마의 애정을 갈구합니다. 자기충족형인 한 여자는 그래서 늘 바쁘고 피곤합니다.

지금까지 제가 늘어놓은 정신승리의 비법은 모두 딸아이가 인생 상담을 요청할 때마다 제가 들려준 이야기들입니다. 애정결핍이 애정결핍에게 전수하는 인생의 지혜인데, 그 내용이 모두 '남들은 너를 그렇게까지 사랑하지 않아' '어차피 세상에는 궁합이 안 맞는 사람이 있기 마련이야' '혼자 있을 수 있는 용기가 필요해'인 게 웃깁니다. 그래서일까요. 늘 조심스럽게 엄마의 심기를 살피는 딸에게 제가 "제발 엄마 눈치 좀 살피지 마. 중요한 것은 혼자서도 행복할 수 있는 용기야. 엄마가 뭐라고 하든지 네가 하고 싶은 걸 해. 그러면 엄마도 꼼짝 못하게 되어 있어. 자유하라고, 자유!"라고 독립성을 강조하면 딸아이는 피식 웃습니다. 그리고 이렇게 말하죠. "나한테 뭐라 그러지 말고, 아빠나 잘해!"

저는 오늘도 혼자 있을 수 있는 용기를 가진 사람이 되기 위해 노력 중입니다. 혼자 밥을 먹고, 혼자 영화를 보고, 혼자 산에 오르고, 혼자 까페에 앉아 일하는 아주 작은 일에서부터 천천히 내공을 쌓고 있습니다. 조금씩 범위를 넓혀가다보니 이것도 나름대로 재미있는 작업이더군요.

정신승리의 어이없는 비법은 여기까지입니다. '꺾기도'로 한박자를 쉬었으니 이제 조금 더 깊은 저의 내면으로 들어가볼 때가 된 것 같죠?

5

중산층의 은밀한 욕망

'사(士)'자 가족 vs. '사자 가죽'(Lion's Skin)

경계선, 성문의 의미

며칠 전 북한산 등산을 마치고 함께 커피를 마시던 다섯살 위의 형이 제게 말했습니다. "너는 늘 자유를 갈망하고 엄청 자유로운 척하는데, 실제 네 삶을 보면 어떤 경계선을 벗어나는 법이 절대 없어. 끊임없이 자유를 얘기하면서 팔딱팔딱 뛰는데, 그게 벼룩처럼 상하를 움직일 뿐 좁은 경계선을 벗어나지 못하는 거라. 웃기지 않냐?"

처음 듣는 이야기가 아니었습니다. 예전부터 진보적인 친구들과 어울리다보면 '혼전순결주의자'라는 놀림을 자주 받았습니다. 성문제에 관한 저의 과도한 규범성은 늘 좌중을 썰렁하게 했고, 그 썰렁함에 익숙해진 친구들은 어느 시점부터인가 그걸 일종의 유머코드로 받아들였습니다. 언젠가 "연애는 여러번 했지만 선을 넘어본 적은 없다"는 식의 제 얘기를 듣고 "선생님이 말씀하시는 선을 넘는다는 게 뭔데요? 이렇게 하면 선을 넘은 건가요?"라며 제 손을 덥석 잡은 친구도 있었습니다(참고로 여성이었습니다). 좌중은 웃음바다가 되었지만 저에게 그 질문은 장난이 아니었습니다. 선을 넘는다는 것은 뭘까, 이 선은 도대체 언제 어떻게 내 마음에 자리잡은 것일까……

생각해보면 평생 성문(城門)을 벗어난 적이 없는 삶이었습니다. 늘 성문 안에서 따뜻한 보호를 받으며 살았습니다. 성 밖에는 많은 사람들이 추위에 떨고 있었지만, 성문을 열고 나갈 용기를 내지 못했습니다. 그러던 어느날 아주 우연한 기회에 성문 밖 사람들의 삶을 전해듣고 성벽 위로 살짝 고개를 내밀고 밖을 내다보았습니다. 며칠을 관찰한 끝에 조심스럽게 성문 밖으로 나가서 그들과 함께 밥을 먹고 이야기도 나누었습니다. 몇번 그리하면서 그들의 처지에 점점 공감하게 되었고, 그런 마음을 담은 글도 쓰게 되었습니다. 물론 그러면서도 늘 성문 안에 있는 사람들의 눈치를 살폈습니다. "제가 가끔 성문 밖에 나가기는 하지만, 기본적으로는 여러분과 같은 성문 안의 사람이거든요" 하면서요.

성문 밖에 나가도 저녁이 되면 습관처럼 숨가쁘게 성문 안으로 뛰어들어왔습니다. 얼마나 시간을 잘 지켰던지 제가 성문 안으로 들어서는 그 순간 어김없이 성문이 닫혔습니다. 새로 사귄 친구들은 여전히 성문 밖에서 떨고 있었지만 성문 안에만 들어오면 언제나 딴 세상처럼 따뜻한 음식과 잠자리가 저를 기다리고 있었습니다. 그런데 그렇게 몇번 성문 밖에 나가는 것만으로도 저를 칭송하고 고마워하는 사람들이 생기기 시작했습니다. 그런 칭송에 취해 성문 밖에 나가는 시간을 조금씩 늘려보았습니다. 그러나 단 한번도 성문 밖에서 잠을 청하지는 않았습니다. 돌 맞는 당사자가 되지는 않으면서 안전하게 한발짝 떨어져 끝까지 관찰자, 옹호자의 위치를 지킨 것이지요.

『불편해도 괜찮아』가 출간되자 몇 사람이 이런 저의 위치에 대해 불편함을 표시했습니다. '인권담론'까지 성문 안으로 빼앗아가려 한다는 비판이었습니다. 인권논의의 지평을 넓혔다는 긍정적 평가와 함께 앞으로 오랫동안 저를 따라다닐 비판입니다. 그중에는 같은 처지에서 먼저 자신의 한계를 반성하고 제 책의 문제를 지적한 고마운 분도 있었습니다. 표현은 어떻게 하든 저를 비판하는 분들도 대개는 성문 안의 사람들이었습니다. '정신승리' 측면에서만 본다면, 저의 '존재'에 관한 비판이어서 그냥 무시하는 편이 마음 편할 수도 있지만, 거기에서 그칠 수는 없죠.

형이 이야기한 경계선이나, 제가 넘지 않는다고 생각했던 선, 또는 그 안에서 편하게 머문 성문은 모두 '계(戒)'를 의미합니다. '계'는 불편한 경계선이기도 하지만 동시에 안락한 안전핀이기도 하지요. 단순히 규범이나 욕망의 문제만은 아니고 '중산층'이라는 삶의 기반과도 연결됩니다. 그 경계선 안에는 군필, 남성, 비장애인, 이성애자, 기혼자, 적당히 이상주의자인 교수·변호사·주류 종교인의 안정된 삶이 자리잡고 있습니다. 한때는 그런 성문 안의 삶이 제 노력의 결과물이라고 착각했습니다. 그런데 나이를 먹어갈수록 경계도, 성문도, 안정감도 모두 그냥 외부에서 주어진 것이었다는 생각이 듭니다. 중요한 국면마다 저의 의지적인 선택이나 노력이 전혀 없지는 않았겠지만, 노력으로 설명되는 것은 실상 그리 많지 않다는 거죠.

이번 기회에 저는 규범과 욕망 사이에서 갈등하며 경계선 주변을 맴도는 저의 뿌리를 한번 살펴보려고 합니다. 주로는 가족 이야기입니다. 저에게 경계선을 만들어준 것도 가족이고, 제 삶이 지닌 수많은 모순의 근본원인도 가족이며, 어쩌면 가족이야말로 '경계선 그 자체'이기도 한 까닭입니다.

사람들이 별로 관심도 갖지 않는 제 삶을 왜 굳이 이야기하느냐고 묻는다면 답변은 궁색합니다. 처음에는 거창하게 시작했는데, 갈수록 빈약해지는 제 글의 내용을 어떻게든 채워보려는 마지막 발버둥인지도 모르겠습니다. 그러니 제발 부탁하건대, 이번 글에서 무슨 교훈을 찾으려 하지 마십시오. 대단한 결론도 기대하지 마십시오. 기막힌 반전, 그런 거 없습니다. 보나마나 제가 속한 계층·계급의 한계만 고스란히 드러나는 글이 될 겁니다. 그러자고 쓰는 글이니까 비판받는다고 제가 억울해할 일도 없습니다. 이 글은 그냥 저의 '이야기'가 전부입니다. 저는 그 이야기를 들려주는 이웃집 아저씨일 뿐이고요.

가족 이야기를 꺼내기 전의
안전판 하나

　　　　　　그런데 가족 이야기를 꺼내려다보니 당장 우리 가족이 무슨 죄가 있느냐는 망설임이 글 가는 길을 가로막습니다. TV든 신문이든 '가족' 하면 무조건 행복해 죽겠다는 표정부터 지어야 하는 것이 우리나라의 강박적인 매체환경입니다. 심지어 부부관계도 이혼으로 완전히 벽이 허물어지기 전까지는 갈등이 외부로 표출되지 않습니다. 부부는 헤어지면 끝이라서 그 연결고리가 가장 약한 가족관계인데도 그렇습니다. 어쩌면 연결고리가 너무 약해서 더 감춰야 하는지도 모릅니다. 어쨌든 그만큼 무서운 게 가족이라는 경계선입니다.

　아무리 이름없는 작가라도 작가의 가족은 괴롭습니다. 사람의 생각이라는 게 자기가 존재하는 생활영역을 크게 벗어나지 못하기 마련이라 어떤 형태로든 작가의 가족들은 프라이버시를 침해당할 수밖에 없습니다. 자기 삶이 외부에 까발려지기를 원치 않는 사람이라면 절대 작가하고 결혼하거나 인연을 맺어서는 안 됩니다. 어디 가서 작가라고 말하기 거시기한 저 같은 사람도 가족에게는 이미 충분한 위협입니다. 그래서 가족에게 해가 될 이야기를 시작하기에 앞서 재미있는 사례 하나를 소개하고 싶습니다.

　계간『창작과비평』2009년 여름호에는 시인이자 소설가이기도 한 『국민일보』정철훈 문학담당 기자의 글이 실렸습니다. 「잉여인간」(1958)으로 유명한 소설가 손창섭(1922~2010)의 마지막 나날들을 추적한 글입니다. 손창섭은 1973년 일본인 아내를 따라 도일한 후 소식이 완전히 끊겨 한국 현대문학사상 가장 극적인 증발사례가 됩니다. 생사조차 알 수 없는 상태에서 우리 문단에는 그가 주일 한국대사관 앞에서 가끔 통곡하다가 돌아간다든지 동서고금의 명언명구를 베껴쓴 '구도원(求道院)'이라는 전단지를 나누어준다든지 하는 소문만 떠돌았습니다. 그가 일본으로 떠난 이유에 대해서도 원고료가 넉넉하지 않아서였다든지, 유신체제에 환멸을 느꼈기 때문이라든지 하는 각종 미확인 주장이 남아 있을 뿐입니다. 그만큼 분명한 것이 많지 않은 안개 속의 작가였습니다.

정철훈 기자는 2009년 비로소 손창섭의 일본 주소를 알아내 그의 집을 직접 찾아갑니다. 그러나 손창섭은 이미 혼수상태에 빠져 사망을 눈앞에 둔 상태였지요. 정 기자는 그의 아내 우에노 치즈꼬(上野千鶴子) 여사만 만나서 이야기를 나눕니다. 우에노 여사의 이야기는 손창섭에 대해 알려졌던 기존의 주장을 대부분 뒤집는 것이었습니다. 우선 우에노 여사는 손창섭의 도일이 유신체제 등과는 전혀 관련이 없다고 말합니다. 우에노 여사가 일본에 나가 살 결심을 하자 손 선생이 따라왔을 뿐, 이념이나 정치적 이유는 없었다는 것입니다. 정철훈 기자는 손창섭에 관한 우리 문단의 다른 오해도 하나씩 풀어갑니다.

손창섭에 대한 그동안의 오해는 대부분 손창섭 자신의 대표작 「신의 희작」(1961)에서 비롯됩니다. 「신의 희작」의 주인공 '시시한 소설가 S'는 열세살 때 어머니의 외도현장을 목격한 아픈 기억을 갖고 있습니다. 어머니는 S를 버리고 그 남자와 만주로 도망가지요. 그렇게 버림받은 기억 탓인지 S는 성장한 후에도 늘 야뇨증에 시달리고, 자기 성기를 학대하며, 아무하고나 살기 넘치는 싸움을 벌이는 망나니생활을 합니다. 여성들과의 관계도 하나같이 강간을 통해서만 맺어집니다. 그야말로 인간 말종입니다.

그에게는 일본유학 중에 만나서 '어른들 몰래 건드렸다가' 결국 아내로 맞아들인 일본인 처자가 있는데, 그 이름은 치즈꼬입니다. 치즈꼬와 동거 중에 아들을 낳고 둘째까지 임신시킨 상태에서 홀로 귀국한 S는 노숙자, 거지, 깡패, 얼치기 좌파 식객, 도둑 등 온갖 바닥생활을 전전하며 전국을 유랑합니다. 한국전쟁이 터진 후 부산에서 우연히 치즈꼬와 해후하지만, 그녀는 믿었던 S의 친구 기택에게 강간까지 당한 후입니다. 치즈꼬와 과거를 잊고 새롭게 출발하자고 약속한 후에도 S의 기행은 멈추지 않습니다. 50~60년대 작가답지 않게 술, 담배는 입에도 대지 않고, 넥타이도 매지 않으며, 남의 결혼식, 장례식, 졸업식, 수상식, 기념회에는 일절 참석하지 않고, 문학하는 사람들과는 아예 어울리지를 않습니다. 그의 삶은 그야말로 신의 장난거리〔戱作〕인 것입니다.

사람들은 누구나 「신의 희작」이 손창섭의 자전소설이라고 생각했습니다. 제목에 '자화상'이라는 부제가 붙어 있는데다, 첫 줄에서 이렇게 선언하고 있기 때문입니다. "시시한 소설가로 통하는 S—좀더 정확히 말해서 삼류작가 손창섭씨는, 자기 자신에게 숙명적인 유머를 발견하고 있는 것이다." 일찍이 아버지를 여의었고, 초등학교

5학년 때 어머니가 개가했으며, 15세 때 일본으로 건너가 고학을 했고, 귀국 후 군밤장사, 넝마장사 등을 전전한 끝에 소설가가 된 손창섭의 이력도 이 소설을 자전적으로 이해하는 근거가 되었습니다. 그가 소설에서 사용한 치즈꼬라는 아내의 실명도 그런 추측을 사실로 만드는 데 크게 기여했지요.

그러나 정철훈 기자가 만난 우에노 치즈꼬 여사는 이 소설이 사실과는 무관하다고 말합니다. 손창섭이 세살 때 아버지를 여읜 것은 사실이지만, 독실한 기독교 신자였던 할머니가 역시 독실한 기독교 신자였던 어머니를 종용해 재혼을 시켰을 뿐, 외도의 목격은 사실이 아닙니다. 평양 유곽거리에서 자라 야뇨증에 시달렸다는 것도 사실과 다릅니다. 손창섭은 할머니와 숙모의 손에서 별문제 없이 성장했고, 일본에서 만난 아내 치즈꼬와 부산에서 중학교 교사로 일하며 신혼살림을 시작했습니다. 등단 후에는 부부가 함께 서울 흑석동에서 20년을 살았습니다. 무엇보다 두 사람 사이에는 피난지 부산에서 입양한 딸 외에는 혈육이 없습니다. 손창섭은 바깥세상과 단절된 삶을 살았지만 아내와 수양딸에게는 자상하고 섬세한 가장이었습니다. 결국 정철훈 기자가 전한 우에노 치즈꼬 여사의 목소리에 따르면, 소설의 모든 내용은 '민나 우소데스(전부 거짓말)'였던 것입니다.

생각할수록 기막힌 반전입니다. 어차피 소설이란 처음부터 거짓말이라고 선언하고 만들어낸 이야기입니다. 만든 이도 읽는 이도 내용이 거짓임을 압니다. 그런데 손창섭은 거기에 버젓이 자화상이라는 부제를 붙였고, 자기와 아내의 이름을 그대로 사용했습니다. 독자들이 자전소설로 믿도록 기묘한 장치를 붙인 거죠. 게다가 제목까지 '신의 희작'입니다. 소설 속의 S가 신의 희작일 수도 있지만, 어쩌면 이 작품 자체가 신의 희작일 수도 있습니다. 우에노 치즈꼬 여사의 증언으로 진실이 밝혀진 걸까요? 그렇지도 않습니다. 정철훈 기자는 우에노 여사의 말이 진실이라는 쪽으로 글을 썼지만, 고인이 된 손창섭의 소설보다 살아 있는 우에노 여사의 말을 믿어야 할 객관적인 증거가 전혀 없기 때문입니다.

『창작과비평』에 실린 정 기자의 글을 읽고 저는 손창섭이라는 작가에게 두 손을 들었습니다. 사후까지 독자들에게 골치 아픈 질문을 던지는 작가야말로 진정한 거짓말쟁이, 즉 소설가가 아니겠습니까? 그러면서 제 가족 이야기를 좀 편하게 꺼낼 수 있겠다는 엉뚱한 자신감을 얻었습니다. 이제 겨우 마흔 중반인데 벌써 제 기억은 가물가물하고 불과 일주일 전의 사실관계도 머리에서 마구 뒤섞이는 일이 많습니다. 게다가 끊임없이 자랑하고 합리화하려는 인간의 본성 때문에 어차피 우리가 하는 이야기의 상당부분은 늘 진실과 거짓 사이의 아슬아슬한 경계를 헤매기 마련입니다. 따라서 제가 쓰는 가족 이야기를 읽고 당사자나 독자 들은 누구나 이렇게 말할 권리를 갖습니다. "민나 우소데스!"

그렇지 않아도 제 글을 읽는 독자 중에는 저의 지나친 조심성에 불편함을 느끼는 분들이 많습니다. 겁이 많아 안전장치를 너무 많이 마련한다는 거죠. 죄송합니다. 그런데 어쩝니까, 그게 바로 저라는 인간인 것을! 어쨌든 이번에는 손창섭 선생의 장난에 슬쩍 기대어

제 이야기를 시작해보려고 합니다. 내용에 상당한 거짓이 있어도 이해해달라는 말씀입니다.

어머니와의 불화

얼마 전 『왜 다른 사람과의 섹스를 꿈꾸는가』(에스더 페렐 지음, 정지현 옮김, 네모난정원 2011)라는 책을 읽다가 재미있는 부분을 발견했습니다. 이 책의 저자인 심리치료 전문가 에스더 페렐(Esther Perel)은 상담을 받고자 찾아온 제임스라는 남자에게 "어머니에 대해 들려주세요"라고 부탁합니다. 그러자 제임스는 이렇게 답하죠. "우리 어머니요? 시간 낭비하시는 것 아닌가요? 몇 년 전에도 상담을 받은 적이 있는데 거기에서도 어머니 얘기를 묻더군요. 아무 효과도 없었습니다."(174면)

저는 제임스의 반응을 읽다 한참 웃었습니다. 하긴 제임스의 말이 맞기는 맞습니다. 정신분석 또는 심리치료라는 게 늘 비슷하죠. 남자라면 어머니 이야기에서 시작해서 어머니 이야기로 끝나고, 여자라면 아버지 이야기에서 시작해서 아버지 이야기로 끝나는 게 보통이니까요. 프로이트 이후 너무 천편일률적인 경향이라서 이제는 지겹다 못해 "또 어머니 이야기를 하란 말입니까?"라고 소리 지르고 싶을 정도죠. 그런 제임스에게 저자는 '근원지를 찾아 올라갈 필요'를 이야기합니다. 사랑과 인간관계에 대해 처음 배우는 곳이 집이기 때문에 가족의 정서적인 의미는 친구, 풋사랑, 선생님, 애인과는 비교도 안 된다고 설득하지요. 그뒤에는 "어머니의 기분이 나아지려면 족히 일흔두가지나 되는 것이 필요했다"는 제임스의 회고와, 어머니에게 하듯 매사에 아내의 기분까지 맞추려고 하다가 오히려 관계가 어려워졌다는 분석이 이어집니다. 이런 책들이 늘 그렇듯 원인을 밝히면 문제는 비교적 쉽게 해결되고 대충 해피엔딩으로 사례가 마무리됩니다.

또 어머니냐 싶지만, 역시 저의 이야기도 어머니에서 시작할 수밖에 없습니다. 오해를 막기 위해 일단 어머니가 정말 훌륭한 분이라는 사실부터 미리 말씀드리겠습니다. 어머니는 평생 여자상업고등학교에서 평교사로 일하셨습니다. 한국전쟁과 오빠의 월북으로 몰락하기는 했어도 원래는 꽤 살 만한 집안 출신이었고, 해방 직후 경성사범학교, 서울대학교에서 수학한 수재 남매들 중의 한명이기도 했습니다. 가난한 학생들이 많던 여상에서 상담실을 맡아 학생들의 이야기에 귀 기울이고 필요한 도움을 주려고 노력하셨으며, 동료교사들에게 오랜 세월 성서를 잘 가르친 것으로도 유명하셨습니다. 평생 깔끔하게 한복을 입고 다니셔서 '한복선생님'으로 불리기도 했습니다. 책을 손에서 놓는 법이 없으셨던 어머니가 가르친 과목은 교과서적인 당신의 삶에 어울리게 하필 '국민윤리'였습니다.

언행이 일치하는 반듯한 분이었기 때문에, 저는 어려서부터 이런 어머니에 대한 자신감이 있었습니다. 아내와 연애할 당시 장인 될 분은 아내의 갑작스러운 결혼선언에 크게 당황하셨습니다. 공부 잘하고 목표가 뚜렷했던 딸이 정체를 알 수 없는 남자애에게 눈이 멀어 연애 두달 만에 인생을 그르치려 한다고 걱정하셨던 것 같습니다. 의심에 가득 찬 장인어른께 제가 드릴 수 있는 말은 딱 한가지였습니다. "저희 부모님을 한번만 만나주십시오." 장인 장모님은 어머니를 만나 한시간 이야기를 나누고는 완전히 마음을 놓으셨고 사랑에 눈이 먼 남녀는 한달 후 결혼식을 올렸습니다. 18년 전이라 이른바 '사(士)'자 붙은 신랑감들의 혼수문제로 한창 시끄럽던 시절이었습니다. 저는 어머니께 "기독교인으로 혼수니 뭐니 하는 게 웃기지 않느냐"고 말씀드렸습니다. 어머니는 두말없이 동의하셨고, 장인 장모님을 설득해주셨습니다. 우리 부부는 실제로 5만원짜리 반지 외에 아무것도 주고받지 않은 결혼식을 올렸습니다.

그런데 이런 훌륭한 어머니와 저 사이에는 최근 들어 미묘한 긴장과 갈등이 존재합니다. 원인은 제가 쓴 책들입니다. 팔십이 넘은 노모는 제 책을 주변에 나눠주는 걸 무척 좋아하십니다. 그동안 제 책 몇권이 베스트셀러가 된 것은 순전히 어머니 덕분입니다. 어머니는 당신의 지인들이 모두 제 책을 읽고 싶어한다고 믿습니다. 그래서 자꾸만 제 책을 사서 친지들에게 돌리십니다. 저는 어머니께서 주변에 제 책을 돌리시는 것이 매우 불편합니다. 연로하신 어머니가 직접 서점에 가서 책을 열권씩 사서 들고 다니실 기력이 없어지면서 모자간의 갈등은 더욱 심화됩니다. 늘 이런 식입니다. 먼저 어머니의 전화가 걸려옵니다.

(따르릉) "아들아, 다음주에 친구들 모임이 있는데, 다들 네 책

을 읽고 싶어하네.『헌법의 풍경』과『교회 속의 세상 세상 속의 교회』를 각각 다섯권씩만 인터넷 주문해서 보내줄래? 돈은 곧 부쳐줄게."

"어머니, 도대체 친구 아들이 쓴 책을 읽고 싶은 사람이 세상에 어디 있다고 그러세요? 제 책 좀 주변에 돌리지 말라고 몇번이나 말씀드렸잖아요."

"아니야, 엄마가 설마 억지로 네 책을 읽으라고 돌리겠니? 사람들하고 이야기하다보면 다들 자기 자녀 걱정을 하면서, 네 책을 꼭 읽혔으면 좋겠다고 하는 거야. 그런데 그 친구들이 평생 엄마한테 얼마나 잘해왔는지 아니? 그런 친구들한테 선물 좀 하는 게 잘못이니?"

"허, 친구들이 아니라 친구 자녀들이라고요? 어머니도 엄친아라는 단어 들어보셨죠? 엄마 친구 아들이 쓴 책을 읽고 싶어하는 사람이 어디 있어요? 저라도 그런 책은 읽고 싶지 않아요. 선물해봐야 아무도 읽지 않을 텐데, 왜 그런 일을 하세요?"

"그렇지 않아. 네 책 읽고 정말 좋았다고 하는 사람들이 얼마나 많은데?"

"(말이 잘 통하던 어머니와 어쩜 이렇게 말이 통하지 않는지 화가 머리끝까지 치솟아서) 어머니…… (잠시 침묵) 어쨌든 제 책 돌리지 마세요. 읽고 싶으면 자기들이 사서 읽겠죠. 어머니가 그러시면 아들 자랑하는 것밖에 안 돼요."

"내가 언제 아들 자랑을 했다고 그러니. 주변에서는 나보고 다들 '어쩌면 자식들 얘기를 그렇게 안 할 수가 있냐'고들 한다. 너는 도대체 이 엄마를 어떻게 생각하는 거니?"

"알아요, 어머니 훌륭한 분이신 거요. 그러니까 제 책 좀 돌리지 마세요. 평생 안 그러시다가 나이드셔서 왜 그러세요? 책 돌리는 것 자체가 간접적으로 아들 자랑하는 거잖아요. 겉으로는 다들 칭찬하면서 책을 받지만 속으로는 얼마나 기분이 나쁘겠어요? 입장 바꿔놓고 생각해보세요."

"(이제 어머니 목소리에도 노기가 배어나옵니다) 너는 엄마를 잘 몰라. 엄마는 그런 사람 아니다. 알았다, 이제 네 책은 주변에 돌리지 않으마. 그러면 될 것 아니냐?"

"네, 그렇게 하세요."

"그래 알았다." (철컥)

이런 언쟁을 벌이며 제가 걱정하는 것은 어머니의 명예입니다. 평생 일정한 '선'을 지키며 사셨던 어머니가 노년에 주책없이 아들 책이나 사서 돌리는 웃기는 할머니로 소문날까봐 걱정하는 것입니다. '선'을 가르치는 것이 생업이었던 전직 국민윤리 교사이므로 어머니도 별로 억울하실 일은 없을 거라 생각하며 잊어버리려 하지만, 머릿속에는 '철컥' 수화기 놓는 소리가 떠나지 않습니다.

이럴 때면 일곱살 위 누나의 존재가 떠오릅니다. 수학으로 박사학위를 따고 대학강사로 일하는 누나는 어머니처럼 착하고 올곧은 사람입니다. 일가친척이 다 모인 자리에서 '대학교수'라고 소개되자,

"저 교수 아닌데요. 강사예요, 강사!"라고 소리쳐 주변을 머쓱하게 만든 적도 있습니다. 그런 모임이라는 게 대충 조금씩 과장이 있기 마련인데 그런 걸 견디지 못하는 성격입니다. 누나의 동감과 중재를 기대하며 당장 누나에게 전화를 돌립니다. 상황을 설명하고 저는 이렇게 분을 토합니다.

"도대체 어머니는 왜 그러시는 거야? 평생 안 그러시더니⋯⋯"

"주변 노인들 보면 다 그래. 어머니 정도면 상태가 아주 좋으신 거야. 그리고 나는 네가 더 이상하다. 어머니가 네 자랑 좀 할 수도 있지, 뭐 그런 걸 신경쓰냐?"

"누나까지 왜 그래? 어머니가 우습게 되잖아. 아들 책이나 자꾸 사서 돌리는 웃기는 노인 소리를 들으면 누나는 괜찮냐?"

"응, 나는 괜찮아. 노인이 되셔서 아들 자랑도 좀 하고 그러는 거지. 그러다가 남들이 욕하면 또 욕먹으면 되는 거고⋯⋯ 그냥 그러시게 놔둬라. 너야말로 남의 눈을 왜 그렇게 신경쓰니? 어머니가 때마다 나한테 네 책 사서 부쳐달라고 하신 것도 벌써 여러 번이다. 그럴 때마다 나는 그냥 주문해드려. 뭐 어떠니?"

"뭐라고? 누나한테도 내 책을 사달라고 하신다고? 도대체 몇권을 사고 계신 거야?"

"뭐 그래 봐야 일년에 수십권도 안 돼. 나한테 더 부탁하기가 미안해서서 너한테 직접 시키신 모양이네. 그냥 해드려."

"누나는 그래도 괜찮다 이거지? 도대체 왜들 이래?"

누나하고도 말이 안 통한다 생각하고 전화를 끊은 뒤 집에 들어갑니다. 아내에게 어머니에 대한 불평을 시작하려는데, 아내가 말을 막습니다. "오늘 어머니께 전화 왔어. 『헌법』 다섯 권이랑 『교회』 다섯 권 주문해달라고 하시네. 나 지금 좀 바쁘니까 당신이 주문해서 보내드려." 그 순간 저는 꼭지가 도는 걸 느낍니다. 아들이 무섭다고 며느리한테 전화를 하시다니…… 그러나 이미 상황은 끝난 뒤입니다. 아버지가 어머니에게 꼼짝 못하셨듯이 저도 아내에게는 꼼짝 못하기 때문입니다. 결국 그날 밤 책상에 앉아 인터넷으로 제 책을 주문하고 있는 것은 바로 저입니다. 두 책을 주문하는 순간 인터넷서점 창에는 이런 메시지가 떠오릅니다. "고객님께서 2011년 10월 5일 이미 주문하신 책입니다. 주문을 계속 진행하시겠습니까?" 제 눈에는 이 메시지가 이렇게 보입니다. "네 책을 왜 또 사니? 베스트셀러 순위 조작하니? 밀어내기하니?"

뭐 이 정도를 갈등이라고 하느냐고요? 하긴 그렇습니다. 얼마 전에도 정신과의사 선생님들과 놀면서 이런 이야기를 하니 다들 황당해하더군요. "어머니와의 갈등을 이야기한다기에 뭔가 엄청난 고백을 할 줄 알았는데, 그게 뭐예요? 갈등도 아니잖아요." 그리고 다들 다른 이야기로 화제를 돌렸습니다. 그때의 썰렁함이란…… 그래서 더이상 이야기를 이어가지 못했습니다.

문제는 제가 그 어머니의 아들이라는 겁니다. 그분이 그냥 이웃집 할머니라면 전혀 문제될 것이 없죠. 실제로 어머니는 평생 밖에서

미리보기

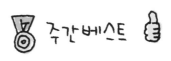

○ 판매지수　1479840

○ 배송비　무료

○ 주문수량　8

카트에넣기

주문하기

Click

이래도 되나..

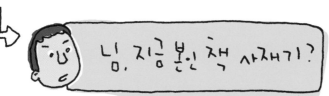
님, 지금 본인 책 사재기?

민망해라..

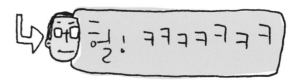
헐! ㅋㅋㅋㅋㅋㅋ

자녀들 자랑한 적이 거의 없습니다. 어머니 입장에서는 아마도 '선'을 지키기 위해서였을 겁니다. 그런데 욕망은 마치 흐르는 물과 같아서 자기를 가로막는 '경계선'이 많으면 그 선을 슬쩍 우회할 길을 찾기 마련입니다. 어머니에게는 저의 책이 바로 그렇게 찾은 은근한 우회로였을 겁니다. '은근한', 바로 이 단어에 중산층이 유지하는 '계'의 핵심이 있습니다. 하지만 아들은 그 은근한 우회로를 견디지 못합니다. 아들은 아들대로 어머니가 선을 넘고 있다고 생각하는 까닭입니다. 선을 지켜워하던 아들은 이제 어머니에게 짜증스럽게 그 선을 강요하는 입장이 됩니다. 결국은 모두 선에서 비롯된 문제입니다.

노골적이지 못하고 '은근하게' 표출되는 욕망은 우리 삶을 복잡하게 만듭니다. 그런데 그 부작용에 비해 효과는 너무 미미합니다. 왜냐하면 모든 인간의 내면에는 남의 은근한 욕망을 귀신처럼 잡아내는 무시무시한 센서(sensor)가 갖추어져 있기 때문입니다. 좀 엉뚱한 비유지만 '영어 못하는 한국인'인 제가 제일 무서워하는 게 뭔지 아십니까? 바로 '영어 못하는 한국인' 앞에서 영어로 말하는 겁니다. 미국인 앞에서 영어하는 게 훨씬 쉽습니다. 미국인은 알아서 제 영어를 듣고 이해해주니까요. 3인칭단수 뒤의 동사에 s 붙이는 걸 까먹은 실수를 가장 빠르고 정확하게 집어내는 사람은 미국인이 아니라 '영어 못하는 한국인'입니다. 저도 그중의 하나라서 잘 압니다. 자기는 영어 한마디 못해도, 남의 영어 실수는 쉽게 잡아내듯이, 자신의 은근한 욕망은 몰라도 남의 은근한 욕망은 귀신처럼 잡아내는 것이 인간입니다. 누구나 자신의 은근한 자랑이 상대방에게 먹혀들기를 원하지만, 누구도 상대방의 은근한 자랑을 듣고 싶어하지는 않습니다. 따라서 아무리 은근해도 내 자랑이 상대방에게 순수하게 받아들여지는 일은 거의 없다고 보면 됩니다.

가족은 우리 모두에게 이야깃거리를 제공하는 원천입니다. 자식은 특히 그렇습니다. 사춘기의 문턱에서 애가 말썽을 부리고 공부에 흥미를 느끼지 못할 때 저는 '세상에서 가장 나쁜 죄가 자식 자랑'이라고 생각했습니다. 자식 자랑하는 친구를 보면 뒤통수를 한대 치고 싶었습니다. 자녀에 대해 묻는 걸 금지하는 법을 만들어야겠다는 농담을 아내에게 한 적도 있습니다. 그런데 어느날 갑자기 우리 아이가 마음잡고 공부를 시작했습니다. 평생 한번이라도 좋으니 "애야, 공부 그만하고 좀 자라"라는 말을 해보고 싶었는데, 그럴 기회가 찾아왔습니다. 그러자 하루아침에 제 마음이 바뀌었습니다. 자식 자랑도 마음대로 못 하는 세상이 답답해졌습니다. 막상 자식 자랑을 몇번 해보니 은근하든 직설적이든 반응은 좋지 않았습니다. 자식에 대해서는 역시 말을 안 하는 게 가장 좋은 처세법이었습니다. 그런데도 은근히 아이들 얘기로 화제가 흐르기를 기대하고 기다립니다. 창피하지만 학벌사회의 폐해를 꽤나 자주 지적해온 제가 이 모양입니다. 어머니 탓할 게 전혀 없는 거죠. 아마 제가 팔십이 되면 우리 어머니보다 열배는 더 '은근한' 할아버지가 될 겁니다.

어머니는 돈과 권력을 아주 하찮게 여기시는 분이었습니다. 그 깊은 속을 다 알 수는 없지만, 책을 읽고 글을 쓰면서 이웃에 사랑을 베푸는 고상한 지식인을 이상적 인간형으로 생각하셨던 것 같습니다. 그래서 누가 강남에 땅을 사서 떼돈을 벌었다는 이야기를 들어도, '그 집에는 참 좋은 일이네. 그러나 우리는 그런 걸 추구하는 사람이 아니야' 하며 눈 하나 깜짝하지 않으셨습니다. 그런 말을 실제로 입에 올리셨던 것은 아닙니다. 원래 진짜 규범〔戒〕은 말이 아니라 태도를 통해 은근히 전수됩니다.

어머니의 그런 세계관은 60~70년대 우리 사회에서 '공식적으로' 유통되던 가치이기도 했습니다. 당시 낙양의 지가를 올리던 연세대 김형석, 숭실대 안병욱 교수 같은 분들은 기독교와 유교의 전통적 가치를 잘 포장해서 무엇이 인간다운 삶인지 설파했습니다. 두분 모두 '나는 사랑한다, 그러므로 나는 있다' '안빈낙도(安貧樂道)' 같은 고상한 내용이 담긴 책들을 여러권 썼고, 엄청난 수의 독자층을 확보했습니다. 요즘은 그 시절에 독재자, 그에 맞선 운동권, 그 적대관계 바깥의 '쎄시봉'만 존재했던 것처럼 오해하는 경향이 있습니다. 그러나 일반 대중들의 정신세계에 가장 중요한 영향을 끼친 것은 바로 그런 교수 수필가들의 에세이였습니다. 구체적인 내용은 하나도 기억나지 않지만, 물질적인 것을 뒤로하고 정신적인 것을 추구하라는 큰 흐름만은 분명했습니다. 그 시절에는 누구나 그런 책을 읽고 공감했습니다. 요즘 유행하는 처세서들은 도저히 발을 붙일 수 없는 고상한 분위기였습니다.

그런 분위기에서도 현명한 사람들은 적절한 '투자'를 하며 현실적인 이익을 추구할 줄 알았습니다. 읽고 말하는 것과 행위를 적절히 분리했던 거죠. 그러나 어머니는 그 가르침을 믿고 그대로 실천한 순진한 분이었습니다. 얼마나 심각한 지경이었냐 하면, 누나와 형의 어린시절에 아예 숫자와 돈을 가르치지 않으셨습니다. 누나의 경우에는 원칙적으로 가게에 데려가는 일이 없었고, 불가피하게 함께 가서 물건을 사야 할 때면 돈을 보지 못하도록 누나의 눈을 손으로 가렸다고 합니다. 돈은 깨끗하지 못한 건데, 애들이 어려서부터 돈의 가치를 알면 안 된다고 믿은 까닭이었습니다. 벤자민 스포크 (Benjamin Spock, 미국의 소아과의사이자 작가로, 그가 쓴 육아서는 전세계적으로 큰 영향을 미쳤음) 박사와 써머힐(Summer Hill, 영국의 교육자 니일Neil이 1921년 세운 대안학교로 어린이들의 자유의사를 최대한 키워주는 것을 목표로 삼았음) 정신에 동감하셔서 아이들에게 믿어지지 않을 정도의 자유도 부여하셨습니다. 자녀들 모두 유치원에도 보내지 않으셨습니다.

이제는 어머니도 당신 스스로 그때는 도대체 왜 그랬는지 모르겠다고 기가 막혀하실 정도입니다. 그 덕분에 누나와 형은 모두 초등학교 시절 산수에서 심각한 어려움을 겪었습니다. 어머니는 굳이 분류하자면 '명예'의 사람이었고, 더 정확히 말한다면 교과서 속의 세상이 이 땅에 진짜 존재한다고 믿은 아주 순진한 사람이었습니다. 어머니도 그걸 부인하지 않으시고, 우리 남매는 지금도 종종 어머니를 '공주' 또는 '문학소녀'로 놀려대곤 합니다. 그러나 교과서 같은

● 중산층 '사'자 가족 또는 '사자 가죽'의 행복한 한때.
어머니, 형, 누나, 그리고 아기 김두식.
누나의 사립학교 교복은 여유있는 중산층의 상징이었습니다.

● 어머니와 함께한 초등학교 운
동회. 힘차게 양팔을 뻗었지만 간
신히 매달린 형국이 된 중앙의 어
린이가 바로 접니다. 왼쪽 모자(母
子)의 자신있는 모습과 비교되죠.
이 사진을 볼 때마다 저는 '사자 가
죽'을 뒤집어쓴 당나귀의 힘겨운
삶을 생각하며 피식 웃곤 합니다.

그런 세상은 이 땅에 존재하지 않습니다. 거기에서 많은 문제가 파생됩니다.

당시 우리 집 분위기를 묘사하기 위해 다섯살 위의 형이 종종 써먹는 이야기가 「사자 가죽」(Lion's Skin)이라는 써머싯 몸(Somerset Maugham)의 장편(掌篇)소설입니다. 말 그대로 장편, 즉 손바닥 길이를 넘지 않는 세 페이지 전후의 아주 짧은 글입니다. '사자 가죽'이란 제목은 이솝우화의 유명한 당나귀 이야기에서 빌려온 것입니다. 동물의 왕 사자를 부러워하던 당나귀는 우연히 사냥꾼의 집에 걸린 사자 가죽을 발견하고 사냥꾼이 집을 비운 틈에 그걸 훔칩니다. 사자 가죽을 뒤집어쓴 당나귀가 사자 행세를 하자 다른 동물들은 겁에 질려 다들 도망가지요. 거기에 신이 난 당나귀는 콧노래를 부릅니다. 사자가 내는 당나귀 소리를 이상하게 생각한 다른 동물들은 자세히 살펴보다가 곧 사자가 아닌 당나귀라는 사실을 알아채고, 결국 당나귀는 몰매를 맞고 동네에서 쫓겨납니다.

「사자 가죽」의 주인공 로버트 포리스티어도 그 당나귀와 매우 비슷한 사람입니다. 1차대전에 참전한 포리스티어 대위는 야전병원에서 근무하던 엘레노어를 만나 첫눈에 반합니다. 전선에서 하루에도 수십번씩 생사를 넘나들었다는 그가 야전병원에 입원한 이유는 사실 피부 종기 때문이었습니다. 전쟁이 끝나자 포리스티어는 엘레노어와 결혼해 부자 아내의 재산에 얹혀 빈둥거리는 삶을 삽니다. 그러면서도 늘 "신사가 할 수 있는 일은 따로 있다. 사람은 자기 계급에 맞는 일을 해야 한다"고 말하곤 하지요. 그의 자부심은 자신이 신사, 즉 젠틀맨이라는 사실에 기인한 것이었습니다. 그렇게 허세를 부렸건만, 이미 이웃사람들은 모두 포리스티어가 가짜라는 사실을 알았습니다. 바로 이웃집에 사는 아저씨가 오래전 인도에서 세차장 직원으로 일하던 포리스티어를 만난 적이 있었던 까닭이지요. 하층 계급이던 포리스티어는 전쟁의 혼란기를 이용해 일종의 계급세탁을 한 것입니다. 이웃의 비웃음에도 아랑곳하지 않고 포리스티어는 계속 신사 행세를 합니다. 다행히도 엘레노어는 남편의 전력을 알지 못한 채 신사 남편을 사랑하고 자랑스러워합니다.

결혼생활이 16년차쯤 되었을 때 포리스티어 부부의 집에 불이 납니다. 외출 중이던 포리스티어 부부가 집에 돌아왔을 때는 이미 더 손쓸 수 없을 정도로 불이 번진 상태였습니다. 두 사람은 그저 망연자실, 화염 속에 무너지는 집을 바라볼 수밖에 없었습니다. 그런데 갑자기 엘레노어가 비명을 질렀습니다. "우리 개가 아직 집 안에 있어요!" 그 소리를 들은 포리스티어는 주저없이 개를 구하기 위해 집 안으로 뛰어들어가려 합니다. 동네사람들은 너무 위험하다며 포리스티어를 붙잡죠. 지금 개를 구하러 들어가는 것은 누가 봐도 미친 짓입니다. 그러나 포리스티어는 이렇게 말하며 만류를 뿌리치고 집 안으로 뛰어듭니다. "무릇 신사가 뭔지를 당신들에게 보여주겠어!"

한시간 후 잿더미 안에서 포리스티어의 시체가 발견됩니다. 그의 팔에는 개의 시신이 안겨 있었습니다. 포리스티어는 너무 오랜 세월 신사 행세를 하다보니 어느새 자신이 가짜라는 사실을 잊었던 것입니다. 사자 가죽을 뒤집어쓴 채 콧노래를 부른 당나귀처럼요. 그래서 진짜 신사들도 하지 않을 '신사다운' 행동을 하다가 목숨까지 잃습니다. 진짜 신사들은 신사가 어떻게 살아야 하는지 깊이 고민하지 않습니다. 지키지 못할 규범은 적당히 무시합니다. 그런데 가짜 신사인 포리스티어는 머릿속으로 가상의 교범을 만들어 누구보다 열심히 지켰습니다. 그런 가상의 교범에 적혀 있는 내용 중의 하나가 신사는 자기 개를 친구로 생각하고 목숨보다 더 사랑한다는 신화(myth)였을 겁니다. 그는 그렇게 만들어진 거짓 이미지를 믿고 자기 목숨까지 바쳤습니다.

진짜 사자의 삶

신사, 즉 젠틀맨의 어원은 젠트리(gentry)입니다. 젠틀맨은 꼭 영국의 귀족만을 의미하는 것이 아니라, 좋은 가문에서 태어나 좋은 교육을 받은 상류층 남자를 일반적으로 지칭합니다. 그러나 신사가 좋은 교육을 받고 상류층이 될 수 있는 기반은 대부분 상속받은 땅입니다. 상속받은 땅을 가진 사람만이 소작인의 노동에 기반한 소출 위에서 공부도 하고 사회활동도 할 수 있습니다. 써머싯 몸이 살았던 시대는 분명히 그랬습니다. 『제인 에어』『폭풍의 언덕』『오만과 편견』『채털리 부인의 연인』등 어떤 작품을 봐도 19세기에서 20세기 초반의 영국신사들은 노동을 하지 않습니다.

마그나 카르타(Magna Carta, 1215년 영국귀족들이 국왕 존John에게 강요하여 왕권의 제한과 제후의 권리를 확인한 문서. 영국헌법의 근거가 된 최초의 문서) 이후 헌법과 기본권이 크게 발전했지만, 프랑스처럼 혁명다운 혁명을 거치지 않은 까닭에 영국은 사회구조의 근본이 뿌리째 흔들려본 적이 없습니다. 영국신사들이 책을 읽고 글을 쓰며 말 타고 고상한 담론을 이어갈 때 그 옆에서 음식을 나르고 청소를 하고 말을 대기시켰던 집사들을 생각해보십시오. 그들은 아프리카에서 노예로 붙잡혀온 사람들이 아닙니다. 날 때부터 영국인인 사람들입니다. 아버지도, 할아버지도, 증조할아버지도 모두 집사였습니다. 그래서일까요? 그들은 귀족과 자신 사이에 존재하는 불평등에 큰 불만을 느끼지 않습니다. 우리는 소설을 읽으며 단 한번도 그런 집사들과 자신을 동일시해본 적이 없습니다. 그들이 소설의 주인공인 적이 없으니 당연한 일이죠.

영국소설에서는 거지처럼 살던 주인공이 오랜 세월 소식이 끊겨 존재도 알지 못했던 부유한 삼촌에게서 예상치 못한 유산을 물려받아 갑자기 신분이 상승하는(신분을 되찾는) 이야기는 있어도 자수성가하는 경우는 많지 않습니다. 『폭풍의 언덕』의 히스클리프 정도가 예외입니다. 바로 이게 계급입니다. 포리스티어는 아무리 노력한다 해도 어지간해서는 당대에 신사가 될 방법이 없었습니다. 신사는 근본적으로 '태어나는' 것이기 때문입니다. 상속받은 재산이 없는 포리스티어는 올라가봐야 아내 재산이나 등쳐먹는 놈팡이 정도가 상한선입니다. 그런데도 그는 평생 신사의 흉내를 냈고, (세상에 존재하지도 않는) 신사의 교범을 따라 죽어갔습니다.

형의 오랜 관찰에 따르면 우리 가족의 정신세계는 포리스티어의 그것과 크게 다르지 않습니다. 영국에서 신사가 신사일 수 있는 이유는 그에게 물려받은 재산이 있기 때문입니다. 재산은 처음부터 주인공 신사의 것이고, 그가 일하지 않는 것도 너무나 자연스럽습니다. 그래서 그의 재산은 작품 속에서 별 화제가 되지 않습니다. 거기에 속은 독자들은 재산문제는 쏙 빼놓은 채, 그의 지식, 매너, 자신감, 이웃에 대한 배려 같은 것만 보고 주인공을 평가합니다. 그리고 그런 삶을 본받으려 합니다. 그러나 실상 그가 신사일 수 있는 핵심 요건은 지식, 매너, 자신감, 이웃에 대한 배려가 아니라 돈입니다. 그것도 그냥 돈이 아니라 물려받은 돈입니다. 물려받은 돈이 없다면 그는 무슨 노력을 해도 신사가 될 수 없습니다. 물려받은 돈만이 품위를 만들어낼 수 있습니다.

그런 품위를 기초로 신사들은 규범을 만들어냅니다. 규범이 자신들에게 불리하면 알아서 고칩니다. 규범을 만들고 폐기하는 것이 자신들의 권한이기 때문입니다. 규범 자체가 지배의 수단이기도 합니다. 돈이 만들어준 여유공간 덕분에 자신들이 만든 규범 안에서 숨쉬는 것도 일반인들만큼 어렵지는 않습니다. 어차피 남의 노동을 착취하는 씨스템을 충분히 누리고 있는 까닭에 굳이 규범을 깨가며 살아남기 위해 발버둥칠 이유도 없습니다. 요즘 무슨 유행처럼 '노블레스 오블리주'(Noblesse oblige)를 말하지만 영국신사들의 '노블레스 오블리주'란, 세계대전 같은 엄청난 사건을 당대에 겪지 않는 한, 기본적으로는 식민지를 지배하고 착취하는 씨스템 안에서의 의무입니다. 규모를 유지하려면 유산이 가급적 한명의 아들에게 모아져야 하므로 아들들 중 일부가 전쟁터에서 죽어주는 것도 계급을 지키기 위한 필수조건입니다. 아들 하나가 죽으면 노동력의 손실로 당장 먹고살 게 줄어드는 중산층과는 근본적으로 다릅니다.

신사들이 속한 상류사회가 갖는 독특한 폐쇄성도 있습니다. 영국이든 우리나라든 진짜 상류사회 사람들은 언론에 노출되는 것을 극도로 피합니다. 비슷한 사람들끼리 모여 외부와는 장벽을 치고 최대한 조용하게 즐기며 살아갑니다. 남의 입방아에 올라봤자 좋을 게 하나도 없기 때문입니다. 신문 방송에 날 법한 중산층의 대단한 성취도 이들은 적당히 조소하고 넘어갑니다. 영화 「하녀」(2010)에 등장하는 재벌가의 집사 조병식(윤여정) 여사를 기억하십니까? 조 여사의 아들이 사법시험에 합격하지만, 재벌 고훈(이정재) 일가에게는 아무 의미도 없습니다. 사법시험에 합격한 사람들 역시 적당히 돈을 쥐가며 관리하면 그만인 하인이기 때문입니다. 어려서부터 자기중심적으로 키워진 고훈에게는 규범이라는 게 별로 중요한 가치도 아닙니다. 이런 게 진짜 사자의 삶이죠.

어머니로 상징되는 중산층은 규범을 만들고 바꿀 의지도 힘도 없으면서 규범의 화신처럼 살아온 사람들입니다. 신사보다, 귀족보다, 재벌보다 훨씬 강하게 규범을 내면화한다는 점에서 포리스티어 대위와 똑같습니다. '노블레스 오블리주'를 실천하려고 노력하는 사람들도 상류층보다는 오히려 중산층입니다. 우리 집이 그랬습니다. 저는 우리 세대의 상당수가 우리 집과 별 차이 없는 분위기에서 자랐을 거라고 생각합니다. 그들은 정직이 최선의 덕목이라고 믿고 자랐지만 하루하루 현실이 그렇지 않다는 것을 깨닫습니다. 그래도 내면화된 규범을 지키며 성실하게 살아갑니다. 돈이란 성실히 살면 자연히 따라오는 것이지 굳이 추구할 목표가 아니라는 고상한 가르침을 진짜로 믿고 실천하지만 이상하게 생활은 갈수록 어려워집니다. 분노가 쌓이지만 표출할 방법도 배우지 못했습니다. 기껏 분노를 표출한다는 것이 사자 가죽을 뒤집어쓴 다른 당나귀를 사냥하는 것입니다. 그게 지금 인터넷 공간에서 매일처럼 벌어지는 싸움입니다.

'사'자 가족의 '사자 가죽'

최근 『헤럴드경제』는 1966~74년에 2차 베이비붐 세대로 출생한 사람들을 아예 F세대라고 이름 붙였습니다. 이들은 최다 인구층(Formidable members)이면서도 주목받지 못한 '잊혀진(Forgotten) 세대'입니다. 신구세대의 가교(Fusion) 역할이 가능하며, 소셜미디어 장악(Facebook)을 특징으로 하지만, 이들의 내면에는 분노(Fire)가 자리합니다.[1] 중요한 건 이 세대 대부분이 여전히 '자기' 집 없이 전세, 월세, 사글세로 산다는 사실입니다. F세대 중 30대는 54.6퍼센트가, 40대는 43.3퍼센트가 제집 마련을 위해 빚을 진 상태입니다.[2] 자녀교육에도 돈을 쏟아붓느라 가계에는 주름 펼 날이 없습니다.

중산층으로 함께 자란 제 친구들의 형편도 비슷합니다. 대개 우리 또래의 부모님들은 평생 열심히 벌어 자기 손으로 겨우 집 한채를 마련하셨을 뿐 물려줄 만한 재산다운 재산이 없었습니다. 부모님 시각으로 볼 때 강남의 집값은 언제나 거품이었습니다. 대출을 받으면 강남 진출이 가능하던 시기도 있었지만 시도조차 하지 않았습니다. 신문 방송에 나오는 당위를 현실로 착각하고 자녀들도 그렇게 가르쳤습니다. 그 자녀인 친구들의 삶도 다르지 않습니다. 일찍이 투기에 참여하지 않은 대다수의 한국 중산층, 물려받은 재산이 없는 사람들에게는 강남뿐 아니라 어디에도 내 집 마련하기란 결코 쉬운 일이 아닙니다. 강남 사는 30~40대 가장들은 모두 "부모 도움 없이 내 힘으로 집을 마련했다"고 말하고 싶겠지만, 잠깐 계산해봐도 월급 모아 10~20억대의 집을 마련하기란 불가능합니다. 10년쯤 숨만 쉬고 돈을 모아야 강북에 집 한채 마련할까 말까입니다. 결혼할 때 부모의 도움을 전혀 받지 않고 전세금도 대출받아 시작했다면 그 이자와 원금을 갚는 데도 10년은 걸립니다.

외형으로만 보면 우리 형제는 친구들보다 훨씬 나은 형편입니다. 100퍼센트 장학금으로 스물일곱살에 미국에서 박사를 딴 후 서른한살에 교수가 된 형이나 스물네살에 사법시험에 합격한 저나 중산층의 꿈을 이룬 사람들입니다. 인생의 고비마다 운도 억세게 좋았기 때문에 불평할 건더기라곤 전혀 없습니다. 그런데 자주는 아니지만 아주 가끔 이런 '사'자 가족의 '사자 가죽'이 들통나는 날이 찾아옵니다.

8년 전 가을, 부모님은 비슷한 시기에 암 진단과 수술을 받으셨습니다. 경과는 괜찮은 편이었지만, 두분 모두 노령이라 회복에는 시간이 걸렸습니다. 의료보험이 비교적 잘된 나라라서 수술 자체에는 큰돈이 들지 않았습니다. 문제는 입원실 비용이었습니다. 역시 의료보험 덕분에 6인실을 쓰면 하루 1만원 내외의 돈을 내면 끝이었습니다. 사실상 무료나 마찬가지였지요. 그런데 1인실의 경우에는 하루 30만원, 2인실은 그 절반 정도의 고액으로 어지간한 특급호텔보다도 비쌌습니다.

암환자 가족이 가장 먼저 부딪히는 과제는 서둘러 입원실을 확보하는 것입니다. 대형병원에는 늘 6인실이 부족하기 때문에 환자들은 비싼 돈을 지불하더라도 처음 며칠은 1인실이나 2인실에서 보내는 경우가 많습니다. 우선은 급하게 수술해야 하기 때문입니다. 일단 수술을 마치고 4~6인실에 자리가 나는 것을 기다렸다가 옮기는 것이 보통입니다. 우리 부모님도 똑같은 과정을 거치셨습니다.

어머니의 수술이 끝나고 며칠이 지나자 4~6인실에 빈자리가 났습니다. 평소 어머니의 합리적인 스타일을 생각할 때 당연히 1인실에서 6인실로 옮기자고 하실 줄 알았습니다. 그러면 6인실은 불편하니 2인실이나 4인실로 가자고 말씀드릴 준비만 미리 하고 있었지요. 그런데 아무 말씀이 없었습니다. 조심스럽게 말씀드리니 어머니의 얼굴에 고뇌하는 표정이 스쳐지나갔습니다. 그러고는 이렇게 말씀하셨습니다. "너희들이 성공한 걸 다들 아는데…… 교회사람들도 자주 찾아와서 예배드릴 거고……" 결국 자녀들의 '명예'를 고려한 선택이었습니다. 하긴 이제는 자녀들의 명예가 곧 당신들의 명예이기도 하므로 양자가 분리되기도 어렵습니다.

어쨌든 그 말씀을 듣는 저는 좀 당황스러웠습니다. 평상시 같으면 "입원실에 왜 돈을 쓰냐? 그럴 돈이 있으면 아껴서 보육원에 가져다주자"고 하실 어머니였습니다. 그런 분이 이제는 나이들고 병들어 많이 약해지셨구나 싶어 마음이 아팠습니다. 그러고는 곧 현실적인 문제로 걱정이 이어졌습니다. 귀국 직후 33평짜리 부모님 댁에 얹혀 살던 우리 가족은 그 당시 조그만 아파트를 사서 막 독립한 참이었습니다. 버는 돈은 모두 빚 갚는 데 들어가고 있었습니다. 형도 자형도 모두 애들이 세명씩 딸린 국립대 교수고 누나는 비정규직이라 형제들 중 누구도 맞벌이 교수인 우리보다 형편이 낫지 않았습니다. 그런 상황에서 형과 머리를 맞댔습니다. 계산은 아주 쉬웠습니다. 하루 30만원, 한달이면 치료비 포함 1,000만원. 형과 저의 월급을 모두 합쳐도 불가능한 액수였습니다. '긴 병에 효자 없다'는 오랜 격언이 떠올랐습니다.

그리고 주변을 돌아보았습니다. 매일처럼 문병을 오는 어머니의 친구들이 눈에 들어왔습니다. 어머니의 동창들 중에 1인실 입원비를 걱정할 만한 사람은 아무도 없었습니다. 1950년대에 딸을 대학에 보낸 사람들이 어땠을지 짐작해보시면 될 겁니다. 그중에는 '구한말부터 손꼽히는 명문가'의 자손으로 우리 또래 자녀들에게 일찌감치 상당한 유산을 물려준 분도 있고, 적절한 시기에 강남에 '투자'해서 상당한 부를 이룬 분도 있었습니다. 기독교 쪽에서 어머니가 이끌던 모임의 구성원 중 다수는 그 유명한 S교회의 권사님들이었습니다. 대부분 그 교회 바로 앞에 있는 유명한 아파트에 살고 계셨고요.

문제는 그 친구분들이 우리 집의 생활수준도 자신들과 비슷할 거라고 생각한다는 데 있었습니다. 평상시에야 비슷한 수준 맞습니다. 교직에서 평생을 보낸 부모님도 어지간한 식사모임에서는 순서에 따라 밥값을 내실 수 있고, 적정한 부조도 가능하셨을 테니까요. 부부 교사가 할 수 있는 것은 딱 거기까지였습니다. 당장 암수술이 끝난 후 1인실에서 버틸 처지가 아니었습니다. 하지만 그 친구들 앞에서 6인실로 옮긴다는 것은 아마 저라도 쉽지 않았을 겁니다. 특히 얼마나 생존할지 예측할 수 없는 상황이라 더욱 그러셨겠지요. 친구분들은 아마도 '투자 한번 안 했다지만 평생 맞벌이를 했는데 설마 모은 재산이 그렇게 없기야 하겠어? 자식들 유학도 시킨 걸 보면 모르긴 몰라도 어디 숨겨둔 게 있었겠지'라고 생각했을 겁니다.

　이때 저는 처음으로 형이 말한 우리 '포리스티어' 가족의 실체를 차분히 들여다보게 되었습니다. 한마디로 우리 자녀들이 부모님의 1인실 비용을 지탱할 수 있는 것은 최대한 한달이었습니다. 한달을 버티고 나면 명예고 뭐고 더 생각할 필요 없이 무조건 6인실로 옮겨야 했습니다. 계산해보니 아버지, 누나, 형, 저, 이렇게 네 집을 모두 팔아도 대출금을 제외하고 나면 강남에 있는 33평 아파트 한채조차 살 수 없었습니다. 공부 잘하는 걸로 주변의 부러움을 샀고, 약속이나 한 듯이 유산 없는 배우자를 만나 연애결혼을 했던, 자부심 강한 김 교장네 삼남매의 지난 20년 총결산이었습니다. '사자 가죽'을 쓰고 버틸 수 있는 우리의 명예는 딱 한달 분량이었습니다. (지금은 그때보다 형편이 훨씬 낫습니다. 혹시 우리를 동정하는 분이 계실까봐.)

　다행히 어머니는 열흘을 넘기지 않고 퇴원하셨고, 1인실 생활도 빨리 정리되었습니다. 뒤이어 입원한 아버지도 그 정도 선에서 자녀들과 당신의 명예를 지키셨습니다. 기적 같은 회복이었고 감사한 해피엔딩이었습니다. 병든 부모의 호흡기를 당장 떼어야 할지 고민하는 다른 중년에 비하면 배부른 이야기입니다. 그러나 저는 이 일을 겪으면서 어머니로 상징되는 자존심 있는 중산층문화가 잘못된 사회씨스템을 개혁할 생각은 하지 못한 채 너무 개인의 규범만을 강조해온 것이 아닌가 하는 비판적 시각을 갖게 되었습니다.

　우습게도 이 사회에서는 상류층 사자들이 중산층 당나귀에게 '사자 가죽'을 뒤집어쓸 것을 권유합니다. 당나귀들이 사자에게 요구되는 규범성을 갖추면, 진짜 사자 입장에서는 다스리기가 훨씬 쉽습니다. 사자에게나 요구되는 '노블레스 오블리주', 사자도 지키지 않는 '노블레스 오블리주'를 당나귀들이 실천하기 시작하면, 사자의 삶은 훨씬 편해집니다. 사자들은 높은 장벽으로 둘러싸인 상류사회에서 놀고먹으며 행복한 삶을 영위하면 됩니다. '사자 가죽'을 뒤집어쓴 당나귀들은 늘 자기가 더 열심히 살았어야 한다고 자책합니다. 진짜 사자들에게 뭘 요구할 생각을 못 합니다. 사자보다 열심히 '계'를 지키다 못해, 나중에는 더 못사는 빈곤층의 토끼나 양한테까지 그 '계'를 강요하는 역할을 자발적으로 수행합니다.

　가끔 가다가 사자에게 불만을 느끼는 당나귀가 나옵니다. 그런데 그 당나귀도 '사자 가죽'이라는 규범의 틀만은 벗어버리지 못합니다. '사자 가죽'을 쓴 논객 당나귀는 가끔 사자들을 비판합니다. 그러나 논객 당나귀가 가장 싫어하는 대상은 사자가 아니라 '사자 가죽'을 뒤집어쓴 다른 당나귀입니다. "저 당나귀는 토끼와 양을 위하는 척하지만, 실상은 사자를 위해 일하는 가짜"라고 서로 손가락질합니다. 특별한 당나귀를 추종하면서 서로 패싸움을 벌이기도 합니다. 그게 사자가 만든 규범인 것도 모른 채, 그 규범을 손에 들고 끊임없이 다른 당나귀를 사냥합니다. 사자들은 날로 살찌고, 당나귀들은 날로 말라갑니다. 땅이 너무 황폐해지면 적절한 당나귀를 찾아 희생양으로 삼습니다.

이런 상황에서 필요한 것은 우리가 당나귀라는 사실을 깨닫는 것입니다. 결국 욕망을 인정하자는 얘기입니다. 사자 가죽을 뒤집어쓰고 규범의 화신 노릇하던 것을 빨리 그만두고 다른 당나귀들과 손을 잡아야 합니다. 이걸 못 하면 어떻게 되냐고요? 혹시 정동영, 박원순 씨 등을 폭행한 할머니를 기억하시나요. 빨갱이 사냥으로 먹고살던 사자들은 세상 바뀐 걸 알고 자유민주주의의 이름으로 적당히 옷을 갈아입었습니다. 그런데 여전히 혼자서 사자 가죽을 뒤집어쓰고 빨갱이 사냥을 다니는 안타까운 당나귀들이 있습니다. 최근 문제를 일으키는 할머니, 할아버지 들이 대부분 이런 경우입니다. 사자 가죽 뒤집어쓰고 너무 오래 살다보면 누구라도 그런 '멘탈붕괴' 상황을 맞습니다. 남의 얘기가 아닙니다.

　　　　　어머니 이야기가 나올 때마다, 제가 어머니와 똑같다고 지적하는 사람이 있습니다. 아내입니다. "남들 얘기인 것처럼 적었지만, 대출받아서 강남에 집 사려는 생각을 아예 안 한 건 사실 당신 부모님 얘기잖아. 그런데 당신도 빚내면 강남 갈 수 있는데 안 가잖아. 부모님이 평생 그러셨던 것처럼 당신도 현재 강남 집값은 정상이 아니라고 생각하지. 남들과 달라야 한다는 자부심도 있고. 당신이 적는 어머니 얘기가 모두 당신 자신 얘기인 것 알아? 형제들 중에 가장 규범적인 것도 당신이고." 사실입니다. 저야말로 사자 가죽을 뒤집어쓴 당나귀죠. 제가 그런 사람이 된 데는 위인전의 영향도 큽니다.

　초등학교 2학년 때던가 어머니께서 생일선물로 전기 두권을 사주셨습니다. 저의 독서경험은 부모님이 재직하신 두 학교의 도서관에서 책을 빌려 읽는 것부터 시작되었기 때문에 책을 살 일은 거의 없었습니다. 그래서 어머니가 사주신 두권의 전기는 더욱 잊지 못할 선물이 되었습니다. 어머니는 기억도 못 하실 테지만, 그 두권의 전기는 『강철왕 카네기』와 『철혈재상 비스마르크』였습니다. 전기 100권, 소설 100권이 씨리즈로 묶여 있던 유명한 아동문고에서 딱 두권을 고르신 것이었습니다, 딱 두권.

　아직도 이상한 걸 못 느끼셨나요? 어머니 또는 교수 수필가들이 우습게 여긴 것은 돈과 권력이었습니다. 그런데 어머니가 사주신 전기 속의 두 인물이 상징하는 것은 정확히 그 두가지 가치, 즉 돈과 권력입니다. 의식적인 선택이었을 리는 없습니다. 그게 의식적인 선택이었다면 문제는 한결 간단하죠. 카네기처럼 돈을 많이 벌어라, 비스마르크처럼 권력을 쥐어라, 그걸로 땡이니까요. 어머니는 그렇게 단순한 분이 아니었습니다. 돈과 권력을 멀리하라고 하시면서도 언젠가는 아들이 청렴함을 무기로 나라를 구할 지도자가 될 거라는 기대를 버리지 못하셨습니다. 지금도 장관 청문회만 열리면, 부모님은 머리를 맞대고 이렇게 말씀하십니다. "너의 시대가 오고 있다"고. 어쩌면 카네기와 비스마르크의 전기는 어머니의 잠재의식이 저에게 손을 내민 구원요청이었는지도 모릅니다. 욕망이 은근한 우회로를 찾아야 하는 것과 같은 이치입니다. 어머니의 숨겨진 욕망도 어디에서는 숨을 쉬어야 했을 테니까요.

우리 사회를 지나치게 '계'의 세계로 만드는 데는 범람하는 위인전이 기여한 바가 큽니다. 저도 자라면서 위인전을 많이 읽었습니다. 일반적으로 유행했던 계몽사 100권 전집뿐 아니라 어린이용 정치지도자 전기들도 찾아 읽었습니다. 당시 정치지도자 전집에는 처칠, 네루, 드골, 루즈벨트, 케네디 같은 인물뿐 아니라 나세르, 박정희 같은 군사쿠데타 지도자도 포함되어 있었습니다. 박 대통령이 아직 살아 있던 시절의 일입니다. 그가 농민들과 함께 논바닥에 앉아 막걸리를 먹고 있는 소박한 그림은 지금도 기억에 생생합니다. 박정희뿐만이 아니었습니다. 박목월 선생이 쓴 육영수 여사 전기도 읽었습니다. 당시 출간된 어떤 전기보다도 두꺼웠던 568쪽짜리 전기는 육 여사를 처음부터 끝까지 일관되게 목련으로 묘사했습니다. 심지어 매일 밤 MBC 라디오에서 그 전기를 낭독하던 시절도 있었습니다.[3] 그나마 이승만은 분명히 독재자로 인식되던 시절이라 그의 위인전을 읽지 않은 것만 해도 다행인지 모르겠습니다.

소년기의 위인전 읽기에 종지부를 찍은 것은 1981년 2월 중학교 1학년 겨울방학의 막바지에 읽은 『황강에서 북악까지』였습니다. 황강은 경상남도 거창에서 시작되어 합천으로 흐르는 강의 이름이고, 북악은 경복궁과 청와대 뒤편에 있는 산의 이름입니다. 일반적인 신국판보다 조금 작은 크기의 책으로 기억합니다. 원양어선의 선장으로 일하며 해양소설을 쓰던 작가 천금성은, 합천의 가난한 집에서 태어나 온갖 시련을 딛고 정치지도자로 부상한 인물을 위해 급하게 전기를 출간했습니다. 치마폭에 보름달을 주워 담는 어머니의 태몽, 읍내 주재소 순사부장인 시오즈끼 카즈야를 낭떠러지 아래로 내던진 뒤 만주로 도망간 아버지, 서슬 퍼런 좌익 학생들의 스트라이크를 맨몸으로 막아낸 고교시절, 친구와 함께 기합까지 받아주던 의리넘치는 육사생도 시절 등등 각종 신화들로 넘치던 그 전기의 표지에는 주인공의 얼굴 캐리커처와 함께 이런 부제가 달려 있었습니다. '인간 전두환: 창조와 초극의 길.' 일부 신문은 아예 한면을 털어 이 전기의 일부를 발췌하고 "너무나 엄청난 인간의 바탕에 매료되고 이 사실을 혼자만 알고 있기가 아까워 출판까지 하게 되었다"는 작가 천금성의 말도 소개했습니다.[4] 정말이지 조잡한 위인전의 결정판이라 할 만했습니다.

그때나 지금이나 중산층은 위인전 전집을 읽히며 자녀가 그런 엄청난 위인으로 성장해주기를 기대합니다. 가난한 부모는 지갑을 털어 위인전을 사주며 자녀가 개천에서 난 용이 되어주기를 기도합니다. 그 과정에서 진실 여부를 확인할 수 없는 얼마나 많은 에피소드들이 우리 머리를 점령했는지 모릅니다. 어린이용이라는 분량의 한계 때문일까요, 위인전에는 주인공의 욕망, 한계를 기록할 공간이 없습니다. 철저히 그의 입장에서 장점만을 적지요. 주인공은 거의 예수님 반열에 올라서는 대신, 그의 반대편에 섰던 사람들은 무조건 나쁜 사람으로 매도됩니다. 카네기 전기는 19세기 후반 독점체제를 구축하고 노동자를 착취한 어두운 면을 거론하지 않고, 비스마르크 전기는 피어오르던 자유의 분위기를 누르고 군비증강과 전쟁으로 국가를 통합한 그의 약점을 뛰어난 결단력의 그늘 아래 숨겨버립니다. 박정희, 전두환 전기의 폐해는 따로 거론할 필요도 없습니다.

그 많은 위인들, 특히 남성들이 얼마나 '색'을 밝히는 존재였는지 철저히 감추었던 것도 위인전문화의 한계입니다. 정치권력을 추구했던 루즈벨트, 케네디 같은 사람은 말할 것도 없고, 똘스또이, 간디, 마틴 루서 킹처럼 비폭력, 무저항, 평화를 설파하며 성인의 반열에 오른 지도자들도 거의 예외없이 '색'의 문제로 고뇌했고 적지 않은 사고를 쳤으며 여기저기 그 흔적을 남겨놓았습니다. 킹 목사는 그를 공산당으로 몰려 했던 미국 연방수사국(FBI)에 의해 상시적으로 도청당하면서도 혼외정사의 유혹에서 벗어나지 못했습니다. 시민권운동 중에 그 많은 일정을 소화하면서 섹스파트너와도 매일 만났습니다. 도청을 통해 그 사실을 뻔히 알고 있던 린든 존슨 대통령

같은 보수 지도자들은 킹 목사를 '위선적인 설교자'라고 맹비난했습니다. 시민권운동이 최고조에 이르렀을 때 FBI는 킹 목사에게 "당장 운동을 중단하지 않으면 여자문제를 폭로하겠다"는 익명의 협박 메일을 보냈습니다.[5] 킹 목사의 측근들도 그가 여자문제에 약점이 있었다는 사실을 부인하지 않습니다. 킹 목사의 위대함은 그런 개인적인 약점과 한계를 안고도 자신에게 주어진 소명의 길을 멈추지 않았다는 데 있습니다. 우리나라의 위인전들은 당연히 그런 이야기를 소개하지 않고, 코레타 스콧 킹(Coretta Scott King) 여사와의 사랑과 우정만 이야기합니다. 인간은 빠지고 날조된 신화만 넘치는 위인전들 덕분에 우리는 인생 선배의 삶을 통해 욕망과 조심스럽게 동행하는 길을 모색할 기회를 잃었습니다.

물론 어린이에게 위인들의 이중생활을 소개하는 게 쉽지는 않을 겁니다. 혼외정사 문제를 다루기는 더 어렵겠지요. 그게 어렵다면 위인들을 신격화하는 일화도 최소화해야 균형이 맞습니다. 위인전이 판을 친 것에 비하면 우리나라에 전기다운 전기, 평전다운 평전이 너무 늦게 선보인 것도 문제입니다. 더 근본적으로는 대부분의 사람들이 어린시절에만 위인전을 읽고 성인이 된 후에는 균형 잡힌 전기에 아예 손대지 않는다는 문제가 있겠죠. 어쨌든 한 인간이 지닌 이런 복잡성에 대한 치열한 탐구가 빠진 전기류들은 세상에 존재하기 힘든 가상의 위인들을 목표로 삼아 앞으로 달려나가는 고된 삶을 우리에게 강요합니다. 그런 위인이 될 가능성은 0.0001퍼센트도 안 되는데 모두가 같은 목표를 향해 뛰는 꼴입니다. 위인전이 천재들을 주인공으로 그들의 기행(奇行)을 다룬 경우가 많다보니, 우리 세대의 공부 좀 하는 애들은 너나 할 것 없이 어린시절부터 슬쩍슬쩍 천재 흉내를 내야 했습니다. 몸은 완전히 '계'의 세계에 있으면서, 다른 한편 천재처럼 보이는 기행까지 만들어내야 했으니 인생이 얼마나 피곤했겠습니까?

인간의 내면이란 이처럼 아무리 파고 들어가도 끝이 보이지 않는 복잡한 것입니다. 첫 장에서 제가 유명해짐과 관련해 보여주었던 이중적이고 위선적인 태도도 이런 관점에서 보면 크게 이상할 게 없습니다. 어머니가 복잡하고, 제가 복잡한 만큼, 우리 관계도 복잡합니다. 정신과의사 선생님들이 그냥 웃고 넘어간 어머니와의 전화통화 이야기에는 이런 긴 배경이 있습니다.

저를 오래 관찰해온 가까운 친구들은 "너처럼 부모 눈치 안 보고 원하는 것 맘대로 하며 사는 사람을 본 적이 없다"고 말합니다. 그 친구들 입장에서는 제가 쓴 이 글 전체가 배부른 투정으로만 보일 겁니다. 맞습니다, 우리 어머니는 아들이 검사를 그만두자 잘했다고 만세를 부른 분입니다. 결혼 후에는 아들의 집안일에 전혀 관여하지 않으려고 정말 노력하셨습니다. 그런데도 지배는 존재했습니다. 어머니가 원치 않는 일을 아들이 하려 할 때면 어머니는 "네가 원하면 해야지……" 하면서 먼 산을 바라보고 깊은 한숨을 몰아쉬곤 하셨습니다. 사실은 몽둥이로 두들겨 패는 지배보다 그런 한숨이 더 무섭습니다. 어려서 부모에게 받은 자유의 분량이 얼마든, 그 부모가 얼마나 훌륭한 사람이든, 결국 모든 자녀의 인생은 부모에게서 독립

해나가는 긴 여정입니다. 특히 아들이 어머니에게서 독립하는 길은 더 멀고 더 험합니다. 어머니께서 물려주신 '계'의 유산에서 벗어나려고 제가 이 글을 쓰는 것도 그런 도상에서 보이는 작은 몸짓이겠지요.

6

색의 인간, 계의 인간

성북동과 형

성북동, 나의 공간적 경계선

　　　　　　"성북동 산에 번지가 새로 생기면서 / 본래 살던 성북동 비둘기만이 번지가 없어졌다 / 새벽부터 돌 깨는 산울림에 떨다가 / 가슴에 금이 갔다. / 그래도 성북동 비둘기는 / 하느님의 광장 같은 새파란 아침 하늘에 / 성북동 주민에게 축복의 메시지나 전하듯 / 성북동 하늘을 한바퀴 휘돈다."(김광섭 「성북동 비둘기」)

　김광섭 선생이 '성북동 비둘기'를 표제로 시집을 출간한 것이 1969년입니다. 그때 저는 두살로, 이미 '성북동 주민'이었습니다. 흔히 서울내기들은 고향이 없다고 하지만, 태어나서 15년을 성장한 성북동은 분명히 제 마음의 고향입니다. 저는 지금도 삼선교에서 개천 양쪽으로 이어지는 집들을 마음으로 하나씩 짚어가며 거기 얽힌 사연을 이야기할 수 있습니다. "내가 태어난 이금희 산부인과, 그 옆은

혁재네 우미약국, 골목길 건너편에는 삼형제가 모두 공부를 잘해서 화제였던 성만이네 집, 거기서 개천 건너면 문규 외삼촌네 헌책방, 파출소 뒤는 도준이네 집, 성북교회 지나서는 형 친구인 재근이형네 박치과, 다리 건너 언덕 위는 중학교 때 좋아한 성숙이네 집, 산꼭대기는 진한이네 마당 넓은 집, 그 뒤는 진한이와 함께 한번씩 돌 던지고 도망치곤 하던 새침데기 성수네 집." 이제 다들 그 동네를 떠나고 개천은 복개되어 형태를 찾아볼 수 없게 되었지만 제 마음의 성북동은 70년대와 크게 다르지 않습니다. 개천을 끼고 자리잡았던 이 동네는 말 그대로 성북(城北), 즉 한양성의 북쪽 바깥에 있던 전통적인 중인들의 삶터입니다. 중인들의 동네가 그대로 회사원, 은행원, 공무원, 교사, 자영업자 등 중산층의 터전으로 변한 거죠.

중산층이 살던 개천가에서 언덕길을 한참 올라가면 산동네 판자촌이 나왔습니다. 한국전쟁 직후부터 지방에서 올라온 가난한 사람들이 자리잡은 곳이었습니다. 산동네 판자촌은 성벽 바로 아래에서 시작되어 동구여상 뒤쪽을 돌아 정릉 쪽까지 연결되었습니다. 조정래 선생은 대하소설 『한강』(해냄 2007)에서 등장인물의 입을 빌려 초창기 성북동 산동네를 이렇게 묘사합니다. "성북동엔 이 지점까지도 아직 수도가 없어. 수도는 삼선교와 여기의 중간지점쯤 와 있지, 아마. 언제쯤 수도가 여기까지 뻗을지, 그걸 누가 알겠어. 한마디로, 너나 나나 수돗물 못 먹고 서울 사는 서울 촌놈인 거야. 곧 알게 되겠지만, 사실 이 성북동 골짜기마다 시골서 올라온 사람들로 만원사례지."(1권 21면) 조정래 선생은 고등학교 1학년 때부터 대학교 4학년 때까지 성북동 산동네에 살며 매일 물지게를 지고 산비탈을 오르내렸습니다. 아내인 김초혜 시인과 함께 부부 교사로 동구여상에 재직한 적도 있으니 성북동은 선생께 그만큼 익숙한 동네였을 겁니다. 저는 『한강』에서 묘사된 것보다 10여년 후의 성북동에 살았는데, 그때는 산동네가 더 높은 지대로 밀려나고 거기에도 수도는 들어온 상태였습니다.

김광섭 선생의 시처럼 "성북동 산에 번지가 새로 생기면서" 삼청터널부터 북악스카이웨이에 이르는 또다른 산동네에는 중산층, 도시 빈민에 이은 세번째 사람들이 자리잡습니다. 경비원이 따로 지켜야 할 정도로 특수한 계층의 사람들이었죠. 경제성장과 함께 등장한 재벌일가들과 외국대사들이었습니다. 집집마다 담장이 엄청나게 높았고, 나무들도 우람해서 그 안쪽 사람들의 생활은 일반인이 알도리가 없었습니다. 유명한 요정 삼청각도 이곳에 자리잡아 돈과 권력을 가진 사람들의 은밀한 놀이터가 되었지요. 중학교에 들어갈 때까지는 그 동네 애들과 어울릴 일이 전혀 없었으므로, 그야말로 '미지의 세계'라 할 만했습니다.

제가 태어나 오랫동안 살았던 집은 동구여상 후문 바로 아래, 즉 중산층 거주지의 가장 외곽에 있었습니다. 아버지가 대학시절부터 삼선교에서 하숙을 하셨고 어머니의 직장이 동구여상이었기 때문에 자연스럽게 거기 자리잡게 된 것 같습니다. 누나도 형도 모두 성북동에서 태어났습니다.

우리 집에서 5분만 걸어 올라가면 도시 빈민들의 산동네가 시작되었습니다. 지금은 멋진 산책로가 된 북악산도 가까워서 70년대 중반까지는 산딸기도 따먹고 메뚜기도 잡아서 구워먹었습니다. 계곡에서는 가재도 잡았습니다. 지금 서울에서는 상상도 못 할 일이죠. 이래저래 그곳은 전형적인 중산층의 '끝자락'이었습니다.

중산층동네와 산동네의 접경지역에서는 양쪽 아이들이 종종 돌싸움을 벌였습니다. 일종의 영역다툼처럼 문자 그대로 돌을 던지며 싸웠던 것인데, 지금 생각하면 어떻게 그런 무식한 짓을 놀이삼아 할 수 있었는지 이해가 되지 않습니다. 누가 죽거나 다치지 않은 것이 신기할 따름입니다. 아이들은 그걸 '전쟁'이라고 불렀습니다. 때로는 '포로'를 잡기도 했고, 친구가 포로로 잡히면 구하러 가기도 했습니다. 포로로 잡히면 장난처럼, 그러나 결코 장난이 아니게 얻어맞았습니다. 이 싸움에서는 주로 말썽쟁이 형이 중심역할을 했고, 저는 기껏해야 형에게 마당의 돌을 모아주는 똘마니 중의 하나였지만, 격렬했던 싸움 분위기만은 기억에 생생합니다. 그런 다툼 때문이었는지 산에서 놀다가 혹시라도 산동네 쪽으로 넘어가는 일이 없도록 늘 조심했습니다.

만약 이런 돌싸움 장면이 드라마로 만들어진다면, 형과 저는 보나마나 가난한 동네 아이들을 괴롭히는 부자동네의 나쁜 형제들로 그려지겠지요. 주인공은 당연히 산동네 어느 집의 장남일 테니까요. 상대적으로 우리가 잘사는 동네였던 것도 사실이고요. 그러나 진짜 부자동네 아이들은 이런 싸움에 끼어들 일이 없었습니다. 이미 말씀드린 것처럼 그들은 다른 세계에 살고 있었으니까요. 도시 빈민층과

● 인조가죽 점퍼를 즐겨 입던 아이.
언덕을 좀더 올라가면 산동네가 시
작되었습니다. 75년 1월의 화재로
사진 한쪽이 불에 탔군요.

● 중산층 거주지의 맨 외곽에 있던 우리 집.
산동네 아이들과 돌싸움이 벌어질 때면 형은 저 집 대문 위에 올라 돌을 던지곤 했습니다.

중산층 자녀들 사이의 '전쟁'은 어쩌면 어른들 세계에서 벌어지는 '계급전쟁'의 축소판 또는 상징이었는지도 모릅니다. 부자당을 공공의 적이라고 하면서도 실제로는 오랜 세월 중산층당과 노동자당 사이의 다툼이 더 치열했던 것처럼 말이지요.

중학교에 올라가서야 세 동네 아이들이 한자리에 모였습니다. 그전까지 중산층 아이들은 집 근처의 사립초등학교나 공립초등학교로 갈라졌고, 산동네 아이들은 당연히 공립초등학교를 다녔습니다. 부자동네 아이들은 대체로 승용차나 스쿨버스로만 통학이 가능한 좀 멀리 떨어진 사립초등학교를 다녔습니다. 평준화가 비로소 이들을 하나의 중학교에 모아들였던 거죠.

왜 나이키를 사달라고 말씀드리지 못했을까

「써니」(2011)를 비롯해 80년대 초중반을 그린 영화들이 하도 여러번 우려먹어서 이제는 좀 식상해진 메뉴지만, 그래도 운동화를 빼놓고는 그 시절을 이야기할 도리가 없습니다. 나이키, 프로스펙스 같은 고급 운동화, 조다쉬 청바지, 비닐로 만든 것같이 얇은 무지개색 아디다스 방수점퍼(정확히 뭐라고 부르는지를 몰라요), 큰 키에 하얀 피부, 밝고 자신만만한 표정은 부자동네 친구들의 트레이드마크였습니다. 교복을 입었던 세대지만, 교복 위에 살짝 걸치는 점퍼와 바지 밑으로 드러나는 신발만은 숨길 수 없었지요.

시간이 흐를수록 중산층 아이들 사이에도 나이키 운동화와 아디다스 점퍼가 늘어갔습니다.

요즘으로 치면 명품족이라 부를 만한 친구들을 바라보는 저의 마음은 복잡했습니다. 분명히 마음 한편에는 부러움이 있었습니다. 단순히 신발이나 옷의 문제가 아니었습니다. 반장은 공부를 잘하든 못하든 대개 그 동네 애들 차지였습니다. 일부는 공부도 잘해서 전교 1등부터 10등까지 최소한 절반 정도는 그 친구들이 가져갔습니다. 공부하는 스타일도 달랐습니다.

과외가 금지된 상황에서 삼선교에는 입실자격을 제한하는 사설 독서실이 생겼습니다. 가격은 다른 독서실의 두세배 정도였고, 공부 못하는 애들은 아예 들어갈 수 없었습니다. 부자동네뿐 아니라 중산층동네에서도 공부를 뛰어나게 잘하는 친구들 몇몇은 그 독서실에 합류했습니다. 엄마 치맛바람으로 겨우 입실에 성공한 친구들도 있었습니다. 그 독서실은 입실시간과 퇴실시간을 점검하고, 선생님도 따로 있어서 아이들이 게으름을 피우면 혼내고 때로는 때리기도 한다고 했습니다. 부모님과 독서실 선생님이 자주 만남을 가지며, 아이의 성적 향상을 위한 특별한 계획도 짠다고 했습니다. 학교가 끝나는 시간이면 그 독서실을 다니는 아이들끼리 함께 몰려다녔고, 휴일이면 아침 일찍부터 저녁까지 독서실에 모여 공부했습니다. 우리 학교뿐 아니라 주변에 있는 다른 학교 수재들도 그 독서실에 모였습니다. 그래서 우리 학교 전교 1등도 당시 유행하던 『마스터 수학』 같은 고난도 문제집을 풀다가 모르는 게 나오면 같은 독서실에 있는 다른 학교 전교 1등에게 물어보러 다닌다고 했습니다. 군사정부가 과외를 금지시킨 당시의 상황을 타개하기 위해 극성엄마들이 만들어낸 기가 막힌 독서실 씨스템이었습니다. 무엇보다 이 모든 건 그저 떠도는 소문이었습니다. 독서실을 다니는 아이들은 좀처럼 입을 열지 않았기 때문에 바깥아이들은 실체를 알 수 없었습니다. 그러니 더 부럽고 더 무서울 수밖에 없었습니다.

그러나 다른 한편으로 제게는 그 아이들을 우습게 보는 마음도 있었습니다. 부모 잘 만나서 흥청망청 사는 아이들, 외제라면 사족을 못 쓰는 아이들, 공부도 혼자 할 수 없어 남의 감독을 받아야만 하는 아이들로 낮춰보았던 거죠. 그렇게 하지 않아도 너네들보다 잘할 수 있다는 자부심도 있었던 것 같습니다.

물론 저라고 나이키가 신고 싶지 않았을 리 없습니다. 가끔은 부모님께 "세상에…… 요즘은 학교에 그런 비싼 운동화를 신고 다니는 애들이 얼마나 많은지 몰라요. 다들 골이 빈 것 같아요"라고 슬쩍 이야기를 꺼냈습니다. 친구들을 비난하기 위한 말이 아니었습니다. 말하는 저도 몰랐지만, 오히려 '그런 게 신고 싶다'는 속마음의 표현에 가까웠습니다. 하지만 그때마다 순진한 부모님은 "그러게 말이다. 도대체 신발 값이 만원을 넘는다는 게 말이 되냐?" 하고 맞장구만 치셨습니다. 결국 저는 고등학교를 졸업할 때까지 한번도 그런 메이커 신발, 청바지, 점퍼를 가져보지 못했습니다. 당연히 그런 독서실 근처에도 가본 적이 없습니다. 정신적으로 좀 다른 세계에 살았던 어머니는 아예 그런 독서실의 존재를 모르셨던 것 같습니다.

극성엄마들이 쉽게 끼워주지도 않았겠지만, 어머니 당신은 방치에 가까울 정도로 그런 데 관심이 없으셨습니다.

욕망과 규범에 대해 고민하면서 최근 이런 의문이 생겼습니다. 나는 왜 부모님께 모터 달린 조립식 전차나 자동차를 사달라고 한번도 이야기하지 못했을까, 정식으로 말씀드렸다면 못 사주실 형편도 아니었는데. 나는 왜 어린이용 세계문학전집이나 위인전집을 사달라고 말씀드리지 못하고, 학교와 친구들 집에서 그 많은 책을 빌려 읽기만 했을까. 어떤 책은 너무 재미있어서 며칠 있다 또 한번 빌리고, 한달쯤 후 다시 빌려 읽기도 했는데, 왜 그런 책을 살 생각은 못 했을까. 나는 왜 나이키 운동화를 사달라고 한번도 말씀드리지 않았을까, 간청한다면 안 사주셨을 리도 없는데. 나는 왜 그런 독서실에 넣어달라고 말씀드리지 않았을까, 우리 집이 그럴 돈이 없었던 것도 아니고, 내 성적이라면 그쪽에서도 흔쾌히 받아주었을 텐데.

그런 이야기를 꺼낼 수 없는 분위기야말로 중산층 우리 집이 가졌던 강한 규범성의 반영이었을 겁니다. 사자 가죽 이야기를 하면서 말보다는 눈빛과 분위기로 전달되는 '계'가 더 무섭다고 했죠. 그런 '계'의 세계에서 인정받는 모범생이던 저는 너무 빨리 어른이 되어버렸습니다. 그러나 뭘 사달라고 매달리거나 투정 부리는 일이 없던 소년의 내면에는 '갖고 싶다'는 욕망이 고스란히 눌려 있었습니다. 카메라 가게 앞에 서 있는 중년의 아저씨도, 충동적으로 세계문학전집을 구입하는 아저씨도, 모범생 이미지 속에서 끊임없이 소소한 일탈을 꿈꾸는 아저씨도 모두 그런 분위기에서 만들어졌고요.

『불편해도 괜찮아』에서 '지랄총량의 법칙'의 주인공으로 등장했던 딸아이가 갈수록 그런 저를 닮아갑니다. 어렸을 때 딸아이는 "매대에 누워 있는 옷 말고, 한번이라도 좋으니 옷걸이에 정식으로 걸린 옷을 사달라"고 요구했습니다. 거듭 세일하는 옷만 사는 엄마, 아빠의 행태가 딸아이의 눈에 딱 걸린 것이었습니다. 그 관찰력에 놀라면서도 우리는 "이월상품도 다를 게 없고, 여기서 돈을 아끼면 어려운 이웃을 도울 수 있다"고 어린 딸을 설득했습니다. 생각해보면 뭐 대단하게 어려운 이웃을 돕는 것도 아니면서 말만 그렇게 했던 것 같습니다. 그런데 고등학생이 된 딸은 이제 "노스페이스가 마치 교복같이 되었잖아. 노페는 촌스러워서 싫어" "옷은 인터넷에서 싸게 사는 게 최고지, 백화점 가서 왜 비싼 돈을 써?" 같은 소리를 합니다. 물론 저는 기쁩니다. 애가 빨리 철들었다는 생각도 합니다. 그러나 다른 한편 딸에게도 저와 같은 눌림이 있을까봐 걱정입니다. 철이 든다는 것은 좋은 일이지만, 세상 모든 일이 그렇듯 어떤 좋은 일에도 반드시 그늘은 있기 마련이니까요.

어느 쪽 친구들과 놀 것인가

　　　　　예전에 저는 친구를 선택할 기회와 권리가 늘 저에게 있다고 믿었습니다. 그런데 누구와 어울릴 것인지의 문제도 사실은 타고난 환경, 소질에다가 개인의 선택이 버무려진 매우 복잡한 과정입니다. 개인의 의지와 결단처럼 보이는 대부분의 일들이 환경과 소질의 영향에서 자유롭지 않습니다. 성북동 중산층동네라는 공간적 경계선이 제 삶 전체에 얼마나 큰 영향을 끼쳤는지 살펴보면 그게 더 분명해집니다.

중학교 시절 우연히 부자동네 친구들하고만 하루를 보낼 기회가 있었습니다. 교생선생님 때문이었습니다. 봄부터 교생선생님들이 실습을 나와 있었는데, 하필 우리 반에 배치된 분은 우리 학교 교장선생님의 따님이었습니다. 키가 크고 날씬한데다가 예쁘기까지 했던 미대생 선생님은 이래저래 전교생의 '로망'이었습니다. 바로 그 교생선생님이 학급 임원 네댓명을 집(즉 교장선생님 댁)으로 초대했던 겁니다. 저도 그중 하나였습니다. 가슴 설레는 만남이었습니다. 우연히도 저를 제외한 친구들은 모두 부자동네 출신이었지만, 그런 건 중요하지 않았습니다. 교생선생님 댁으로 가기 위해 삼선교 버스정류장에서 친구들을 만나기로 약속했습니다.

화사한 어느 휴일 아침, 저는 누구보다 일찍 버스정류장에 도착해 친구들을 기다렸습니다. 약속시간에 맞춰 아이들이 도착했습니다. 그런데 하나둘씩 나타나는 친구들을 보면서 저는 내면의 뭔가가 와르르 무너지는 느낌을 받았습니다. 다른 아이들은 모두 나이키, 아디다스로 범벅이 된 차림이었습니다. 그 옷들에는 마치 봄날이 녹아 있는 것 같았습니다. 적당히 화사한 옷만큼이나 아이들의 얼굴도 싱싱했습니다. 중학생이 아니라 대학 신입생처럼 보였습니다. 저요? 당연히 교복이었죠. '선생님 댁을 가는 데야 교복이 제일 어울리지 않겠나' 고심 끝에 선택한 복장이었습니다. 마땅히 입고 갈 다른 옷이 없기도 했습니다. 바지선을 살린다고 열심히 다림질도 했는데, 아무 소용이 없었습니다. 낡은 교복은 그저 교복이었을 뿐입니다. "야, 너는 오늘도 교복이냐?"라고 비실비실 웃는 친구들과 함께 교생선생님 댁으로 가는 마음은 썩 편치 못했습니다. '괜히 끼었구나' 후회도 되었습니다. 그러나 마음 한구석에는 '이야기만 시작되면 모든 게 역전될 거야' 하는 일말의 희망이 남아 있었습니다. 복장이야 어떻든 저는 당시 삼중당문고를 품고 살다시피 한 똑똑한 문학소년이었기 때문입니다. 책이 화제가 되면 선생님의 눈길을 사로잡을 자신이 있었습니다.

그러나 서교동 청기와주유소를 돌아 찾아간 교장선생님 댁을 보는 순간, 그런 자신감의 일각이 허물어졌습니다. 너른 정원에 당당하게 서 있는 양옥건물과 그 건물에서 화사하게 걸어오는 교생선생님의 모습은 도무지 저하고 어울리지 않았습니다. '우리 아버지도 중학교 교장인데, 생활수준이 이렇게 다를 수 있나' 한탄이 절로 나왔습니다. 차와 과일을 먹으며 대화가 시작되었는데, 헉, 교생선생님은 시사나 문학에는 전혀 관심이 없으셨습니다. 같이 간 친구들은 말할 것도 없고요. 교생선생님과 친구들은 곧 스키 같은 스포츠 이야기에 열을 올렸습니다. 도무지 제가 끼어들 수 있는 이야기가 없었습니다. 그날 저는 그야말로 '깍두기'였습니다. 뒤늦게 교장선생님께서 거실로 나와 "두식이지? 아버님 잘 지내시니?" 하고 물어보셨지만, 상황은 나아지지 않았습니다. 제가 교생선생님과 친구들

보다 오히려 늙은 교장선생님과 훨씬 잘 어울리는 사람이라는 사실만 확인했을 뿐이지요. 도저히 더 앉아 있을 수가 없었습니다. 그래서 결국 핑계를 대고 저 혼자 일찍 자리를 떴던 것으로 기억합니다. 중학교 시절을 돌아보면 묘하게도 그날 친구들의 옷 색깔이 선명하게 떠오릅니다. 공부를 잘했어도, 책을 많이 읽었어도, 저는 그 화사한 세계에 속해 있지 않았던 거죠.

비슷한 시기에 삼선교 쪽 달동네에서 온 친구 하나를 도와 신문을 함께 돌렸습니다. 반에서 가장 작아 교번이 1번이었고, 어렸을 때의 사고로 엄지손가락이 없는 친구였습니다. 특별히 선한 동기가 있었다기보다는 일종의 호기심이었습니다. 친구와 함께 한성대 근처에서 신문을 돌리면서 많은 것을 배웠습니다. 개를 조심해야 한다는 것부터 시작해서, 신문을 끊으려는 집에는 담장 너머로 신문을 던진 뒤 열나게 뛰어 달아나야 한다는 것까지, 배달에도 노하우가 필요했습니다. 이전에 몰랐던 달동네 구석구석도 훨씬 잘 알게 되었습니다.

교회에서 친하게 지낸 친구들도 비슷했습니다. 비슷한 중산층 출신으로, 비슷하게 공부를 잘했고, 비슷하게 키도 작은 친구들이었습니다. 늘 교복만 입고 다니는 것도 비슷했습니다. 나이키를 신는 애도 없었습니다. 이 친구들과 교회 임원과 성가대를 함께 하면서 점점 교회 일에 빠져들었습니다. 어느날인가는 그중 형편이 특히 어려웠던 한 친구네 집에 놀러 갔는데 연탄가스 냄새가 심하게 났습니다. 비닐장판을 걷어보니 방구들 곳곳에 금이 간 상태였습니다. 혹시 친구가 죽으면 어쩌나 걱정되었습니다. 용돈을 탈탈 털어 가스누출 방지 테이프를 사서 금간 곳에 몇겹으로 붙였습니다. 다른 추억도 많을 텐데 묘하게 그날의 심각하고 진지했던 분위기만 기억납니다. 그 친구들과는 편지도 많이 주고받았습니다. 주로 좋아하는 여학생에 대한 이런저런 속마음, 읽은 책들, 진학에 대한 염려, 신앙에 대한 고민을 나누었습니다. 확실히 이런 친구들과 지내는 게 편안했습니다. 공간적으로 중산층동네의 맨 외곽에 우리 집이 있었던 것처럼 제 삶의 좌표도 딱 그 지점 어딘가에 자리잡고 있었던 것입니다.

중3 때 신림동으로 이사 가면서 저는 친구라고는 한명도 없는 고등학교에 홀로 배정되었습니다. 덕분에 지난 30년간 부자동네 친구들의 근황은 거의 듣지 못했습니다. 얼마 전 교회 친구들과 오랜만에 송년회를 하는데, 친구들이 이름 하나를 대며 혹시 기억나느냐고 물었습니다. 전혀 모르는 이름이었습니다. 친구들은 "중학교는 달랐어도 같은 동네라 보통은 아는 앤데, ○○그룹 후계자잖아. 하기야 걔는 존재감이 거의 없었으니 네가 기억할 리 없지" 하며 웃었습니다. 저는 깜짝 놀랐습니다. 비리사건으로 신문에도 자주 오르내리던 유명한 재벌 3세였기 때문입니다. 그 얘기를 들으니 다른 애들의 근황도 궁금해졌습니다. 친구들 중에는 재벌까지는 아니어도 그럭저럭 괜찮은 중소기업의 아들들이 많았는데, 대부분 유학을 마치고 아버지 회사를 이어받았습니다. 아버지가 전문경영인이던 애들도 비슷하게 유학을 마친 후 대기업에서 고속승진 중이었습니다. 공부를 못했던 애들일수록 더 일찍 유학을 가서 미국이나 일본에서 명문대 간판을 달았습니다. 매사에 별 의욕이 없던 친구 하나는 미국에서

● 중학교 3학년 교회 수련회. 전형적인 중산층 자녀들이 모인 교회였습니다.
본문에 등장하는 친구들도 여럿 보이네요. 제가 좋아했던 여학생도 있습니다.
찾아보세요. 뒷줄 오른쪽에서 여섯번째가 접니다.

골프장을 운영한다고 했습니다. 놀라울 정도로 모두들 정말 잘살고 있었습니다.

그럼 중산층동네 친구들은 뭘 하고 있을까요. 제가 앞에서 개천변 친구들로 이름을 언급한 아이들은 이민 간 경우를 제외하면 판사, 벤처회사 연구책임자, 성악가, 헌법연구관 등이 되었습니다. 일부러 그런 쌤플만 뽑은 건 아닌데, 어쩌다보니 저를 포함해서 사법시험 합격자만 세명입니다. 다른 친구들은 회사를 다니고 있습니다. 부자동네 아이들이 가업으로 이어받은 바로 그런 회사에서 부장이나 과장으로 일하는 거죠. 그러고 보면 부자동네 아이들이 앉아 있는 사장실에 결재받으러 드나드는 걸 피하려는 무의식이 우리를 사법시험 합격으로 이끈 건 아닌가 하는 엉뚱한 생각이 들 때도 있습니다.

공부만 잘하면 다 비슷할 줄 알았는데, 산동네 출신 친구는 확실히 우리보다 고생을 많이 했습니다. 가스누출 방지 테이프를 함께 붙였던 친구는 어려운 가정형편에도 공부를 잘해서 최고로 꼽히는 대학을 졸업한 후 대기업에 취직했습니다. 저보다 훨씬 똑똑한 친구였고, 공부만 잘하면 산동네 아이들도 문제없이 성공할 수 있다는 산 증거 같았습니다. 그러나 속내를 살펴보면 그렇게 간단하지 않습니다. 친구에게는 미래를 위해 투자할 돈과 시간이 전혀 없었습니다. 졸업과 동시에 무조건 취업해 돈을 벌어야 했습니다. 사법시험에 합격한 우리가 졸업 후 몇년을 고시 준비하며 버텼던 것과는 근본적으로 달랐던 거죠. 친구는 나중에 돈을 좀 벌고 나서야 카이스트 대학원에 진학해 테크노 MBA 학위를 땄고, 지금은 해외에서 탄

탄한 중소기업의 공장을 관리하며 살고 있습니다. 그 정도 성취를 이루기까지 친구는 근본적인 출발선의 차이를 극복하기 위해 정말 많은 고생을 해야 했습니다.

　사람들은 누구나 자신의 성취가 자기 능력과 노력의 결과라고 생각합니다. 심지어 아버지 회사를 물려받은 재벌 2세도 그 이후 기업이 조금이라도 성장하면 자기 성과물을 과시하고 싶어합니다. 저도 그랬습니다. 사법시험 합격을 '운'이라고 말하면서도, 거기 투자했던 노력만큼은 제 것이라고 믿었습니다. 그러나 곰곰이 생각해보면 그 모든 성취도 어떤 경계선 안에서 이루어진 일입니다. 중산층의 재산적 여유가 확보해준 시간이 공부할 기회를 주었고, 중산층문화에서 비롯된 규범의식이 매사에 '선'을 넘지 않는 제 인격을 형성했으며, 배우자나 친구를 사귀는 범위도 그 경계선을 크게 벗어나지 못했습니다. 비슷한 환경에서 어린시절을 보낸 친구들 중에 유난히 '사'자 직업이 많이 나온 것도 우연만은 아닐 겁니다. 더 규범적인 모범생이 되는 것 말고는 딱히 '출세'의 길을 찾기 어려웠으니까요. 친구들도 저도 그런 환경에 의해 '만들어진' 사람이었습니다. 성급한 일반화는 곤란하겠지만, 친구 부모님들을 소득수준에 따라 한 줄로 세워본다면 그 자녀인 우리 세대의 순위도 거기서 크게 변화한 것 같지는 않습니다. 저와 친구들이 태어난 공간적 위치가 우리 삶에 끼친 영향을 결코 무시할 수 없는 거죠.

점점 강해지는
계층간 경계선

평준화와 과외금지 조치로 그나마 활발한 신분 변화가 일어났다는 학력고사 세대가 이 정도입니다. 다음 세대의 계층 고착화는 아마 훨씬 더 심할 겁니다. 학력고사는 단 한번의 시험으로 인생을 결정짓는 나쁜 제도였습니다. 그러나 획일성에서 오는 공정성도 존재했습니다. 전라남도 섬마을이나 경상북도 깊은 산골에서 홀로 『정돌수학』 『성글종합영어』로 공부해 이른바 명문대학에 진학한 친구들이 많았습니다. 사법시험도 똑같았습니다. 전국의 법대를 고시학원으로 만들어 대학교육을 황폐화시켰고, 성적이 판사들의 평생을 따라다니게 했으며, 합격자들을 사법연수원 출신이라는 단일 유전자로 묶어 부패를 키운 부작용이 있었지만, 시험 자체가 가졌던 공정성만은 부인하기 힘듭니다. 과외교육으로 당연히 부잣집 애들이 유리하기는 했어도 학력고사든 사법시험이든 최소한 시험장 안에서는 평등할 수 있었습니다. 특히 판검사 임용에서는 성적 앞에서 모두가 침묵했기 때문에 가문의 후광이 작동될 여지도 적었습니다. 여성이라도 성적만 좋으면 남성을 제치고 임용받는 데 아무 문제가 없었습니다.

그런데 대학입시가 수능, 입학사정관 등으로 다양화되고, 로스쿨이 도입되면서 공정성 측면에서는 적신호가 켜졌습니다. 성적 하나만으로 사람을 평가하는 무식한 제도가 가졌던 투명함이 사라진 것입니다. 대학입시가 워낙 복잡하다보니 당연히 그걸 연구하고 스펙을 꾸릴 시간과 재력을 갖춘 사람들이 유리한 고지를 점하게 되었습니다. 로스쿨을 졸업한 상류층 자제들이 대형로펌에 우선적으로 취업하고 있다는 암담한 소식도 들립니다. 대형로펌의 여성 기피도 심화되었다고 합니다. 강남 학생들이 외고에 가고, 연고대도 독차지하고, 로스쿨에 가서 판검사, 변호사 되는 길까지 선점하고 있습니다. 사회 전체적으로 심각한 위기입니다.

계층이 고착화되는 이런 암담한 상황에서 한두가지 특이한 성공사례를 들어 "더 큰 꿈과 비전을 가져라" "열심히 하면 누구나 최고가 될 수 있다"고 말하는 게 무슨 의미가 있는지 잘 모르겠습니다. 그런 메시지는 자칫 그렇게 말하는 사람들의 주머니만 살찌우는 결과를 낳을 수 있습니다. 『부자 아빠 가난한 아빠』(로버트 기요사키·샤론 레흐트 지음, 형선호 옮김, 황금가지 2000) 같은 책이 독자들은 부자로 만들지 못하고, 저자만 부자로 만들었던 것처럼 말입니다.

우리 세대도 신분변화가 거의 불가능한 현실 앞에서 적지 않은 좌절을 겪었습니다. 그런데 요즘 그런 얘기를 잘못 꺼내면 젊은 세대에게 "당신들 때는 취직이라도 되지 않았냐? 우리는 그것도 안 된다"고 비난받기 십상입니다. 부자동네 아이들은 빼놓은 채, 중산층 동네와 산동네 아이들만 돌싸움을 벌이던 것과 비슷합니다. 계층간 싸움이 세대간 싸움으로 변질된 것처럼 보이지만, 본질적으로 바뀐 것은 아무것도 없습니다. 원래도 불평등했던 사회가 더 불평등해지고 있을 뿐입니다. 누구와 싸우고, 누구와 연대해야 할지를 곰곰이 생각해볼 필요가 있는 거죠.

사족 여기까지 읽은 창비 편집팀에서 이런 지적을 했습니다. "어쨌거나 예로 든 사람들은 다들 너무 잘나가네요. 그렇지 못한 중산층이나 산동네 아이들의 성장담도 넣어야 하지 않을까요?" 가슴이 철렁했습니다. 글을 쓰면서 한번도 생각하지 못한 문제였습니다. 그 지적이 맞습니다. 과정은 어찌되었든 어느정도 성공한 친구들의 이야기만 적었네요. 원인도 분명합니다. 나이키를 못 신었어도, 특별한 독서실에 못 갔어도, 생활형편은 어려웠어도, 저나 제 주변의 친구들은 모두 공부를 잘하는 아이들이었습니다. 성공할 확률도 그만큼 높았습니다. 제가 말한 공정성도 어디까지나 공부 잘한 아이들을 위한 공정성이었을 뿐입니다. 편집팀의 조언대로, 그렇지 못한 중산층이나 산동네 친구들의 성장담을 넣으려 해도 막상 기억나는 친구가 없습니다. 공부 못하는 친구들을 투명인간 취급했다는 점에서는 저나 부자동네의 공부 잘하는 아이들이나 별로 다르지 않았던 거죠. 공부 잘하는 아이로서 제가 누렸던 많은 것들을 너무 당연하게 받아들이고 까맣게 잊었습니다. 그걸 아직껏 몰랐다니…… 이런 글을 쓰면서도 저는 여전히 성문 안쪽에서 한발짝도 벗어나지 못한 겁니다. 부끄러울 뿐입니다.

네가 정말 개 동생이니

2003년 2월 어느 보수 신문에 「주한미군 사령관에게」라는 칼럼이 실렸습니다. 주한미군의 계속 주둔을 희망하면서 만약 김정일이 전쟁을 일으킨다면 거기에 맞서 싸우겠다는 강한 의지를 밝힌 글이었습니다. 포경수술, 백인에 대한 열등감, 교수 될 일념으로 도서관에서만 시간을 보내 영어도 못하는 유학생 출신 교수, 미국에서 공짜로 교육을 받는 기러기 엄마들의 인종차별 등 '어글리 코리언'들의 행태를 다소 맥락없이 비판하던 글은 갑자기 이렇게 마무리되죠. "전쟁을 해야 한다면 우리는 김정일과 싸울 의사가 있는 남한군에 자원입대할 것입니다. 나는 한국을 사랑하며, 미국에 호의적이고, 반김정일주의자입니다(I am pro-South Korea, pro-America, and anti-Kim Jong Il)."

필자는 물리학을 전공한 대학교수였습니다. 미국에서 연구년을 보내고 갓 귀국한 그는 북한 핵에 대한 위기의식으로 30분 만에 글을 써서 신문사에 보냈다고 합니다. 그 거친 글이 그대로 신문에 실릴 줄은 자기도 몰랐던 거죠. "영어연수 명목으로 반영구적으로 체재하며 자식들을 공부시키는 사실상 불법체류자 엄마가 자식에게 '흑인, 라티노'와 놀지 말라고 한다"고 한탄한 것도 그가 미국에서 직접 체험한 내용이라고 했습니다. 독자들이 이해하기는 어려웠겠지만, 나름대로는 '주한미군 사령관에게'라는 제목을 달고 한국인의 위선적인 행태를 지적한 글이었습니다.

이 칼럼이 실리고 인터넷에는 난리가 났습니다. 교수가 무슨 글을 이렇게 거지같이 쓰냐, 완전히 친미 사대주의자 아니냐, 부잣집 아들로 태어나 엄마 치맛바람으로 미국유학까지 하고 대학교수가 된 자가 분명하다, 뭐 이런 비판들이었습니다. 학생들이 수업 거부를 준비한다는 소문도 들렸습니다. 그런데 그날 밤 놀랍게도 그 글의 필자가 우리 집을 찾아왔습니다. 사진을 찍어달라고 부탁하러 말이지요. 그러더니 다짜고짜 머리를 땅에 박고 뒷짐을 지는 '원산폭격' 자세를 취했습니다. "야, 빨리 찍어."

당황한 저에게 그는 이렇게 말했습니다. "내가 지도하는 대학원 생들하고 내일 모임이 있는데 사진 하나 찍어 가려고 그래. 이번 글 때문에 학생들도 너무 힘을 잃은 것 같거든. 일단 한번 웃고 모임을 시작해야지. 내가 사람들에게 비판받고, 너한테도 씹히고, 부모님께 도 혼나고, 아내에게도 욕먹고 있으니 그게 원산폭격 당하는 거지 뭐냐? 실상을 보여줘야지. 사진 잘 나오면 『딴지일보』에도 보내야겠 다." 저는 그의 부탁에 따라 원산폭격하는 우스꽝스러운 모습을 찍 어 파일을 넘겨줄 수밖에 없었습니다.

이미 짐작하셨겠지만, 그 필자는 바로 제 형입니다. 함께 등산을 하며 저의 경계선, 어머니의 이중성, 사자 가죽 같은 이야기를 나누 는 바로 그 사람이죠. 이 칼럼이 나오고 며칠 후 저는 고민 끝에 우리 형이 얼마나 독특한 사람인지 설명하는 글을 인터넷을 올렸습니다. 형이 포경수술의 반인권성을 지적하는 논문으로 국제인권상을 받 은 사람이고, 과거에 쓴 글 몇개를 참고하면 칼럼의 맥락을 이해하 는 데 도움이 되리라는 내용이었습니다. 검색해보면 학교 이름 팔아 서 놀고먹는 교수가 아님을 확인할 수 있으리라는 변명도 덧붙였습 니다. 지금 보면 별게 아니지만 제 삶에서 가장 피를 말리면서 쓴 글 두어개 중의 하나로 기억합니다.

예나 지금이나 형에게는 일종의 청개구리 기질이 있습니다. '뭐? 반미가 국민감정이라고? 친미적인 소리 하면 돌 맞는다고? 웃기고 있네. 그럼 내가 쓰고 돌을 맞아보지!' 한번 이런 생각이 들면 앞뒤 가리지 않고 일단 '지르는' 스타일입니다. 어머니는 오래전부터 형에게 "큰아들은 글을 쓰면 제발 동생에게 한번만 보여주고 어디 싣든지 해라. 엄마가 너무 불안하다"고 하셨지만 그런 말을 들을 형이 아니죠. 형은 하고 싶은 말을 하고, 쓰고 싶은 글을 쓰는 데 주저한 적이 없습니다. 제가 '선'을 넘는 걸 너무 무서워하는 사람이라면, 형은 어려서부터 '선'을 일부러 찾아다니며 넘어온 사람입니다.

우리 집에는 어린시절 형에 관한 일화가 많습니다. 어느날 아버지의 학교 동료분들이 집에 놀러 오셨습니다. 차를 마시며 이야기를 나누던 손님들은 그날따라 뭐가 그리 재미있으셨는지 좀처럼 집에 가려고 하지 않으셨지요. 밖에서 놀다 늦게 집에 들어온 형은 그걸 보고 배알이 꼴렸습니다. 그리고 소리쳤지요. "야 이 개××들아, 빨리 집에 안 가고 뭐하냐!" 평생 욕이라고는 입에 올려본 적 없는 반듯한 부모님이 얼마나 망신스러웠을지는 두말할 필요가 없죠.

함께 살던 이모에게 설탕물을 타달라고 했는데 당장 타주질 않자, 고무욕조에 물을 가득 담아놓고 설탕부대를 통째로 털어넣더라는 정도는 약과입니다. 과일을 깎겠다고 고집부리다 과일 아닌 자기 손가락을 하나 베어먹기도 했습니다. 누구도 확인해주지 않지만, 제 팔에 남아 있는 직경 10센티미터 정도의 뜨거운 물에 덴 화상자국이 형의 작품이라는 설도 있습니다. 제가 직접 목격한 비행도 많습니다. 손님들이 왔다 갈 때 부모님이 대문까지 배웅을 나가시면, 초등학생이던 형은 부리나케 거실로 돌아와 남아 있는 맥주를 벌컥벌컥들이마셨습니다. 친구들과는 심심하면 주먹싸움을 했고 산동네 아이들과의 돌싸움도 주저하지 않았습니다.

저는 그런 형을 도저히 이해할 수 없었습니다. 그래서 어린시절을 생각하면 형하고 싸운 기억밖에 없습니다. 제가 기억하는 한 저와 주먹으로 싸워본 유일한 사람이 형입니다. 싸우다가 형한테 망치로 맞아 아버지에게 업혀 병원에 실려간 적도 있습니다. 얼마나 싸웠는지 어머니는 우리 형제를 볼 때마다 성서 속의 에서와 야곱을 떠올리며 괴로워하셨습니다. 평생 남보다도 훨씬 못한 형제 사이가 될 거라고 걱정하셨던 거죠. 에서는 야곱에게 속아 큰아들의 권리를 팔아먹은 적이 있는데, 우리 사이에서는 거의 매일 그런 일이 벌어졌습니다. 형은 심심하면 저에게 물을 떠오라는 식의 심부름을 시켰고, 때로는 제가 먹고 있는 과자를 나눠달라고 애원하기도 했습니다. 깍쟁이였던 저는 당연히 거절했습니다. 그러다 형에게 당장 맞을 때도 있었지만, 가끔은 제가 형에게 이런 제안을 했습니다. "심부름해줄 테니 이제 나를 형이라고 불러." 그러면 형은 대부분 "알았어. 이제 네가 형이다, 형!" 하며 서슴없이 형 자리를 넘겨주었습니다. 물론 말뿐이었고, 심부름만 끝나면 바로 원상복귀였습니다. 그러고는 또 싸웠죠.

형하고 같은 초등학교를 다닌 제가 선생님들께 가장 자주 듣던 말은 "네가 정말 걔 동생이니?"였습니다. 말썽꾸러기에다가 공부도 못했던 형과는 너무도 달랐기 때문이죠. 그럴 때마다 저는 형이 부끄럽고, 저 자신이 자랑스러웠습니다.

● 대량학살의 가해자, 피해자, 방관
자를 설명할 때 분위기 전환을 위해
제가 가끔 써먹는 사진입니다.
사진 속의 가해자는 형, 피해자는
저, 방관자는 이종사촌이지만 현실
의 인간관계가 그렇게 간단할 리는
없죠.

● 10년 후 모습. 왼쪽이 형, 오른쪽이 이종사촌입니다.
이때도 저는 교복을 입고 있네요.

그러던 형이 중학교에 진학하면서 갑자기 공부를 시작합니다. 자기 말로는 "안팎으로 사람대접 못 받고 사는 걸 더이상은 참을 수 없었기 때문"이라고 했습니다. 거의 매일 새벽 3시까지 공부했습니다. 영어, 수학 공부만 한 게 아니라 당시 유행하던 삼중당문고 책도 거의 하루에 한권씩 독파했던 것 같습니다. 지금도 당시의 형을 생각하면 무시무시한 느낌이 듭니다. 인간의 그런 의지력을 저는 이전에도 이후에도 본 적이 없기 때문입니다. 형의 성적은 수직으로 상승했습니다. 초등학교 때 형을 사람취급도 안 했던 친구들과 부모들 사이에 파장이 일었습니다. 공부 잘하고 모범생이던 친구들일수록 노골적인 질투와 불쾌감을 표시했습니다. 성적만 올랐지 여전히 담배 피우고 술 마시는 등 다른 모든 면에서 전혀 바뀐 게 없던 형의 태도도 그런 분위기에 기름을 부었습니다. 어머니들 사이에는 "○○이가 분위기를 망쳐서 우리 애 성적이 나빠진다"는 인식이 공유되었습니다. 결국 중학교에서도 제게는 누구 동생이라는 딱지가 떨어지지 않았습니다. 저는 형의 모든 게 지긋지긋했습니다. 형이 친 사고를 뒤치다꺼리하는 것도 너무 싫었습니다.

그렇다고 형을 미워하기만 했던 것은 아닙니다. 초등학교에 입학하기 전까지 동네에 친구가 없던 제게는 형의 하교시간을 기다리는 게 유일한 낙이었습니다. 담벼락에 턱을 괴고 앉아 길모퉁이에 형의 얼굴이 나타나기만 기다렸습니다. 그렇게 내려다보던 골목 저편에 황금빛 석양이 물들 때마다 가슴에 이유없는 설움이 밀려들었습니다. 그렇게 그리워했건만 막상 형은 집에만 돌아오면 저를 못살게 굴었습니다. 그 생각이 나서 얼마 전에는 형에게 이런 뜬금없는 문자를 보냈습니다. "장독대에 앉아 매일 그렇게 형을 기다렸는데, 형은 왜 그리 나를 못살게 굴었어?" 그러자 형이 곧 답을 했죠. "무슨 소리냐, 네가 동네 애들한테 맞을 때마다 내가 식칼 들고 가서 대신 싸워줬다. 네가 동네에서 안 맞고 지낸 것은 순전히 내 덕분이다." 그 답을 보고 크게 웃었습니다. 그랬던 것 같기도 해서요.

성인이 되면서 형하고 저는 친구가 되었습니다. 미국유학 중에 추가로 장학금을 받으면 형은 제게 달러를 부쳐주었습니다. 형이 보낸 돈으로 대학시절 저는 비디오플레이어도 사고 미니오디오도 샀습니다. 부모님의 반대를 무릅쓰고 형이 결혼을 강행했을 때는 부모님과 형 사이에 다리를 놓기 위해 제가 죽을 고생을 했습니다. 뭔가 선을 넘을 때마다 형은 부모님과 직접 접촉하지 않았습니다. 언제나 제가 메신저 역할을 해야 했습니다. 돌이켜보면 부모님이 결혼을 반대할 이유도 별로 없었고, 이제는 부모님과 형수님이 흔히 보기 어려운 멋진 시부모-며느리 관계가 되었지만 어쨌든 그런 시절이 있었습니다. 그리고 그 시절이 형과 저 사이의 독특한 연대를 만들었습니다.

매사 정확히 반대인 형

지나치게 규범적이어서 좀처럼 '선'을 넘지 못하는 제 삶은 이런 형을 빼고는 설명할 수 없습니다. 매사에 정확히 반대이기 때문입니다. 저는 술 담배를 하지 않고, 주먹질도 해본 적이 없습니다. 겁이 많아 매사에 덜덜 떨고, 세상의 온갖 걱정을 혼자다 합니다. 글을 쓸 때면 수십번을 고치면서 남에게 욕먹지 않으려고 발버둥칩니다. 한때 신문 칼럼을 쓸 때는 진중권, 김규항, 조갑제, 노무현, 이명박 같은 다양한 사람들의 얼굴을 떠올리며 그 입장에서다시 글을 읽고 문제되지 않도록 조심스러운 전제를 붙이곤 했습니다. 그러다보니 몇년 동안 신문에 글을 써도, 도발 없는 제 글을 기억하는 사람은 많지 않았습니다. 제가 수년 동안 쓴 수십편의 글들은형이 쓴 한편의 칼럼만큼도 사회적 파장을 일으키지 못했죠.

글을 쓰는 매체도 정확히 반대였습니다. 형은 글을 쓸 때마다 "너경상도지?" 하는 욕을 먹고, 저는 반대로 "너 전라도지?" 하는 욕을먹습니다. 결혼할 때도 형은 부모님의 반대를 정면으로 돌파했고, 저는 처음부터 부모님이 좋아할 만한 사람을 만났습니다. 똑같은 대학교수 직업이지만 형은 학과 안에서 싸움을 두려워하지 않고, 저는주변사람들과의 싸움이라면 무조건 피하고 봅니다. 함께 등산할 때도 형은 초반부터 자기 자신을 밀어붙이는 스타일이고, 저는 늘상천천히 가자고 애원하는 쪽입니다. 형은 입산금지 간판을 모른 척지나치지만, 저는 그런 형의 뒷덜미를 잡고 놓아주지 않습니다. 형이 에스프레소를 더블샷으로 마신다면, 저는 최근까지 커피를 마시지 않았습니다. 형은 도전을 두려워하지 않고, 저는 늘 안전한 길만찾습니다. 형은 개를 사랑하고 저는 개를 무서워합니다. 달라도 너무 다릅니다. 무의식적으로 제가 형하고는 정확히 반대의 길을 선택했기 때문입니다. 형은 일탈자로, 저는 도덕적 감시자로 역할이 고정되어 있었다는 생각도 듭니다.

어느 가족이나 비슷한 스토리는 있죠. 진화심리학적으로도 전형적인 이야기입니다. 첫째인 누나는 어머니의 자궁을 처음 이용하면서 자신이 첫째임을 알고 여유와 안정감을 가졌겠죠. 특별히 투쟁적이 될 이유가 없습니다. 둘째인 형은 어머니 자궁에 자리잡는 순간 '어, 누가 벌써 다녀갔네' 하면서 첫째와의 치열한 싸움을 준비했을 겁니다. 사랑을 갈망하면서도 그걸 쟁취하기 위해 누구보다 잦은 시행착오를 겪었습니다. 셋째인 저는 자궁에 자리잡는 순간 벌써 두명이 다녀간 상태임을 알았겠죠. 그것도 5년, 7년 전에 말입니다. 처음부터 상대가 될 수 없는 누나와 형이 존재합니다. 그러니 살아남을 방법은 단 하나, 누구에게나 예쁘게 보이는 길뿐입니다. 투쟁은커녕 매사 최대한 조심스럽게 부모님 눈에 들도록 노력할 수밖에 없었을 겁니다.

여기까지 읽으면 마치 저는 늘 피해자고 형은 늘 가해자였던 것 같습니다. 그러나 형제관계가 어떤 건지 아는 분들은 벌써 간파하셨을 겁니다. 관계란 그렇게 간단하지 않습니다. 형은 처음부터 매우 예민한 감성을 타고난 아이였습니다. 그런데 형이 태어난 직후 어머니는 생사를 오가는 매우 심각한 병을 앓으셨습니다. 우울증도 겹쳤던 것 같습니다. 그래서 형의 어린시절 기억 속에는 늘 자리에 누워 벽을 바라보는 어머니의 모습만 남아 있습니다. 제가 기억하는 어머니와는 많이 다른 모습입니다. '어머니의 부재'로 어려움을 겪던 다섯살 아이에게 결정타를 날린 것은 동생의 탄생이었습니다. 어머니의 몸상태가 너무 나빠 낳지 않으려고 했다는 막내아들, 바로 저의 등장이었죠.

저는 태어날 때부터 아버지의 사랑을 독차지했습니다. 가족들은 제가 태어날 때부터 무엇 하나 아버지 눈 밖에 난 적이 없다고 기억합니다. 형은 '어머니의 부재'에 이어 '아버지의 부재'까지 경험해야 했습니다. 형과 저 사이에 싸움이 붙으면 아버지는 100퍼센트 제 편만 드셨으니까요. 저는 때로는 의식적으로 때로는 무의식적으로 교활하게 그 상황을 이용할 줄 알았습니다. 형에게 한대만 맞으면 앙하고 울며 아버지에게 달려갔습니다. 힘이 약했으니 다른 선택이 없기도 했겠죠. 저는 아버지에게 한번도 맞은 기억이 없는데, 형은 온통 아버지에게 맞은 기억만 갖고 있습니다. 형만 잘못했을 리는 없는데도, 아버지는 늘 저의 편이셨습니다. 형이 일종의 '고아의식'을 갖고 투쟁적 성향이 된 것도 충분히 이해할 만합니다. 형이 그런 사람이 된 원인은 다름아닌 저였던 겁니다.

그럼 아버지는 왜 그러셨을까? 거기에도 이유는 있습니다. 아버지는 삼남매의 막내로 태어나셨습니다. 딸, 아들, 아들. 우리 삼남매와 순서도 똑같습니다. 큰아버지와 아버지의 나이차이는 무려 열두 살입니다. 큰아버지가 열다섯살, 아버지가 세살 때 할아버지가 돌아가시자 졸지에 가장이 된 큰아버지는 모든 책임을 지고 집안을 일으키셨습니다. 큰아버지에게 우리 아버지는 그냥 동생이 아니라 아들에 가까웠습니다. 큰아버지에 대해서는 우리 집에 전설처럼 전해오는 이야기가 있습니다.

1950년 6월 1일 당시 학제에 따라 아버지가 대학에 입학했습니다. 그리고 한달도 안 돼 한국전쟁이 발발했습니다. 북한군이 3일 만에 서울을 점령하면서 아버지는 졸지에 김해의 가족과 소식이 끊긴 채 몇년 동안 죽을 고생을 해야 했죠. 경남 김해에서 나름 성공한 농부였던 큰아버지는 생업을 전폐하고 동생만 찾아다녔습니다. 집안을 전혀 돌보지 않고 밖으로만 돌아다니니 당연히 집안 꼴은 말이 아니었죠. 어느날 큰딸이 기가 막혀서 "아부지, 삼촌만 그렇게 찾아다니면 우리는 어쩌란 말입니까? 굶어죽어도 상관없습니까?"라고 물었답니다. 그러자 큰아버지는 두 문장만 남기고 쌩하니 집을 떠나셨다고 하죠. "자식은 죽으면 또 낳으면 된다, 하지만 하나뿐인 동생은 그렇지 않다!" 칠순이 넘은 사촌누나는 지금도 이 얘기를 할 때마다 서운함을 감추기 위해 호탕한 웃음을 날립니다.

아버지에게 막내아들은 당신 자신과 같았습니다. 당연히 제 형에게는 큰아버지의 역할이 요구되었겠죠. 하지만 어린 형에게는 그럴 의지도 능력도 없었습니다. 막내에 대한 아버지의 편애 때문에 형에게는 억울함만 쌓였습니다. 아버지가 어머니를 지나치게 사랑하셨던 것도 문제였습니다. 아버지는 그 시대에 찾아보기 힘든 모범적인 가장이었습니다. 학교가 끝나면 시계처럼 정확하게 바로 귀가하셨고, 몸이 약한 아내를 대신해 집안일을 도맡아 하셨습니다. 그만큼 부지런한 분이셨습니다. 그런데 병든 아내에게 모든 관심이 집중되다보니 큰아들에게는 신경쓸 여유가 없었습니다. 사랑을 호소하는 큰아들의 몸짓을 제대로 이해하지도 못하셨습니다. 그래서 아버지는 평생 형을 가리켜 "도대체 어떻게 해서 나한테 저런 아들이 태어났는지 모르겠다"는 말을 입에 달고 사셨습니다. 나중에 뛰어난 자연과학자로 신문에 이름이 오르내린 후에도 형은 아버지에게 여전히 '이해할 수 없는 아들'이었습니다. 보수 신문에 실린 칼럼처럼 '선'을 넘는 일이 있을 때마다 아버지의 이런 몰이해는 더욱 강화되었습니다.

우리 집 남자들 사이의 이런 역학관계가 저에게 끼친 영향은 분명합니다. 저는 아버지를 실망시켜드리고 싶지 않았습니다. 태어날 때부터 그랬던 것 같습니다. 모범생 외에 다른 길이 없었던 셈입니다. '선'을 넘지 못하는 저라는 인간이 자연스럽게 만들어진 거죠. 큰아버지의 역할을 거부한 형에게는 '선'을 넘어 자기 몫을 찾아가는 것 외에 다른 길이 없었던 것처럼 말이지요.

좌우가 정확히 반대인 거울처럼 형의 존재는 저에게 자신을 돌아볼 기회를 제공합니다. 저하고 달라 보이는 사람에게 제가 함부로 돌을 던지지 않는 것은 그런 사람에게서 늘 형의 모습을 발견하기 때문입니다. 형에게는 저에게 없는 독특한 통찰력이 있습니다. 예를 들어, 형은 과학고를 비롯한 특목고에 대해 매우 비판적인 생각을 갖고 있습니다. 경기고 출신들의 폐쇄성이 나라를 망쳤다는 제 생각의 상당부분은 경기고 출신 교수들에게 둘러싸여 평생을 보낸 형의 경험에 빚을 지고 있습니다. 형은 이렇게 말합니다.

"흔히 조기교육, 영재교육이 우수한 과학자를 만들어낼 거라고 생각하잖아. 그래서 과학고도 만든 거고. 근데 그거 완전히 착각이야. 너 창의성이 뭔지 아니? 남과 다른 생각을 하는 거지. 그런데 창의성이 과학고에서 만들어질 것 같아? 전혀 아니야. 창의성이란 학교에서 배울 수 있는 기술이 아니라 근본적으로 '남과 다를 수 있는 용기'야. 자연과학의 세계에는 정치가 없을 것 같지? 그런데 사람 사는 세상은 다 똑같아. 이전과 다른 새로운 이론을 만들 때는 누구나 상상할 수 없는 저항에 부딪혀. 새로운 이론을 주장했다가 학계에서 매장당하는 경우도 많아. 『싸이언스』(Science)나 『네이처』(Nature) 같은 학술지도 마찬가지야. 새로운 이론에는 늘 소극적이지. 창의적이 되려면 당연히 용기가 필요해. 그런데 조기교육, 영재교육이 그런 용기를 만들어낼 수 있을까? 나는 아니라고 봐. 경기고 출신들이 그렇게 많은 우리 과에서 노벨상 수상자가 못 나오는 것도 같은 이유야."

'선'을 넘어본 사람만이 할 수 있는 이야기입니다. 형의 이야기를 들으면서 저도 점차 창의성이란 결국 선을 넘는 용기라는 생각을 하게 되었습니다. 제가 왜 이렇게 선을 넘지 못하는지 근원을 찾다보니, 우리 사회의 한계도 알게 된 셈이죠. 선을 넘는 사람을 만들지 못하는 사회, 선을 넘는 사람의 특이함을 존중하지 못하는 사회에서 창의성 또는 노벨상이란 있을 수 없습니다.

사족 제가 가진 과도한 규범성의 뿌리를 설명하느라 가족 이야기를 꺼냈습니다. 어쩌다보니 두개의 연속된 장이 형 이야기로 시작해 형 이야기로 끝났네요. 그렇지 않아도 얼마 전 형이 물었습니다. "너 요새 인터넷에 내 얘기를 쓴다며?" 저는 바짝 긴장했습니다. "네 형수가 그러더라, 동생 글이 재미있다고. 그런데 나는 안 읽었어. 내가 읽으면 너한테 또 이런저런 소리를 하게 될 것 아니냐? 네 글도 일종의 예술작품인데 가족이 부담을 주면 안 되지. 작품은 그냥 작품인 거야. 나는 앞으로도 네 글은 안 읽을 생각이야." 흠…… 역시 쿨한 형입니다.

7

플레이보이
몸과 삶의 소통

『플레이보이』와 자위행위

　　　　　영화 「친구」(2001)의 네 소년은 1976년 초등학교 시절부터 뒷골목에서 잡지 『플레이보이』의 야한 사진들을 하나씩 잘라 친구들에게 팔아먹으며 용돈을 마련합니다. 감초인 중호(정운택)가 『플레이보이』 중간에 있는 이른바 쎈터폴드(centerfold)를 고객에게 보여주면 넘버투인 동수(장동건)가 "그거는 비싸다. 제일 큰 거라서 이천원은 줘야 한다"며 바람을 잡죠. 좀 모자라 보이는 고객이 "내, 집에 가서 돈 좀 갖고 올게"라며 골목을 벗어나려 하면 골목 입구에 삐딱하게 서 있던 보스 준석(유오성)이 무서운 눈길로 "니 누구한테 말하면 알제?"라고 경고하기를 잊지 않습니다.

　영화 「친구」는 조폭들 사이의 우정과 갈등을 그린 영화지만, 1966년생 감독과 동시대를 살아온 사람들의 향수를 일깨운 영화이기도 합니다. 저도 그 시절을 생각하면 제일 먼저 『플레이보이』가 떠오릅니다. 모범생 축에 속했던 저지만, 중학교 시절 교회(!)가 끝난 후 놀러 간 친구 집에서 『플레이보이』의 몇 장면을 접하고 그날 밤 잠을 이루지 못했습니다. 해외여행이 자유롭지 않던 시절인데 그 많은 미제 성인잡지들이 어떻게 유통되었는지는 지금도 미스터리입니다. 영화 「괴물」(2006)에서처럼 미군부대가 독극물을 방류하지는 않았지만, 적어도 성인잡지를 유통시키는 데 기여했으리란 심증만 남아 있을 뿐이지요. 가끔은 학급 맨 뒷줄의 친구들이 교실에까지 『플레이보이』를 들고 왔습니다. 그러나 그들은 맨 앞줄의 모범생에게는 좀처럼 동참의 기회를 주지 않았습니다. 그때마다 저의 '모범생' 스탠스를 얼마나 후회했는지 모릅니다.

성인잡지에 대한 이런 묘한 향수는 서구사회라고 해서 다를 게 없습니다. 캐나다 출신의 1960년생 만화가 체스터 브라운(Chester Brown)은 『플레이보이』(*The Playboy*, 1992)라는 자전적 만화를 통해 남몰래 그 잡지에 탐닉했던 자신의 15세 소년 시절을 고백합니다.[1] 『너 좋아한 적 없어』(*I Never Liked You*, 1994)라는 만화에 따르면 원래 체스터 브라운은 친구들이 매일 그를 따라다니며 "욕 한번만 해보라"고 놀릴 정도로 모범생이었습니다. 그런데 『플레이보이』에 나오는 그의 모습은 사뭇 다릅니다. 교회에서 예배에 참석한 그의 머릿속은 우연히 잡지판매대에서 보게 된 『플레이보이』의 표지 생각으로 가득 찹니다. 그래서 예배가 끝나자마자 자전거를 타고 자기 동네를 벗어나 이웃동네 편의점으로 달려가지요. 아는 사람이 아무

도 없는 동네로 가서 『플레이보이』를 구입하기 위해서였습니다. 『플레이보이』를 들고 계산대로 향하는 동안 심장은 뛰고 손은 땀으로 젖습니다. 몇번의 위기를 넘기고 어렵게 잡지를 구입하지만 그걸 집 안에 숨기는 것도 큰일이고, 남몰래 자위행위를 하는 것도 쉽지 않습니다. 죄책감 때문에 잡지를 들판에 내다버렸다가 곧 후회하고는 다시 가서 표지와 몇장의 사진을 뜯어오기도 하죠. 며칠 후 다시 신간 『플레이보이』를 구입하고, 들판에 버렸다가 다시 찾아오고, 또 버리고, 또 사고, 태우고, 다시 사고, 다람쥐 쳇바퀴 돌듯 하는 체스터 브라운의 고행은 끝이 없습니다. 성년이 되어 『플레이보이』 콜렉터 수준에 이른 후에도 그는 자신의 삶에서 『플레이보이』를 몰아내기 위해 눈물겨운 투쟁을 벌입니다. 『플레이보이』는 그만큼 사기도 어렵지만 숨기기는 더 어렵고 버리기는 더더욱 어려운 잡지입니다.

체스터 브라운처럼 모범생이던 저의 내면에도 금지된 것에 대한 강한 열망이 있었습니다. 우연히 보게 된 여성지에 실린 속옷 선전 하나에도 마음이 흔들렸습니다. 중년에 이르러 돌아보면 소년기의 넘치는 에너지는 오히려 자랑거리가 될 법한데, 그때는 자기혐오에 이를 정도로 괴로운 시간이었습니다. 욕망에는 모범생이 따로 없었던 거죠.

대학생이 된 뒤에도 형편은 크게 나아지지 않았습니다. 선교단체나 교회 활동을 열심히 한 사람에게는 비슷한 경험이 많을 텐데요. 성경공부 모임에서 지난 일주일의 생활을 이야기하다보면 형제(교회에서 남성을 지칭하는 용어)들이 가끔 이런 고백을 했습니다. "거듭되는 죄악 때문에 너무 괴롭다. 하나님 앞에 회개하고 용서를 구하지만 자꾸 똑같은 범죄를 저지르게 된다. 어찌해야 할지 모르겠다.”그러면 남학생이든 여학생이든 모두들 알 듯 모를 듯 진지한 표정으로 고개를 끄덕이며 동의를 표시했지요. 누구도 구체적으로 그 범죄가 무엇인지 묻지 않았습니다. 맑은 얼굴로 고상하게 두 손을 들고 찬송을 부르는 그 착한 형제는 도대체 남몰래 무슨 죄를 지었다는 걸까요.

고학년이 되어 남자들로만 구성된 성경공부 모임을 인도할 때는 제가 짓궂은 질문을 던지기도 했습니다. “도대체 무슨 죄를 그렇게 반복해서 지었니?”그러면 진지하고 순수하게 ‘거듭되는 죄’를 고백하던 멋진 형제의 얼굴에 일순 당혹감이 스칩니다. 주변의 형제들도 당황합니다. 이 엉뚱한 질문 앞에서 쥐구멍이라도 찾을 듯 괴로워하던 형제는 대개 이렇게 답하죠. “아, 네…… 형…… 그게 말이죠…… 무슨 죄냐 하면…… 딱 집어서 말할 수는 없지만…… 우리가 누구나 저지르는…… 일상 속에서 늘…… 그러니까…… 뭐랄까…… 은밀하게…… (눈이 갑자기 반짝하면서) 아, 이런 거죠…… 형제를 미워한 죄…… 다른 사람을 이해하지 못하고 험담한 죄…… 형제자매를 용서하지 못한 죄…… 그런 죄를 말씀드린 것이었습니다.”이런 뻔한 거짓말이 나오면 그제야 사람들의 긴장된 표정도 겨우 풀리고 모두들 안도의 한숨을 내쉬었습니다. 마치 큰 사고라도 막은 것처럼 말이죠.

궁금한 척했지만 저는 숨겨진 답을 알고 있었습니다. 교회에서 젊은 남성이 이런 고백을 할 때 그 죄는 99퍼센트 자위행위입니다. 적어도 우리 세대는 그랬습니다. 미혼 남녀의 섹스가 무조건 죄로 인식되던 분위기에서 남성이 들끓는 욕구를 해소할 방법은 자위행위밖에 없었기 때문입니다. 그런데 자위행위를 하면 "음욕을 품고 여자를 보는 자마다 마음에 이미 간음하였다"(『마태복음』 5:28)라는 예수님의 높은 기준에 부딪히게 됩니다. "새가 머리 위로 지나가는 것은 막을 수 없지만, 새가 머리에 집을 짓는 것은 막을 수 있다"는 말이 교회에서 무슨 대단한 지혜처럼 떠돌던 시절입니다. 루터(M. Luther) 아저씨가 했다는 이 말에 기초해서 "건강한 성욕 자체는 죄가 아니지만, 구체적 여성을 상상하거나 자위행위가 중독 수준에 이르면 죄가 된다"는 그럴듯한 기준도 제시되었습니다.

그러나 도대체 일주일에 몇번 이상 해야 중독인지, 개인차는 없는지, 이름도 모르는 외국여성의 영상을 보며 자위행위를 해도 죄가되는지, 구체적인 논의는 생략되었습니다. 교회의 전통적 입장에서보면 아무리 관용적으로 평가해도, 자위행위는 '자기 자신을 사랑하는 행위, 비정상적인 고독의 표현'에 지나지 않았습니다. 자위행위 자체가 죄라고는 하지 않으면서도, 청년들이 죄책감에 시달리도록 교묘한 언어유희를 벌인 거죠. 10대 중후반이면 결혼하던 시절의규범이 결혼연령이 두배 이상 높아진 시점까지 수천년 동안 수정 없이 적용되었다는 사실이 놀라울 뿐입니다.

더 엽기적인 얘기도 있습니다. 동료교수 한분은 미국유학 시절 교회 형제들이 대부분 자위행위로 고민 중인 걸 알고는 매주 성경공부를 시작할 때마다 서로 질문을 던지기로 약속했다고 합니다. "지난 주에는 승리했느냐"고요. 승리하지 못한 형제는 5달러인가 하는 돈을 냈답니다. 거짓말을 해도 확인할 방법이 없으니 그야말로 '자위 방지 형제단'이라 부를 만한 자발적인 결사체였던 거죠. 덕분에 꽤 긴 기간 욕망에서 비교적 자유로울 수 있었다고 합니다. 욕망에서 자유로웠다기보다는, 그저 자위행위를 조금 덜했다는 게 정확한 표현이겠지요. 군대식 규율로 유명한 어느 선교단체에서는 집회가 있을 때마다 자아비판식의 이른바 '소감문'을 발표해야 하는데, 거기서는 형제들이 자위행위를 분명한 죄로 고백하는 일도 많았다고 합니다. 웃을 수도 울 수도 없는 서글픈 이야기들입니다.

성령의 도우심을 믿고 기도하는 게 기독교식 해결방법이었다면, 사회에서는 주로 건전한 취미생활, 격렬한 운동 등이 자위행위를 막는 묘책으로 받아들여졌습니다. 체육교과서에도 그렇게 적혀 있던 것으로 기억합니다. 그런데 이것도 제 경험으로 보면 누군가의 상상 속에나 존재하는 거짓 해결책입니다. 예배 드리고 노래 부르고 수영하고 운동장을 백바퀴씩 돌아도 욕망은 가라앉지 않습니다. 당연하죠. 수영이나 달리기가 식욕과 수면욕을 증가시키면 증가시켰지 감퇴시키지 않는 것처럼, 성욕을 줄일 리 만무하니까요. 그저 힘을 쪽 빼놓으면 성욕이 감퇴할 거라는 비과학적인 믿음이었을 뿐입니다.

자위행위가 이 정도니, 진짜 성관계는 말할 것도 없습니다. 교회에서는 모든 관심이 '선을 넘지 않는' 데만 집중되었습니다. 당시 기독교 출판사에서 나온 실천적 지침서 중에는 육체관계를 손잡기, 껴

안기, 키스, 페팅, 심한 페팅, 상호자위, 오럴섹스, 성기결합 등으로 세분화한 책이 인기를 끌었습니다. 물론 결론은 기존의 가르침과 다르지 않았습니다. 손을 잡으면 껴안고 싶고, 껴안으면 키스하고 싶기 마련이므로, 마지막 선을 넘지 않으려면 처음부터 조심해야 한다는 내용이었으니까요. 여자랑 자고 나면 남자의 관심이 식어버리기 때문에 절대 혼전성관계를 맺어서는 안 된다는 세상의 통념을 그대로 받아들인 국내 기독교 저자의 책도 베스트셀러였습니다.[2] "너를 지켜주겠다"며 끝까지 상대방의 몸에 손을 대지 않는 남자에 대한 환상도 있었습니다. 모든 섹스가 잘못이라고 말한 것은 아니지만, 결과적으로 섹스 자체를 터부로 받아들이는 분위기였습니다. 지금도 여전히 그런 지침서를 읽고 절대 육체적 접촉을 하지 않겠다는 내적 결의를 다지며 청년기를 보내는 기독교인이 적지 않을 겁니다. 제가 그랬던 것처럼 말이죠.

결혼 후 30대에는 기독 청년들을 대상으로 몇번인가 연애특강도 했습니다. 자위행위가 죄는 아니지만 그렇다고 음란물의 노예가 되어서는 안 된다, 섹스가 무조건 죄는 아니지만 반드시 사랑과 함께 가야 한다는 식으로 좀 완화된 메시지를 전했던 것으로 기억합니다. '사랑이 함께하는 섹스라면 혼인 전이라도 허용될 여지가 있지 않을까?' 하는 물음표 달린 제 발언 때문에 한동안 공동체가 시끄러웠던 적도 있습니다. 예전에 제가 일했던 기독교 대학은 많은 학생들이 자발적으로 '순결서약'에 참여하는 학교였기 때문에, 그 정도 의문을 표시할 때도 몸을 사려야 했습니다.

그런데 강의가 끝나고 나면 가끔 현장에서 상담을 청하거나 이메일로 자세한 사연을 적어 보내는 사람들이 있었습니다. 그중에는 선을 넘었던 상대방과 헤어졌는데 앞으로 어떻게 하느냐는 여학생들의 걱정도 적지 않았습니다. 그런 경우 저는 "정말 사랑하는 사람이라면 과거에 어떤 경험을 했든지 그 경험을 값지게 여길 거다, 그걸 문제삼을 사람이라면 그냥 헤어지는 편이 낫다"고 조언했습니다. 그건 저의 진심이었습니다. 한 인간의 인격은 그가 살아온 과거 경험의 총합입니다. 상대방의 과거까지 사랑하지 못한다면 그건 처음부터 사랑이 아닌 거죠.

이런저런 경험이 쌓이면서 제 마음에는 이런 의문들이 싹텄습니다. 한번 잤다고 당장 관심이 식을 남자라면 차라리 빨리 자고 그 실체를 확인한 후 헤어지는 것이 낫지 않을까? 그런 인간과 결혼해 평생을 보내자고 순결을 지키나? 그렇게 사랑이 식은 후에 제도의 힘만으로 유지되는 결혼이 과연 행복할까? 그리고 이건 근본적으로 남성들의 문제 아닌가? 결혼 전에 천번쯤은 자위행위를 하면서 오르가슴을 느껴본 남성이 단지 여성과의 성기결합 경험이 없다는 이유만으로 '동정'을 자랑하며 파트너 여성의 성경험을 단죄하는 게 말이 되는가? 결국 이것이야말로 가부장제도를 유지하는 핵심 아닌가?

예수가 설정한 규범의 기준은 '몸'이 아니라 '마음'이었는데, 교회의 기준은 언제나 '몸'인 것도 이상했습니다. '마음의 음욕'을 고백한 저를 포함한 많은 형제들에게는 '그래도 나는 몸으로 죄를 범한 적은 없다'는 묘한 자부심이 남아 있었습니다. 이런 자부심이 다른 사람을 판단하고 정죄하는 출발점이 되었습니다. 마음의 음욕을 고백한 사람은 오히려 훌륭한 기독교인으로 칭송받지만, 몸의 실행을 고백하거나 들키면 돌을 맞는 것도 분명한 현실입니다. 말이야 뭐라고 하든 기준은 역시 몸인 거죠. (모든 선교단체나 교회가 그런 것은 아닙니다. 요즘 교회 얘기할 때는 꼭 이런 말을 덧붙여야 해요.)

선 하나를 넘다

2009년 아내의 연구년과 저의 파견 일정을 맞춰 미국에서 1년을 보내기로 계획했습니다. 그런데 모든 준비가 끝난 상태에서 아내의 학교 보직이 연장되었습니다. 졸지에 저는 가족과 떨어져 혼자 그 긴 시간을 보내게 되었지요. 미국에 도착해서는 먼저 『불멸의 신성가족』(창비 2009) 뒷부분을 마무리했고, 오랜 숙제였던 『교회 속의 세상 세상 속의 교회』(홍성사 2010)를 썼습니다. 미국행의 공식적인 이유였던 『불편해도 괜찮아』까지 모두 세권의 책을 끝내야 했기 때문에 무척 바쁜 일정이었지만, 홀로 있는 시간이라 참 많은 생각을 했습니다.

제가 머물렀던 캔자스주 로런스시는 보수적 기독교의 아성인 바이블 벨트(Bible Belt) 외곽에 위치한 대학도시입니다. '오즈의 마법사'와 도로시를 빼고는 자랑할 것이 하나도 없다는 허허벌판 캔자스 대평원에서 유일하게 진보적 정신을 간직한 도시죠. 그래서 학교에 가면 게이, 레즈비언, 한부모, 재혼을 비롯한 다양한 형태의 가정과 그 구성원들을 심심치 않게 만날 수 있었습니다. 그러나 주말마다 한인 유학생 교회에 가면 1970년대에서 시간이 멈춘 것 같은 보수적인 설교와 세계관이 저를 기다렸습니다. 목사님의 가장 큰 걱정은 동거를 밥 먹듯 하는 유학생들의 '무너진 윤리'였습니다. 1년 동안 보수적인 교회와 진보적인 학교를 오가면서 교회에서는 주로 잔디 깎는 봉사와 아이들 돌보는 교사 역할만 하고 입을 꼭 다물었습니다. 혹시라도 제 말이 교회 청년들에게 나쁜 영향을 줄까봐 접촉도 최소화했습니다. 자연히 교회보다는 교회 밖의 친구들과 있을 때 마음 편하고 행복했습니다.

당시 저에게 가장 큰 영향을 주었던 것은 캔자스대학에서 열린, 하버드대 교목이자 신학자인 피터 고메즈(Peter J. Gomes, 1942~2011) 목사의 연속강연이었습니다. 하버드대의 명설교자로 유명한 고메즈 목사는 1991년 동성애자로 커밍아웃한 분이었습니다. 성적 소수자들은 아무래도 진보적 정치성향을 갖기 쉬운데, 고메즈 목사는 커밍아웃 후에도 오랫동안 공화당원으로 남아 있으면서 미국 사회와 기독교계에 동성애자들을 받아들여야 한다고 호소했습니다. 캔자스대학에서 그의 강연이 진행될 때마다 강연장소 근처에서는 게이 목사의 설교에 반대하는 보수 기독교인들의 시위가 벌어졌지만 큰 충돌은 없었습니다. 막상 강연장소에 도착해보니 젊은이는 거의 없고 청중 대부분은 로런스시에 거주하는 노인들이었습니다. 아무리 화제의 인물이라 해도 기독교 강연이 더이상 미국 젊은이들의 주목을 받지 못한다는 현실을 보여주는 풍경이었습니다.

2박 3일의 강연에서 고메즈 목사는 외부에 비치기를 원하는 '이미지'로서의 자신이 아니라 '진짜 자신'(real self)을 찾는 게 중요하다는 이야기를 많이 했습니다. '진짜 자신'을 찾는 기준은 주로 '마음'이었습니다. 남의 말이나 판단이 아니라 나만이 알고 있는 진짜나는 누구인지, 내 마음은 어떤 것에 흔들리는지, 나를 긴장시키고 두렵게 만드는 것은 무엇인지, 내가 진짜 원하는 것은 무엇인지, 그리고 무엇보다 내가 정말 사랑하는 것은 무엇인지 등의 질문에 정직하게 대답하다보면 진짜 자신을 알 수 있다는 이야기였습니다. 고메즈 목사에게 신앙(faith)은 '무엇을 믿느냐'는 믿음(belief)의 문제라기보다는 '내가 누구냐'는 존재(being)의 문제였습니다. 고메즈 목사가 말하는 자기 존재의 핵심에는 게이, 신학자, 공화당원이 아니라 '하나님의 자녀'라는 그의 정체성이 자리잡고 있었습니다.

강연이 끝나자마자 정체성에 관한 질문이 줄을 이었습니다. 게이, 신학자이면서 오랜 세월 공화당원이었던 그의 정체성은 누가 봐도 이상한 조합이기 때문입니다. 동성애자라는 정체성이 하나님의 자녀라는 정체성을 갖는 데 걸림돌이 되지 않느냐는 질문도 나왔습니다. 조심스럽게 단어를 선택했을 뿐, 동성애자 기독교인이 어떻게 존재 가능하냐는 매우 공격적인 질문이었습니다. 그러나 고메즈 목사의 답변은 간단했습니다. 자신은 동성애자라는 정체성을 알기 전부터 하나님의 자녀였고 지금도 여전히 그렇다는 것이었습니다. 강연내용 못지않게 저의 마음을 움직인 것은 공격적인 질문에 대응하는 그의 따뜻하고 평화로운 얼굴이었습니다. 질문을 던지는 기독교 근본주의자들의 얼굴에서는 찾아볼 수 없는 깊은 평화였습니다. 자기 자신을 있는 그대로 받아들인 그의 태도에는 힘이 있었습니다. 그를 보면서 '나답다는 것은 뭘까?' 다시 생각하게 되었습니다. 모범생 김두식에게 과연 '나답다'고 할 만한 게 있기나 한 걸까? 매사에 남의 눈치를 보고 두려워하다보니 어느 순간 나 자신을 놓쳐버린 것은 아닐까?

고메즈 목사의 강연은 기독교인인 저에게 어렵게 '선'을 하나 넘는 단초를 제공했습니다.『교회 속의 세상 세상 속의 교회』를 쓸 때만 해도 동성애에 대한 저의 입장은 "죄인지 아닌지 따지는 얘기는 그만 좀 하고, 내 주변에 동성애자 친구가 한명이라도 있는지부터 돌아보자"는 것이었습니다. 개신교 보수신학의 입장에서 맨 바깥이지만, 여전히 아슬아슬하게 경계선 안에 매달린 표현이었습니다. 당시 제 수준에서는 그 정도만 해도 적지 않은 용기를 낸 것이었습니다. 의문은 있었지만 딱 거기까지였습니다. 그런데 몇달 후『불편해도 괜찮아』를 쓰면서는 "한명의 남자가 다른 남자를 사랑하는 것, 한명의 여자가 다른 여자를 사랑하는 것이, 내가 아내를 사랑하는 것과 본질적으로 뭐가 다른지 모르겠다"고 살짝 표현을 바꾸었습니다. 조심스럽지만 명백하게 개신교 보수신학의 경계선을 넘은 것이었습니다.

한번 선을 넘어보니 좋은 점이 많았습니다. 과거에도 종종 "그렇게 말하면 당신은 더이상 기독교인이 아니다. 성경의 무오류성이 어쩌고저쩌고” 하는 얘기를 들었습니다. 그럴 때마다 저는 제가 왜 여전히 기독교인인지 설명하고 스스로를 방어하기 위해 젖 먹던 힘까지 동원했습니다. 그런데 일단 선을 넘고 나니 “당신이 그렇게 생각한다면 제가 기독교인이 아닌 모양이죠 뭐” 하고 가볍게 대응하게 되었습니다. 남이 뭐라고 하든 나는 나고, 내 신앙은 내 신앙이라는 자유를 얻은 겁니다. 한결 몸이 가벼워졌습니다. 그전에는 정형화된 교훈을 찾기 위해, 더 완벽한 방어논리를 만들기 위해 성경을 읽었습니다. 이제는 그냥 편하게 성경을 읽게 되었습니다. 그렇게 마음을 놓자 세상에서도 성경에서도 전에는 보지 못했던 많은 것들이 새로 눈에 들어왔습니다. 저 나름대로 일종의 ‘탈근본주의’ 여정을 시작한 것입니다. 그것만으로도 충분히 행복했습니다.

결국 문제는 몸이다

이런 변화와 함께 처음으로 저의 ‘몸’ 또는 ‘살’에 관해 진지하게 고민하기 시작했습니다. 저는 전형적인 이성애자입니다. 여자가 너무 좋아서 문제지, 남자에게는 마음이 흔들려본 적이 없습니다. 그런데 한번 생각해보십시오. 동성애자냐 이성애자냐를 가르는 기준도 일단은 몸에서 출발합니다. 제가 어떤 남자 친구, 후배, 제자를 아무리 아끼고 사랑하고 걱정한다 해도, 육체적 욕망을 느끼지 않는 이상 저는 동성애자가 아닙니다. 제가 이성애자인 이유는 여성에게 성욕을 느끼기 때문입니다. 고메즈 목사는 동성애자라는 자기 몸의 정체성을 받아들이고 마음의 평화를 얻었습니다. 저는 고메즈 목사의 그 이야기를 듣고, 비로소 이성애자라는 저의 정체성을 새롭게 발견했습니다. 과거에는 너무나 분명해서 인식조차 못 했던 저의 정체성이었죠. 동성애자들을 이해하고 나서야 비로소 저에게도 몸이 있고 그 몸이 정체성을 규정짓는 핵심이라는 사실을 깨달은 것은 아이러니였습니다.

귀국 후 어느날 학교에 가기 위해 지하철에서 내려 서울역으로 걸어가는데 제 옆을 스치는 수많은 인파가 눈에 들어왔습니다. 끝도 없이 이어지는 사람의 행렬이었습니다. 그들을 우두커니 바라보다 문득 '어른, 아이, 이성애자, 동성애자, 양성애자, 트랜스젠더, 부자, 노숙자를 불문하고 이 사람들 모두가 성기를 갖고 있구나!' 하는 생각이 머리를 스쳤습니다. 그와 동시에 점잖은 사람들은 감히 입에 올리지도 못하는 단어 두개가 생각났습니다. 자지와 보지, 그래 모두들 태어날 때부터 그걸로 존재를 규정받으며 삶을 시작하지! 그런데 참 놀랍게도 서울역을 지나는 수많은 사람들 중에 그 사실을 자각하고 사는 사람은 아무도 없어 보였습니다. 모두들 마치 자기 몸에 그런 기관이 달려 있을 리 없다는 듯 천연덕스러운 표정으로 무심하게 서로를 스쳐지나가고 있었습니다. 신기했습니다.

오래전 읽은 조성기 선생의 소설 『우리 시대의 사랑』(일송포켓북 2005)의 한 대목도 생각났습니다. 여관 옆방에서 건너오는 숨소리와 비명소리에 귀를 기울이던 주인공이 '지금 이 순간 여관의 모든 벽들을 허물어버린다면 어떤 광경이 펼쳐질까' 상상하는 부분이었습니다. 작가의 분신인 주인공은 여관이야말로 '금기에 대한 위반의 극대화가 이루어지는 곳, 행음의 제사가 드려지던 고대의 신전이 현대식으로 복원된 성소'라고 설명합니다(173면). 선교단체 출신으로 법학과 신학을 전공한 소설가이자 교수가 만들어낸 그로테스크한 상상을 떠올리며 제 입가에는 슬며시 웃음이 번졌습니다. 누구나 한 번쯤은 이런 음란한 상상을 하나보다 싶었습니다.

얼마 후 용기를 내어 한 친구에게 서울역에서 떠오른 생각을 털어놓았습니다. 그러자 친구는 웃으면서 더 엽기적인 이야기를 털어놓았습니다. 자기는 가끔 커피숍에 갈 때마다 주변에 앉은 남녀를 바라보며 이런 생각을 한다고 했습니다. '커피숍에 앉아 있는 남녀들의 성기 사이의 거리가 1미터를 넘지 않는구나. 그런데 참 용케도 그걸 감추고 살고 있구나. 사람의 인생이라는 게 결국은 그 거리를 마이너스 10센티미터로 바꾸기 위한 노력이구나!' 마이너스 10센티미터란 성기결합 상태를 설명하는 친구의 독특한 표현이었습니다. 듣고 보니 친구는 저보다 훨씬 더 심각한 수준이었습니다.

「버자이너 모놀로그」가 번역되고 유명 배우들이 무대에 올라 그 단어를 수없이 되뇌어도 우리 일상에서 보지나 자지는 여전히 금기어입니다. 단어뿐 아니라 성행위를 연상시키는 모든 행동이 금기입니다. 2012년 봄 레이디 가가의 공연을 눈앞에 두고 기독교계 일각에서는 "노골적인 성행위 묘사로 음란문화를 조장하고 동성애를 미화시키기 때문에" 공연을 취소시켜야 한다는 주장이 나왔습니다. 이에 따라 영상물등급위원회가 레이디 가가의 공연에 '18세 이상

관람가' 등급을 매김으로써 청소년들에게 판매한 티켓을 환불해줘야 하는 사태까지 일어났습니다.

그런데 우리 일상에서 성행위를 연상시키는 것이 과연 레이디 가가의 몸짓뿐일까요? 저는 아니라고 생각합니다. 우리 일상에서 성행위를 연상시키는 가장 중요한 요소가 있다면 그것은 우리의 '존재' 그 자체입니다. 엄마, 아빠의 성행위 없이는 우리가 존재할 수 없기 때문입니다. 그만큼 성기, 성행위, 욕망은 우리 존재와 필연적으로 연결됩니다. 인류가 섹스를 즐기지 않았다면, 모든 인간이 수도사나 스님처럼 경건한 삶을 살았다면, 우리는 아예 존재할 수 없습니다. 마치 성기를 갖지 않은 것처럼 아무리 고상한 얼굴로 연극배우의 삶을 살아간다 해도, 성행위의 결과물인 우리의 존재까지 지워버릴 수는 없습니다. 식탁의 엄마, 아빠를 보면서 매번 성행위를 연상할 필요가 없는 것처럼 레이디 가가의 몸짓을 굳이 성행위와 연결시켜 금지할 이유도 없습니다. 아름다움은 그냥 아름다움으로 받아들이면 족합니다. 그게 한결 자연스럽습니다.

물론 마치 성기를 갖지 않은 듯 천연덕스럽게 살아가는 삶의 양식 자체가 잘못된 것은 아닙니다. 그런 삶의 양식이야말로 '문명'의 상징이고, 인간이 동물과 구별되는 이유죠. 다만 연극배우로 문명적 삶을 살아가는 과정에서 아예 몸의 존재를 잊게 되는 게 문제입니다. '몸' 또는 '살'에 대한 진지한 고민이 너무 부족하다는 말씀입니다. 너무 오래 몸을 잊고 살다보니 앞서 말씀드린 것처럼 일탈자 또는 사냥꾼이 되어 억눌린 욕망을 분출하게 됩니다. 엉뚱한 국면에서 입으로 욕망을 푸는 분들도 나옵니다. "서울시 조례에 임신자유권이 통과됐다"며 "전교조 안에는 성(性)을 공유하는 사람 1만명이 있다"고 주장한 어떤 목사님이 대표적인 경우입니다. 저는 그 설교에서 목사님의 숨겨진 섹스 판타지를 읽었습니다. 건강한 몸의 욕망을 계속 억누르다보면 그 욕망이 뇌로 역류하면서 '멘탈붕괴'를 불러온다는 사실을 보여주는 좋은 예가 아닌가 싶습니다.

남 얘기를 자꾸 할 필요도 없습니다. 저야말로 몸을 홀대하며 살아온 사람이죠. 자위행위부터 시작해서 혼전순결주의자의 명성(?)을 얻기까지 몸은 늘 귀찮고 번거로운 욕망과 금기의 대상이었습니다. 상당히 친했던 옛날 여자친구가 "너는 성자병(聖者病) 환자"라면서 제 곁을 떠났을 정도입니다. 욕망을 누르기만 했지 살려본 적이 없습니다. 사랑을 해도 영혼의 교류가 먼저고 몸은 그 뒤를 따라와야 한다고 생각했습니다. 성령이 충만하면 몸의 욕망에서 자유로울 수 있다고 믿었습니다. 그런데 몸이란 게 참 이상해서 홀대하면 할수록 무의식에서 차지하는 비중은 더 커지기만 했습니다. 갈수록 '몸의 사람'이 되어가더라는 거죠.

우리가 몸을 그렇게 홀대하지만, 막상 결정적인 순간 우리 삶을 가르는 기준은 마음이 아니라 몸일 때가 많습니다. 흥미로운 일입니다. 예컨대 이성교제에서 '선을 넘었는지'를 정하는 기준은 대부분의 경우 성기결합입니다. 말이야 어찌하든 마지막에 남는 실존적 고민은 '잤냐 아니냐'인 거죠. 친구와 연인을 가르는 기준도 다르지 않습니다. 굳이 '애정남'에게 묻지 않아도 손을 잡거나 스킨십이 있으면 연인이고, 아니면 친구죠. 여성의 사회진출이 늘어나면서 남녀 사이에 친구가 가능하냐는 질문은 이제 진부한 것이 되었습니다. 결혼했다는 이유로 세상의 절반과 친구 됨을 포기할 수는 없으니까요. '교양을 갖춘' 부부관계에서는 배우자가 회사동료나 옛 동창 같은 이성친구와 정신적으로 상당한 교감을 나누더라도 문제삼지 않습니다. 지금처럼 일반화되지는 않았지만 과거의 예도 있습니다. 유치환 선생과 이영도 여사는 평생 편지로 마음을 주고받았어도 육체적 관계가 없었기 때문에 아름다운 사랑으로 칭송받았습니다. 하지만 그때나 지금이나 몸이 교감하는 순간 바로 스캔들이 됩니다. 다른 사람이 개입하여 부부관계가 허물어질 때 배신당한 쪽이 늘 마지막에 토하는 외침은 "잤어?!"입니다.

살로 소통하기

약간 표현을 달리하면 이렇습니다. 흔히 사람과 사람 사이의 소통수단에는 세가지가 있다고 합니다. 말과 글과 살입니다. 만약 배우자가 다른 사람과 매일 대화를 나누고 이메일을 주고받으면서 상상할 수 없을 정도의 깊은 정신적 교감을 나눴다고 칩시다. 물론 기분 나쁘겠죠. 하지만 당장 이혼하자고 할까요? 대개는 그렇지 않을 겁니다. 그런데 만약 말과 글을 그리 깊이 주고받은 관계는 아니지만 살을 주고받는 사이가 되었다면? 상황은 달라지겠죠. 모두들 말과 글의 소통이 살의 소통보다 중요하고 고상하다고 믿는 분위기지만, 실상 인생을 흔드는 것은 살의 소통이라는 얘기입니다. 우리가 그만큼 살을 중요하게 받아들이는 거죠.

과거에 표면적으로 몸을 무시할 때는 내면에서 몸이 저의 정신을 지배했습니다. 그런데 의식적으로 몸의 중요성을 인정하자 제 무의식은 몸에서 조금씩 자유로워졌습니다. 사람을 일탈자와 사냥꾼으로 만드는 근본원인도 몸에 대한 억압입니다. 억압과 낙인이 없다면 일탈자도 사냥꾼도 줄어들기 마련입니다. 사랑하는 사람과 섹스 한 번 했다고 사람이 죽지 않습니다. 섹스를 하는 순간 몸의 저 아래 어딘가에서 악한 기운이 뿜어져나와 영혼을 잡아먹는 것도 아닙니다. 말과 글처럼 인간에게 주어진 중요한 소통수단 중의 하나가 살입니다. 말이나 글의 소통이 조심스럽고 소중한 것처럼 살의 소통도 중요합니다. 그러나 그 이상의 과도한 의미를 부여할 필요는 없습니다.

여기까지 읽고 '흠…… 역시 남성들은 살의 문제가 여성들보다 훨씬 중요한 모양이군' 생각하고, 불쌍한 남성들을 이해해주기로 작정한 여성들이 있을지도 모르겠습니다. 여성의 성욕이 남성의 성욕보다 약하다는 속설이 여전히 우리 사회를 지배하고 있는 까닭이죠. 그러나 윌리엄 마스터즈(William Masters)와 버지니아 존슨(Virginia Johnson)의 연구가 그 속설에 도전한 지 벌써 50년이 다 되어갑니다. 흔히 여성은 포르노에 반응하지 않는다고 생각하지만, 질의 혈액 흐름과 윤활작용을 과학적으로 관찰해보면 여성이야말로 거의 모든 성적 환상에 즉각적으로 생리적인 반응을 보이는 예민한 존재라고 합니다. 이성애자 남성들이 주로 이성애 포르노에만 반응하는 반면에, 여성들은 이성애, 동성애, 양성애, 심지어는 보노보가 짝짓기하는 필름만 봐도 신체적인 반응을 보입니다. 남성은 오르가슴 후에 다시 발기하는 데 시간이 필요하지만, 여성은 자극만 지속되면 얼마든지 오르가슴이 증가한다는 사실도 이제는 널리 알려져 있죠.[3] 성적 욕망도 생리적 능력도 여성이 남성보다 한참 앞서 있는 것입니다. 문제는 여성의 성욕 부족이 아니라, 여성의 성욕을 억압하는 사회구조입니다.

순결을 지나치게 강조하는 사회에서는 남성이 여성의 마음을 얻어도 결혼 전까지는 육체적 사랑을 나눌 방법이 없습니다. 영화평론가 허지웅 선생이 적절히 지적한 것처럼 「건축학개론」(2012)같이 잘 만든 영화에서도 등장인물들은 모두 "성기가 없는 것처럼" 행동합니다. 그걸 본 관객들도 역시 "성기가 없었던 것처럼 과거를 호출"합니다. 이런 분위기에서는 마음을 얻기도 힘들지만 몸을 얻기는 더욱 힘듭니다. 게다가 '88만원 세대'의 경우 사회경제적 여건 때문에 결혼길이 막혀버렸습니다. 순결지상주의 사회에서 결혼길이 막히면 욕망을 해소할 길도 함께 막혀버립니다. 여성의 건강한 욕망의 해방을 막은 가부장제도가 결국 남성들 자신을 말려 죽이는 셈입니다.

남성이든 여성이든 젊은이들이 살이라는 중요한 소통수단을 잘 활용했으면 좋겠습니다. 너무 무겁지 않게, 그러나 너무 가볍지도 않게 살의 소통을 배우다보면 삶이 훨씬 풍요로워질 수 있습니다. 물론 '순결'을 지키겠다는 결심도 가치있습니다. 그런 사람도 있어야겠죠. 다만 그런 선택이 타인을 감시하고 심판하는 근거가 되어서는 곤란합니다. 자신이 선택한 길만이 아름다운 사랑이라는 착각에서 벗어나자는 거죠. 정신적 사랑, 육체적 사랑, 깨진 사랑, 이루어진 사랑, 이루어질 수 없는 사랑, 결혼을 전제로 한 사랑, 그렇지 못한 사랑, 무거운 사랑, 가벼운 사랑, 뜨거운 사랑, 차가운 사랑, 그 이름이야 어떻든 사랑은 아름다운 겁니다. 살의 소통을 즐기되, 남이 어떻게 즐기는지에 대해서는 레이더를 꺼야 합니다. 남의 욕망을 엿보는 데 쏟는 에너지를 줄이는 대신, 내 욕망을 관찰하고 탐닉하는 모험에 발 벗고 나서야 합니다. 우리에게 필요한 것은 공개된 건강성과 은밀한 아름다움이 공존하는 몸의 문화입니다. 몸을 누르는 사회에서는 여성도, 남성도, 누구도 행복할 수 없습니다.

사족 요즘 제가 이런 이야기를 하고 다니면 주로 두가지 반응이 나옵니다. 우선 첫번째 반응. 몇년 전 판사들에게 '법정의 커뮤니케이션' 강의를 한 적이 있습니다. 제발 판사들도 선을 좀 넘어보고 인간에 대한 넓은 이해를 가지라는 내용이었습니다. 강의가 끝나고 사법연수원 동기인 부장판사들과 편한 술자리가 이어졌습니다. 진보 판사로 유명한 친구가 저에게 술을 권했습니다. "형, 이제 술도 마시고 그러는 거죠?" 제가 웃으면서 아니라고 했더니 그 친구 반응이 재미있습니다. "에이 ××, 그럼 그렇지. 얘기 들으면서 두식이형이 좀 변했나 했더니 전혀 아니네. 우리보고만 선을 넘으라느니 뭐니 하고 형은 그 자리에 그대로 있는 거잖아요? 술 한잔도 입에 안 대고. 술도 안 마시면서 무슨 선을 넘어요? 속을 뻔했네." 함께 있던 동기들이 고개를 끄덕이며 다 같이 웃었습니다.

두번째 반응은 일찍이 선을 넘으며 자유롭게 살아온 친구들의 얘기입니다. "어려서부터 살의 소통을 누리고 살아온 제 입장에서는 얻은 것도 있지만 잃은 것도 많아요. 교수님이 선을 넘어본 적이 없어서, 이쪽 세상에 대한 판타지를 가지신 거예요. 김 교수님은 선을 지키고 살면서 스스로 누린 게 얼마나 많은지 잘 모르세요. 저는 오히려 교수님 같은 삶이 부러워요. 교수님은 그냥 그대로 사시는 게 어울려요." 둘 다 저의 개인적 한계를 분명하게 보여주는 에피소드입니다. 색의 세계에도, 계의 세계에도 각각의 빛과 그림자가 존재하는 거겠죠.

당연히 예상되는 세번째 반응을 제가 현실에서 부딪힌 적이 없다는 사실도 흥미롭습니다. "애들을 다 버려놓자는 거냐? 성이 얼마나 소중한 건데 그런 식으로 낭비하냐? 결국 너도 다른 여자랑 섹스 한번 하고 싶다는 것 아니냐?"는 반응인데요. 소규모 모임에서 이런 이야기를 나누면 절대 그런 반응이 나오지 않습니다. 그렇게 말하는 근본주의자들은 주로 인터넷 댓글과 성명서를 통해서만 의사 표현을 합니다. 이것도 분석해볼 만한 재미있는 현상이죠.

8

「몰락」의 규범, 규범의 몰락

의심하라

무너진 규범에
충성하는 사냥꾼들

「몰락」(Der Untergang, 2004)은 소련군에게 포위된 베를린의 벙커에서 아돌프 히틀러(Adolf Hitler)가 보낸 최후의 14일을 그린 독일영화입니다. 히틀러의 마지막 개인비서 트라우들 융에(Traudl Junge), 군의관으로 마지막까지 벙커에 남았던 친위대 대령 에른스트 귄터 솅크(Ernst-Günther Schenck), 바주카포를 들고 소련군 탱크에 맞선 히틀러유겐트(Hitler-Jugend)의 소년 페터(Peter) 등 다양한 사람들의 시선으로 지도자와 그 주변 인간 군상의 몰락을 섬세하게 묘사한 수작이지요. 독일의 역사가이자 저널리스트 요아힘 페스트(Joachim C. Fest)가 쓴 『히틀러 최후의 14일』(Der Untergang, 독일어 제목은 영화와 같습니다)을 거의 그대로 영상에 옮겼다 싶을 정도로 기록에 충실한 영화이기도 합니다. 주변의 여비서나 요리사에게 따뜻하고, 애인 에바 브라운(Eva Braun)에게 사랑받으며, 파킨슨병, 과대망상, 편집증, 분노조절장애에 시달리는 히틀러의 인간적 면모를 그렸다는 이유로 개봉 직후 논란도 많았습니다. 영화 속에서 결단력 있고 헌신적인 모습으로 그려진 친위대 장군, 장교, 의사 들이 대부분 동부전선과 강제수용소에서 벌어진 학살과 생체실험에 직간접적으로 관여한 전력을 가졌다는 점도 논쟁거리였습니다. 신나치주의가 기승을 부리는 독일의 현실에서 과연 이런 영화가 무슨 도움이 되겠느냐는 비판이 이어졌죠.

　그러나 저는 감독이 용기있는 선택을 했다고 생각했습니다. 히틀러 평전을 쓴 영국의 이언 커쇼우(Ian Kershaw) 경의 말처럼 괴물이 아닌 '인간' 히틀러를 이해하는 것은 우리 모두에게 도움이 되기 때문입니다. 2차대전 전에 히틀러를 면담한 외국의 저명인사들은 일단 히틀러와 마주앉아 한번 대화를 나누면 그전에 아무리 히틀러를 욕하던 사람이라도 당장 눈에 콩깍지가 씌어 그의 예찬자가 되었습니다.[1] 히틀러의 매력을 빼놓고는 그의 집권과정과 권력유지를 설명할 방법도 없습니다. 주변사람들에게 친아버지처럼 친절하다가도 10분 후 수백만명을 학살하는 서류에 서명할 수 있는 게 인간입니다. 히틀러, 전두환만 그런 게 아니라 인간이라는 종이 원래 그렇습니다. 아무나 히틀러처럼 되지는 않겠지만, 누구나 '히틀러의 조력자'는 될 수 있습니다. 악의 평범성, 진부함을 이해하지 않고 히틀러만 악마라고 생각해서는 지금 이 순간에도 인간이 만들어 유지하고 있는 수많은 악마적 씨스템의 가면을 벗겨낼 수 없습니다. 영화의 등장인물들이 어떤 전력을 갖고 그 마지막 현장에 이르렀는지 주의깊게 탐구할 의지만 함께한다면, 「몰락」은 인간을 이해하는 데 어떤 다큐멘터리보다도 효과적인 교육자료가 될 수 있습니다.

제가 영화 「몰락」을 높이 평가하는 이유는 무엇보다 이 영화가 '아노미'(anomie) 상태를 현실감 있게 보여주는 보기 드문 영상자료이기 때문입니다. '아노미'란 그야말로 규범(nomie)이 완전히 무너져내린, 즉 규범이 존재하지 않는(a-) 상태를 의미합니다. 프랑스의 사회학자 에밀 뒤르켐(Émile Durkheim)이 『자살론』(Le Suicide)을 통해 대중화한 용어죠. 「몰락」의 도입부에서 히틀러의 벙커에 자리 잡은 군인들은 소련군이 불과 수십 킬로미터 바깥까지 와 있는데도 여전히 각이 살아 있는 군복과 포마드 바른 머리를 유지합니다. 최정예 친위대 소속답게 모두의 행동에는 규율 또는 군기가 꽉꽉 묻어 나오죠. 실제로 2차대전 당시 친위대와 히틀러유겐트는 세계적 디자이너 후고 보스(Hugo Boss)가 디자인한 깔끔한 군복으로 유명했습니다. 지금까지도 조립식 장난감의 세계에서 독일군 병정이 미국군이나 영국군 병정보다 사랑받는 이유이기도 합니다. 그러나 명품 군복의 날선 주름만큼이나 살아 있던 군기는 영화 후반으로 가면서 서서히 무너집니다.

붕괴는 히틀러의 최측근부터 시작됩니다. 1945년 4월 20일 히틀러의 쉰여섯번째 생일날 새벽, 개인비서 융에는 폭탄소리에 놀라 잠이 깹니다. 공중폭격이 아니라 포병의 포격이었습니다. 이미 포격이 가능한 거리까지 소련군이 진격해온 것이죠. 친위대장 하인리히 힘러(Heinrich Himmler), 공군원수 헤르만 괴링(Hermann Göring)을 비롯한 최고지도부가 히틀러의 생일을 축하하러 포위를 뚫고 달려왔지만, 막상 그들의 머릿속에는 대충 자리를 때우고 도망갈 궁리뿐입니다. 에바 브라운이 사람들을 독려하기 위해 그날 밤 개최한 파티도 소련군의 포격으로 엉망이 됩니다. 다음날에는 후퇴명령을 내렸다는 이유로 총살명령이 내려져 히틀러에게 소환되었던 헬무트 바이틀링(Helmuth Weidling) 장군이 졸지에 그 자리에서 베를린 방위사령관으로 임명됩니다. 오합지졸로 구성된 베를린 방위사령부는 여기저기서 내려오는 일관성 없는 지시에 이미 정신줄을 놓은 상태입니다. 특히 베를린의 행정책임자인 요제프 괴벨스(Joseph Goebbels)가 베를린 방어책임을 지겠다고 끼어들면서 상황은 더욱 뒤죽박죽으로 꼬입니다. 진퇴양난의 상황에서 히틀러는 점점 아군이 대규모 반격을 벌이며 자신을 구하러 올 거라는 혼자만의 환상 속으로 빠져들어갑니다.

영화 후반으로 갈수록 벙커 속에서 군기나 규범 따위는 찾아볼 수 없습니다. 어차피 다 끝난 것을 아는 장군들은 술에 취해 하나씩 정신을 잃습니다. 4월 23일 히틀러의 건축가인 알베르트 슈페어(Albert Speer)가 작별인사를 위해 벙커를 찾았을 때는 어디에서나 배신에 가까운 느슨함을 발견할 수 있었습니다. 대기실 여기저기에 술병이 굴러다니고, 히틀러가 방에 들어서도 자리에서 일어나는 사람이 거의 없을 정도였습니다. 그 와중에 히틀러와 힘러의 연락을 담당해온

최측근 헤르만 페겔라인(Hermann Fegelein) 장군은 갑자기 행방을 감춥니다. 모든 사람들이 한결같이 '철저히 타락한 인간'으로 증언하는 출세주의자 페겔라인은 에바 브라운의 매부로 곧 히틀러의 동서가 될 사람입니다. '색(色)'의 인간이던 그는 "베를린에서 죽을 생각은 추호도 없다"며 사람들에게 "빨리 도망가야 한다"고 설득하기도 했습니다. 어쩌면 벙커 안에서 유일하게 제정신이던 사람일 수도 있습니다.

그러나 도망친 그의 자유도 오래가지 않았습니다. 히틀러의 지시로 페겔라인을 찾아나선 친위대는 군인들이 여성들과 난교파티를 벌이고 있는 아파트에서 젊은 여자와 함께 술에 절어 있는 그를 발견합니다. 에바 브라운의 애원에도 불구하고 페겔라인은 즉결군사재판을 거쳐 처형됩니다. 탈영도 문제였지만, 조사과정에서 오래전부터 그가 힘러와 함께 추진해온 연합군과의 항복협상이 적발된 것이 더 큰 죄목이었습니다. 페겔라인의 어처구니없는 탈영과 죽음이 상징하듯 이미 히틀러의 벙커는 아노미입니다. 벙커 뚜껑을 열고 나오면 바로 소련군이 눈앞에 보이는 상황이라 벙커 안에는 군기든 법이든 윤리든 도덕이든 지켜야 할 어떤 것도 남아 있지 않습니다.

그런데 핵심지도부가 그렇게 아노미 상태로 무너져갈 때, 한뼘밖에 남지 않은 베를린을 지키며 법을 집행하는 사람들이 있습니다. 서너명씩 패거리를 지은 그들은 한쪽 손에는 총을, 다른쪽 어깨에는 밧줄을 멘 상태입니다. 판사 한명, 정당대표 한명, 국방부 장교나 무장 친위대원 한명 등으로 구성된 이른바 '특별재판부'입니다. 육군은 육군대로, 공군은 공군대로, 괴벨스는 괴벨스대로 배신자를 잡아내기 위해 특별즉결재판 부대를 만들었기 때문에 제대로 된 체계가 존재했던 것도 아닙니다. 사실상 누구라도 완장만 차면 숨어 있는 남자들, 즉 배신자들을 색출해 처벌할 수 있었습니다. 젊은이들은 이미 오래전에 모두 전쟁터로 나갔기 때문에 숨어 있는 남자들이라고 해봐야 모두 노인과 소년 들인데도 완장 찬 사냥꾼들은 질서를 되찾겠다는 의지로 기세등등합니다. 어느 모퉁이에서든 겁에 질린 남자를 발견하면 그들은 조금도 주저하지 않고 붙잡아 목을 매답니다. 사냥꾼들이 지키고자 한 규범은 괴벨스가 집집마다 붙여놓은 총통의 명령문이었습니다. 거기에는 15세에서 70세까지 모든 남자는 소집명령을 따라야 하고 예외는 없으며 비겁하게 방공호에 숨는 사람은 군사재판에 회부되어 사형을 받을 것이라고 적혀 있었습니다.[2]

영화 주인공 중 명백한 실존인물이 아닌 사람은 소년병 페터뿐입니다. 12세 전후로 보이는 페터는 히틀러유겐트 소속으로 마지막 베를린 방어전에 바주카포 하나를 들고 투입됩니다. 영웅심에 들떠 소련군 탱크를 부수러 나서는 페터에게 아버지는 빨리 도망쳐서 도시를 떠나라고 애원합니다. 한쪽 팔이 없는 아버지는 아마도 1차대전에서 부상을 입은 참전용사 같습니다. 하지만 페터는 아버지의 말을 들은 척도 않고, 겁쟁이 아버지를 부끄럽게 생각합니다. 그리고 얼마 후 소련군 탱크를 저지한 공로로 히틀러에게 직접 철십자 훈장을 받습니다. 페터는 가상인물이겠지만, 탱크를 부수고 철십자 훈장을 받은 소년병들의 존재는 사실입니다.[3] 히틀러와 함께한 그들의 사진

이 남아 있으니까요. 소련군과 맞서기에 완전히 역부족인 상황에서 소련군이 눈앞에 다가오자 소년소녀들은 서로를 도와 자결하거나 포격에 의해 가루가 됩니다. 공포에 질려 집으로 뛰어간 페터를 기다리는 것은 목매달린 아버지와 총에 맞은 어머니의 시체입니다. 전선에서 도망치라고 아들을 설득하면서 사냥꾼들의 비위를 거스른 결과였을 겁니다. 고문기술자 이근안을 닮은 듯한 거구의 사냥꾼이 부모의 죽음을 알지 못한 채 집으로 뛰어가는 페터와 슬쩍 지나치면서 날리는 광기의 눈빛은 영화가 끝난 뒤에도 오래도록 마음에 남는 끔찍한 장면입니다.

전쟁 말기의 베를린에서는 실제로 아주 작은 의심만 받아도 즉결처형이 가능했고, 나무, 가로등, 바리케이드에는 그런 식으로 처형된 사람들의 시신이 널려 있었다고 합니다. 요아힘 페스트는 신중하게 평가해도 마지막 석달 동안 거의 1,000명이 처형되었다고 분석합니다.[4] 페터의 아버지가 그랬던 것처럼 실제 전투경험이 있는 국방군 지휘관들은 즉결처형이 완전히 미친 짓이라고 생각했습니다. 노인과 소년 들을 붙잡아 전투에 투입해봐야 전투력 향상에 전혀 도움되지 않음을 잘 알고 있었기 때문입니다. 그래서 지휘관 중에는 필요한 경우 무기를 빼들어서라도 특별재판부 대원들과 맞서 싸우라고 지시한 사람도 있었습니다. 현명한 지휘관들이 잘 간파한 것처럼 거시적으로 보면 이들 사냥꾼이야말로 아노미의 상징입니다. 질서를 외치며 사람들을 목매달고 다녔지만, 이들이 한 짓이야말로 '정의'라고 하는 진짜 규범에 반하는 행위였으니까요.

총통에 대한 맹세를 지키겠다고 자기 머리에 총구를 대고 쓰러져 간 이들도 가장 규범에 충실한 것처럼 보이지만, 사실은 똑같이 아노미에 빠진 사람들입니다. '계(戒)'에 속한 그들의 아노미적 자살을 보면서 저는 몇번이나 이렇게 소리치고 싶었습니다. "야, 그 맹세, 규범, 다 쥐뿔도 아니야. 네가 사는 게 중요해. 그냥 총 버리고 도망쳐!"

명령을 내린 히틀러도 괴벨스도 이미 공황상태에 빠져 누구도 규범의 집행에는 관심이 없는데도, 엉터리 사법씨스템은 여전히 작동합니다. 즉결처형된 남자들뿐 아니라 디트리히 본회퍼(Dietrich Bonhoeffer) 목사처럼 히틀러 암살사건에 가담했던 독일의 양심적인 지식인, 군인, 귀족 들도 이런 혼란 속에서 처형되었습니다. 마지막 순간까지 엉터리 사법씨스템에 충성하는 사냥꾼들의 모습에서 발견되는 중요한 공통점은 바로 '어떤 경우에도 법과 질서는 지켜져야 한다'는 믿음입니다. 출전도 찾을 수 없는 "악법도 법"이라거나 "나쁜 법도 무법보다는 낫다"는 말들은 오랜 세월 이런 믿음을 대변해왔습니다. 우리 대부분은 어려서부터 그런 믿음을 갖도록 교육받았습니다. 그러나 규범에 대한 과도한 신뢰는 타인에 대한 공감 능력을 상실한 싸이코패스 못지않게 위험합니다.

도대체 범죄란 무엇인가

저는 형사정책 강의를 할 때마다 「몰락」을 소개해왔습니다. 아노미 상태를 눈으로 보면서 규범의 한계를 배울 수 있는 좋은 교재이기 때문입니다. 제가 가르치는 형법, 형사소송법은 기본적으로 이미 만들어진 법을 신뢰하면서 발전해온 학문입니다. 법전을 마치 성서처럼 떠받들며 정해진 법률을 합리적으로 해석하고 적용하는 데 노력을 집중하지요. 사법시험도 변호사시험도 모두 법률의 해석과 적용에 초점을 맞춥니다. 그런 분위기에서 드물게 법을 의심하도록 가르치는 과목이 형사정책입니다. 형사정책은 세상의 수많은 행위 중에서 왜 몇몇 행위만 골라내 범죄라고 규정하는지, 어떻게 하면 보다 합리적인 형사사법 씨스템을 만들 것인지 고민합니다. 그래서 저는 형법이나 형사소송법보다는 형사정책을 가르칠 때 훨씬 즐겁습니다.

그러나 로스쿨 학생들은 형사정책 과목을 좋아하지 않습니다. 똑같은 교수가 가르치는데도 형법과 형사소송법은 늘 수강생이 차고 넘쳐 증원해달라고 난리인 데 반해, 형사정책은 로스쿨 도입 이후 매번 폐강의 위기를 겨우 넘기고 있습니다. 변호사시험 과목도 아닌데 숙제도 많이 내주고 자꾸 토론을 시키니 학생들이 알아서 도망가는 거죠. 제한된 고시과목 위주로 암기에 치중한 학생들에게만 법률가의 길이 열렸던 사법시험 시대보다도 오히려 상황이 나빠지고 있는 셈입니다. 동성애, 간통, 대마초 흡연, 성매매, 국가보안법상의 찬양고무, 도박 등이 처벌할 가치가 있는 행위인지 근본적으로 고민하는 형사정책 과목이 냉대받는 현실은 로스쿨 이후 우리 법조계의 암담한 미래를 예측게 하는 중요한 바로미터입니다. 자칫하면 나치 독일에 협력한 법률가들처럼, 기계적 해석과 적용에만 능숙한 전문가

들이 양산될 개연성이 크니까요.

색과 계, 즉 욕망과 규범의 문제를 앞에 두고, 우리를 얽매온 규범이라는 게 과연 얼마나 튼튼한 기반 위에 서 있는지 한번 검토해볼 필요가 있습니다. 우리가 신경쓰지 않아서 그렇지, 인생이란 규범으로 촘촘히 짜인 바둑판 위를 조심스럽게 한발짝씩 내딛는 것 같은 하루하루입니다. 살인하지 말라는 형사법에서부터 계약은 지켜져야 한다는 민사법에 이르기까지 헤아릴 수 없는 수많은 법이 매일 우리 삶을 스쳐지나가고 있죠. 형사, 민사뿐 아니라, 술 마시지 마라, 담배 피우지 마라, 혼외의 모든 성관계는 죄라는 윤리규범도 한국교회 안에서는 거의 성서와 동일한 힘을 인정받고 있습니다. 이 많은 규범들의 기반이 얼마나 튼튼한지 잠깐 살펴볼까요?

여러 법률 중에서 가장 무시무시하고, 인간에게 깊은 상흔을 남기며, 그렇기 때문에 가장 강력한 근거가 필요한 규범이 형법입니다. 형법은 범죄 구성요건과 그에 따른 형벌을 규정합니다. 예컨대 살인죄를 규정한 형법 제250조 제1항에는 "사람을 살해한 자는 사형, 무기, 또는 5년 이상의 징역에 처한다"라고 적혀 있습니다. 미팅에 나온 법대 1학년생들이 괜히 줄줄 외우면서 엄청난 지식이라도 가진 양 자랑할 때 자주 써먹는 조항이죠. 이 유명한 조항에서 "사람을 살해한 자는"이라는 앞부분은 범죄 구성요건에 해당하고, "사형, 무기, 또는 5년 이상의 징역에 처한다"는 뒷부분은 그 범죄에 대한 법률적 효과인 형벌에 해당합니다. 형법은 이렇게 각 조문에 있는 범죄 구성요건을 탐구하는 학문입니다. 살인죄 같으면 "사람을 살해한다" 는 표현의 구체적인 의미와 다양한 가능성을 몇시간 동안 살펴보게 되지요.

법대생들에게 범죄가 뭐냐고 물어보면 반사작용처럼 이렇게 답변합니다. '구성요건에 해당하는 위법하고 책임있는 행위'가 범죄라고요. 판검사들에게 물어봐도 아마 90퍼센트 이상은 같은 답변을 할 겁니다. 교과서에 그렇게 적혀 있기 때문입니다. 역시 법을 공부한 사람은 뭔가 달라, 탄성을 지르게 만드는 멋진 답변입니다. 그런데 이 답변은 엄밀하게 말하면 범죄의 '개념'이 아닙니다. 살인은 '왜' 범죄인지, 밥 먹고 잠자고 섹스하는 행위는 '왜' 범죄가 아닌지에 대해 아무런 정보나 기준을 제공하지 못하는 까닭입니다.

예를 들어 근본주의 종교인 한명이 국회의원이 되어 '혼인순결 및 가족보호 등에 관한 법률'을 새로 제안했다고 생각해봅시다. 이 새로운 법안의 핵심조문은 '혼전성교를 하는 사람은 1년 이하의 징역에 처한다'는 혼전성교죄입니다. 사람들은 혼전성교죄의 신설을 놓고 논란을 벌일 테고, 당연히 범죄를 정하는 기준이 도대체 무엇인지 궁금해하겠지요. 그런데 '구성요건에 해당하는 위법하고 책임있는 행위'라는 범죄의 개념은 이런 논란에 아무런 기준도 제시하지 못합니다. 아직 법률이 만들어지지 않은 단계에서는 구성요건이라는 것이 존재하지 않으므로, 이런 식의 범죄 개념으로는 새로운 법률을 만드는 데 필요한 어떤 정보도 얻을 수 없는 까닭입니다. 돼지의 개념을 묻는 사람에게 '사람들이 돼지라고 부르는 게 돼지'라고 설명하는 것처럼 속이 텅 빈 개념인 거죠. 결국 판검사나 법대생 들이 범죄 '개념'이라고 생각하는 멋진 표현은 누군가(주로는 국회가) 이미 만들어놓은 법률이 먼저 존재할 때만 의미있는 것입니다.

물론 동어반복에 불과한 이런 명목상의 범죄 개념이 아주 무의미한 것은 아닙니다. 근대 이전에는 법률에 적혀 있지 않은데도 국왕의 기준에 따라 어떤 행위가 마음대로 처벌되곤 했습니다. 혼전성교가 범죄로 규정된 법률이 없는데도 왕이 처벌하기로 마음먹으면 아무나 감옥에 처넣을 수 있는 시절이 있었던 거죠. 그래서 '법률에 범죄라고 적혀 있는 것이 범죄'라는 단순한 개념도 한때는 국왕의 자의적(恣意的) 처벌에서 시민을 구원하는 혁명적인 의미를 가졌습니다. 역사적으로는 의미가 있지만 실제 법을 만드는 데는 별 도움이 안 될 뿐이죠. 이런 명목상의 범죄 개념만 붙들고 사는 법대생과 법률가 들이 많은 것도 문제라면 문제입니다.

남에게 해를 끼쳤는가

그렇다면 밥 먹고 잠자고 섹스하는 행위와 살인 같은 범죄행위를 가르는 진짜 기준은 도대체 무엇일까요? 이는 규범의 정당성을 판단하는 매우 중요한 질문입니다. 상식적으로 가장 먼저 머리에 떠오르는 것은 그 행위가 '누군가에게 피해를 주었는가'라는 기준입니다. 살인, 상해, 강간, 강도, 절도, 사기, 배임 등 우리가 아는 대부분의 범죄는 모두 다른 사람에게 피해를 준 행위입니다. 바로 여기서 존 스튜어트 밀(John Stuart Mill)이 얘기하는 '유해성'이라는 기준이 나옵니다. 밀은 『자유론』(*On Liberty*)에서 다음과 같이 선언합니다.

문명화된 공동체의 어느 한 구성원에게 그의 의지에 반해서 권력이 정당하게 행사될 수 있는 유일한 경우는 타인들에게 해를 가하는 것을 막기 위한 경우밖에 없다. 한 사람의 행동 가운데 그가 사회에 책임을 지는 유일한 부분은 타인과 관련된 부분이다. 단지 그 자신만 관련되는 부분에서는 그의 독립성은 당연히 절대적이다. 그 자신에 대해서는, 그 자신의 신체와 정신에 대해서는 그 개인이 주권자이다.[5]

'남에게 해를 가하는 경우 외에 개인은 자유롭다'는 밀의 선언은 오늘날까지도 무엇이 범죄인지를 정하는 가장 중요한 기준입니다. 똑같은 섹스라 하더라도 동의 없는 상태에서 관계를 맺었다면 상대방에게 피해를 입혔기 때문에 강간죄가 됩니다. 서로의 합의만 있다면 손발을 묶든 채찍으로 때리든 범죄와는 전혀 관련이 없습니다. 혼전성관계도 특정 종교집단에서 윤리적으로 문제삼을 수는 있겠지만 피해자가 없으므로 형법상의 범죄가 될 수는 없습니다.

동성애*, 간통, 대마초 흡연, 성매매, 국가보안법상의 찬양고무, 도

---

* 동성애의 경우에는 현재 군 형법 제92조의 5에만 처벌규정이 존재합니다.

박 등 심야토론의 단골 소재가 되는 행위들은 어떨까요. 혼전성관계와 마찬가지로 성인간 합의에 의한 동성애, 대마초 흡연, 성매매, 도박에는 당장 눈에 띄는 피해자가 없습니다. 물론 대마초 흡연을 하면 자기 몸이 상하고, 도박을 하면 재산을 날리는 등 행위자 자신이 피해자인 것처럼 보이죠. 그러나 우리 법은 자기 자신을 죽이는 자살행위도 처벌하지 않습니다. 자살에 성공하면 당사자가 죽었으니 어차피 상관없고, 자살에 실패해도 그를 처벌하는 법률은 없습니다. 전쟁터에 나가지 않으려고 자기 몸을 상하게 하는 등의 몇가지 예외를 빼면 자기 손발을 씹어먹어도 범죄는 아닙니다. 종교나 윤리에서는 다른 이야기가 나올 수 있지만, 최소한 법적으로는 인간에게 자기를 파괴할 권리가 있는 셈입니다. 어쩌면 자기를 파괴할 권리야말로 인간이 가장 마지막까지 쥐고 있는 존엄성의 증거일 수 있습니다.

술과 담배를 허용하는 우리 사회에서 굳이 대마초만 처벌할 논리적 근거를 찾기도 어렵습니다. 대마초가 담배보다 인체에 유해하다는 증거가 없기 때문이죠. 주식투자에서 재산을 날리고 빈털터리가 된 수많은 사람들을 처벌하지 않는 것처럼 도박을 처벌할 근거도 매우 빈약합니다. 한정된 공간이기는 해도 강원랜드에서 이미 도박을 합법화한 마당에 연예인이 외국에 가서 도박을 하고 왔다고 범죄자 취급을 하는 것도 이상합니다(그래서 대개 외환관리법 등을 함께 엮습니다). 처벌하는 게 당연하다고 생각해온 기존의 범죄들도 차분하게 들여다보면 이렇게 피해자가 분명하지 않은 경우가 많습니다.

성매매는 좀더 복잡합니다. 강제로 성매매시킨 포주를 처벌하고 성매매 여성을 피해자로 보호하는 데는 누구도 이견이 없습니다. 그런데 완전히 자발적으로 성매매에 나선 사람을 피해자로 볼 수 있는지는 답하기가 쉽지 않습니다. 여성의 열악한 사회경제적 지위 때문에 어쩔 수 없이 성매매로 몰린 경우가 많으므로 본인이 의식하든 의식하지 않든 피해자로 볼 수 있다는 것이 성매매 처벌의 기본논리입니다. 이렇게 보면 '완전히 자발적인' 성매매란 아예 존재할 수 없습니다. 저도 계속 고민 중인 부분입니다만, 스스로 피해자라고 생각하지 않는데, '우리가 너를 사랑해서 보호한다'고 처벌하는 것은 과도한 퍼터널리즘(paternalism, 가부장적 온정주의)이 아닐까 하는 의문을 갖고 있습니다. 비범죄화 논의에서 사회경제적 약자 같은 추상적인 논리를 동원할 때는 더 조심하고 경계할 필요가 있는 것도 사실이고요. 동성애자 자신을 피해자로 볼 논리적 근거는 전혀 없기 때문에 이 문제에 대해서는 별로 덧붙일 말도 없습니다.

그럼 본인은 아니더라도 혹시 가족이 피해자가 되진 않을까요? 보기에 따라서는 혼전성관계, 동성애, 대마초 흡연, 성매매, 도박을 하는 사람의 가족은 모두 피해자인 것처럼 보입니다. 가족의 마음도 상하고 주변에 알려지면 명예에도 타격을 입을 수 있으니까요. 그런데 부모님 마음 상한 것까지 피해라고 본다면 우리 중에 범죄자 아닌 사람은 하나도 없을 겁니다. 주식투자, 술, 담배, 게임중독부터 시작해서 공부 열심히 안 한 것에 이르기까지 가족의 마음을 아프게 한 사람들은 모조리 교도소로 보내야겠지요.

간통의 경우에는 배신당한 배우자가 비교적 분명한 피해자처럼 보입니다. 남편이 아내를 버리고 다른 여자와 잠을 잤다면 아내는 정신적 충격을 입겠죠. 반대 경우도 마찬가지고요. 그런데 만약 결혼한 상태가 아니라면 어떨까요? 애인이 있는데 다른 남자와 잠을 잔다면, 범죄가 될까요? 그걸 범죄라고 하는 사람은 없습니다. 인간관계의 배신을 형벌로 처벌할 수는 없기 때문입니다. 이런 경우와 간통은 '결혼'이라는 제도의 개입에서 차이가 있습니다. 그렇다면 결국 간통죄가 보호하고자 하는 것은 피해자가 아니라 결혼제도, 선량한 성풍속, 도덕 등의 추상적인 가치입니다. 그런 추상적인 가치를 내걸고 실제로는 '사랑이 식은' 것을 처벌하는 거죠. 하지만 사랑이 식은 것을 민사상 손해배상으로 처리하면 몰라도 범죄로 처벌할 근거는 너무 약합니다. 실제로 대부분의 간통죄 사건은 위자료를 많이 받아내거나 이혼소송에서 유리한 고지를 점하기 위한 수단으로 악용되고 있습니다. 본래의 뜻을 잃어버린 조항은 폐기되는 것이 옳고, 그냥 민사나 가사 사건으로 처리하면 충분하죠. 그래서 형법을 전공한 거의 모든 학자들은 간통죄 폐지에 찬성하고 있습니다.

간통죄 논란에 결혼제도, 선량한 성풍속, 도덕 같은 표현이 슬슬 등장하는 데서 알 수 있듯이, 논의가 일정한 국면에 이르면 개인에게 피해를 주었는가를 넘어 사회 전체 또는 국가 전체에 해를 주었는지가 문제됩니다. 이른바 '사회 유해성' 기준이 나오는 거죠. 예를 들어 위조지폐의 경우, 당장 눈앞에서 피해를 보는 개인은 없는 것처럼 보이지만 통화에 대한 신뢰를 저하시켜 사회 전체의 뿌리를 흔들게 됩니다. 전방에 있는 탱크를 빼내 중앙청으로 몰고 오는 행위

(쿠데타)도 명백하게 국가에 해를 끼칩니다. 간첩이 군사정보를 빼내는 것도 비슷하죠. 이런 행위를 처벌할 필요는 분명해 보입니다.

하지만 유해성 앞에 붙는 '사회'라는 수식어에는 함정이 있습니다. 국가보안법상의 찬양고무죄처럼 자칫하면 개인의 자유를 마구 침범하면서 처벌범위가 무한대로 확장될 수 있기 때문입니다. 생각하기에 따라서는 우리의 모든 행위가 사회적으로 유해할 수 있습니다. 밥을 너무 많이 먹는 것도 제3세계의 난민들을 생각하면 사회적으로 유해할 수 있고, 자녀를 낳지 않는 것도 국가생산력을 저하시킨다는 점에서 유해할 수 있으며, 우리가 먹고 싸는 일거수일투족이 후손들이 누릴 자연환경을 어느정도 파괴한다는 점에서 사회적으로 유해할 수 있습니다. 그래서 최초 출발점이 된 '고전적 유해성'보다 '사회 유해성'을 끌고 들어올 때는 훨씬 조심할 필요가 있습니다. '사회 유해성' 개념은 법의 가면을 쓰고 윤리나 도덕을 강요하는 수단으로 악용될 개연성이 워낙 크기 때문입니다.

범죄가 되려면 반드시 유해한 행위여야 하지만, 유해한 행위라고 해서 모두 범죄가 되는 것은 아닙니다. 유해성은 범죄의 필요조건일 뿐 충분조건은 아닌 거죠. 그래서 유해성 기준이 제대로 작동하려면 도대체 '얼마나' 유해해야 범죄인지에 관한 구체적인 기준이 제시되어야 합니다. 해를 주느냐 여부가 아니라, '얼마나' 해를 주느냐가 핵심입니다.

하지만 그 구체적인 기준을 만드는 것이 쉽지 않습니다. 우선 '얼마나'를 정하려면 유해성을 양적·질적으로 측정할 수 있어야 합니다. 그런데 고통이라는 게 다 비슷한 것 같아도 개인별로 엄청난 차이가 있습니다. 인간은 원래 옆사람의 고통을 절대 내 것으로 느낄 수 없는 존재입니다. 머리털 하나 살짝 뽑는 것이 내게는 그저 눈 한 번 질끈 감으면 되는 고통인데, 누군가에게는 비명이 나올 만큼 큰 아픔일 수 있습니다. 나와 같으리라 짐작할 수는 있지만, 내가 느낀 고통의 양과 질이 과연 친구가 느낀 것과 똑같은지 확인할 방법은 없습니다. 그러고 보면 유해성의 양적·질적 측정이란 처음부터 불가능합니다. 백보 양보하여 유해성의 양적·질적 측정이 가능하다고 치더라도, 과연 '얼마나' 해를 입혀야 범죄가 되느냐는 문제는 그대로 남습니다. 여전히 불가능한 과제인 거죠. '남에게 해를 주는 행위는 범죄다'라는 그럴듯한 명제는 '남에게 해를 주는 수많은 행위 중에서 도대체 얼마나 해를 주어야 범죄가 되는가?'라는 질문 앞에 맥없이 무너지고 맙니다.[6] 거기다가 '사회 유해성' 같은 추상적인 논의까지 끼어들면 기준은 더욱 불투명해지지요.

**결국은 '누가' 그 기준을
만드느냐의 문제**

이런 불명확성 속에서 우리가 알 수 있는 분명한 사실은 딱 한가지입니다. 규범의 생성과 소멸에서 중요한 것은 기준조차 명확하지 않은 '왜'가 아니라 '누가'의 문제입니다. 유해성의 양과 질을 측정하는 것도, 그 기준선을 긋는 것도 불가능하다면, 남는 건은 '누가' 그걸 정하느냐의 문제가 될 수밖에 없으니까요. '법률에 범죄라고 적혀 있는 것이 범죄'라는 텅 빈 순환개념도 궁극적으로는 입법부에 답을 미루고 있습니다. '구성요건에 해당하는 위법하고 책임있는 행위'라거나 '사회 유해성' 또는 '법익침해' 같은 멋진 수사들도 결국은 사람들의 관심을 '누가'에서 '왜'로 돌려 본질적인 문제를 은폐하는 역할만 하고 있을 뿐입니다. '왜'가 아니라 '누가'의 문제에 관심을 갖게 되면, 논리가 아니라 권력의 문제가 눈에 들어오기 시작합니다.

국회는 다수결을 통해 그 사회 주류의 가치관과 믿음을 법률에 반영합니다. 물론 왕이 혼자 법을 만드는 것보다는 훨씬 나은 방법이고, 현재로선 더 나은 민주적 방식을 찾기도 쉽지 않습니다. 늘 '왜'가 논의되기는 하지만, 마지막 순간에는 '다수'의 의지가 반영될 수밖에 없는 거죠. 그래서 뒤르켐 같은 학자는 범죄의 본질을 설명하기 위해 '집합의식의 침해' 또는 '집단적 비승인'이라는 개념을 끌고 들어옵니다.[7] 멋있게 번역해서 '집단적 비승인'이지, 쉽게 말하자면 그냥 다수의 사람들이 어떤 행위를 싫어하는 정도가 일정한 수준을 넘어서면 그게 범죄가 된다는 얘기입니다. 처벌할 수 있는 만큼의 '사회 유해성'이 존재하는지도 결국엔 다수의 합의에 의해 결정됩니다. 좀 거친 결론이기는 하지만, 앞서 논의한 동성애, 간통, 대마초 흡연, 성매매, 국가보안법상의 찬양고무, 도박 등이 범죄로 취급되는 이유도 그런 행위가 사람들을 불편하게 만들기 때문입니다. 언제나 사람들의 불편함이 먼저고, 그 불편함을 합리화하는 이유는 나중에 만들어집니다.

잠깐 글 읽기를 멈추고 무엇이든 흉악한 범죄를 머리에 떠올려보십시오. '흉악'이라는 단어가 들어가는 순간 우리 머릿속에 떠오른 범죄는 보나마나 막가파, 지존파의 강도살인, 조두순의 어린이 강간처럼 주로 물리적 폭력이 개입된 유형일 겁니다. 이런 것들을 보통 '길거리 범죄'(street crime)라고 부릅니다. 작전세력을 만들어 주식시장에 개입해서 수백명의 개미투자자들을 알거지로 만들거나, 노동운동에 지속적인 압력을 가해 노조위원장을 자살에 이르게 하거나, 민주화운동가를 고문하거나, 인종적 증오심이나 종교적 편견을 갖고 소수자에게 해를 가하거나, 비정규직을 차별하는 씨스템을 만드는 행위를 '흉악한' 범죄의 전형으로 생각하는 사람은 많지 않습니다. 이런 행위가 범죄가 될 수 있다고는 상상조차 못 하는 사람들도 많습니다.

그런데 한번 생각해보십시오. 1984년 12월 인도의 보팔(Bhopal)에서 다국적기업 유니온카바이드(Union Carbide)사 공장의 화학가스가 유출되어 첫 주에만 3,000명이 죽고, 이후에 8,000명가량이 목숨을 잃었습니다. 신체적으로 손상을 입은 사람은 50만명이 넘습니다. 사고 전부터 가스누출 등 치명적 위험을 경고하는 신호들이 곳곳에서 나타났지만, 수익에만 관심이 있던 미국 화학회사와 지역정부는 그 경고에 귀를 기울이지 않았습니다. 고의에 가까운 부주의가 낳은 엄청난 사고로 비참하게 죽어간 사람들도 지존파에 의해 살해당한 사람들과 똑같은 생명입니다. 그러나 유니온카바이드사에서 제대로 처벌받은 사람은 아무도 없었습니다. 사건이 터지고 30년이 다 되어가지만, 아직 진상조차 제대로 규명되지 못했고, 다우케미컬(Dow Chemical)에 인수된 유니온카바이드는 지금도 멀쩡하게 영업을 계속하고 있습니다. 그런데도 우리는 흉악한 범죄를 생각할 때 이런 끔찍한 사건을 지존파 사건보다 먼저 떠올리지 못합니다. 희생자 숫자가 수천배에 이르는데도 말입니다. 참 이상한 일입니다.

유니온카바이드사의 범죄는 '길거리 범죄'와 구별되는 전형적인 '화이트칼라(white collar) 범죄'입니다. 화이트칼라 범죄란 문자 그대로 하얀 깃 달린 와이셔츠를 입고 사무실에서 일하며 사회적으로 존경받는 사람들이 자기 직업과 관련하여 저지르는 범죄를 말합니다. 이런 범죄는 주로 경제적 동기를 갖고 외형상 비폭력적으로 이루어집니다. 길거리 범죄가 보여주는 외형상의 폭력성 때문에 사람들은 화이트칼라 범죄보다 길거리 범죄를 훨씬 흉악하다고 생각하는 경향이 있습니다. 버스에서 10만원을 소매치기한 절도범은 구속되고 수백억을 빼돌린 대기업 회장은 불구속되어도 당연하다고 고개를 끄덕입니다. 수사기관도 마찬가지입니다. 조직폭력배가 상대방 조직의 결혼식장에 난입해 칼부림을 벌이면, 검찰이나 경찰은 붙잡힌 조직원들이 "보스는 전혀 모르는 일"이라고 아무리 부인해도 어떻게든 조각을 맞추어 보스를 공모공동정범으로 엮어넣습니다. 그런데 대기업 범죄에서 넘버투인 고용사장(이른바 전문경영인)이 "모두 내 책임으로 이루어졌고, 회장님은 모르는 일"이라고 하면, 기다렸다는 듯이 "아, 그러시냐"고 고개를 끄덕이며 넘버투만 잡아넣습니다. 회장님을 잘 보호한 넘버투는 잠깐 징역살이를 마치고 나와 기업에 화려하게 복귀합니다.

왜 이런 일이 일어날까요? 근본적으로 법을 만드는 사람도, 집행하는 사람도 모두 화이트칼라이기 때문입니다. 법을 만드는 데는 늘 이해관계의 충돌이 있기 마련인데, 가난하고 힘없는 사람들의 목소리는 권력과 돈을 가진 사람들의 로비력을 이겨내지 못합니다. 국회의원은 물론이고 그 친구들도 모두 화이트칼라이다보니, 일상에서 보고 듣는 게 '기업하는 어려움'입니다. 눈 씻고 찾아봐도 노조운동 하다가 쫓겨난 블루칼라 친구가 주변에 없으니 그런 목소리는 입법에 반영되지 않습니다. 그래서 화이트칼라 범죄는 법률에 규정되기도, 법에 정해진 형량을 높이기도 어렵습니다.

그에 반해 전형적인 길거리 범죄인 성폭력 범죄는 사람들의 이목을 끄는 사건이 터질 때마다 계속 새로운 범죄유형이 법률에 추가되고 법정형이 올라갑니다. 국회의원들이 볼 때, 자기와 별 상관 없는, 도무지 동일시하기 어려운 사람들이 일으키는 범죄이기 때문입니다. 특별법에 규정된 성폭력 범죄의 상당수는 이미 오래전에 살인죄의 법정형을 훌쩍 뛰어넘었습니다. 그래도 부족하다고 경쟁적으로 법정형을 더 올리려고만 합니다. 그러나 성폭력 범죄가 보호하고자 하는 성적 자기결정권이 아무리 중요한 법익이라 해도 살인죄가 보호하는 생명보다 더 중요할 수는 없습니다. 레토릭으로는 "강간당한 아픔이 살해당한 것보다 더 크다"고 말할 수 있을지 모르지만, 우리 법체계에서 생명보다 소중한 법익은 없습니다. 그런데도 보수든 진보든 국회의원들이 모두 박수치는 가운데, 성폭력 범죄의 법정형만 줄기차게 높아집니다.

'누가'의 문제를 생각하면 판검사, 변호사 출신 국회의원이 계속 늘어나는 현상도 눈에 들어옵니다. 법률가들은 화이트칼라 중의 화이트칼라로 늘 사안에서 한발짝 떨어져 중립적으로 바라보는 훈련을 받아온 사람들입니다. 모든 일을 객관적으로 바라보는 대신, 아무래도 남의 고통을 자기 문제로 받아들일 기회가 많지 않습니다. 지난 20년간 제가 억울한 사람들의 이야기를 들으며 가장 많이 뱉은 말이 있습니다. "억울한 건 분명한데, 현행 법체계하에서는 어쩔 수가 없다"는 말입니다. 다른 법률가들의 형편도 비슷할 겁니다. 법을 잘 알기 때문이라 변명할 수도 있지만, 원래 올바른 법률가의 태도는 그런 말을 하는 게 아니라 없는 법리를 만들어서라도 그런 분들의 억울함을 풀어주는 것입니다. 국회에는 "현행 법체계하에서는 어쩔 수가 없다"고 말하는 사람이 아니라, "억울함을 만드는 법체계라면 바꿔야 한다"고 믿는 사람이 들어가는 게 맞습니다. 또한 법률가들은 개별사건 중심으로 사회를 바라보는 습관이 있어서 거시적인 대책을 만드는 데 익숙하지 못합니다. 누가 인터넷에서 북한을 찬양고무했다고 억울하게 붙잡혀가면 표현의 자유 침해임을 주장해 무죄를 이끌어낼 줄은 알지만, 보편적 복지, 한미FTA, 제주 해군기지 같은 국가적 사안에 정확한 의견을 표명하고 여론을 만들 줄은 잘 모릅니다.

약자를 위한 법을 만드는 데 법률가 출신이라는 이력은 생각보다 도움이 안 된다는 말씀입니다. 약자와 자신을 동일시하는 국회의원이라면 법률적 지식은 보좌진의 도움으로 충분히 보충할 수 있습니다. 그런데도 선거철만 되면 법률가들이 1순위로 영입대상이 됩니다. 고시합격을 봉건시대의 '장원급제'로 생각하는 오랜 전통 때문에 공부 잘한 사람들이 당연히 국회의원 노릇도 잘하리라 오해한 까닭입니다. 물론 법률가라고 해서 국회의원이 되지 말라는 법은 없지만, 고시합격과 그에 따른 판검사, 변호사 경력만으로 국회의원이 되어선 곤란합니다. 고통받는 사람들과 한편이 된 적이 있는지, 사안을 거시적으로 바라보고 정확한 판단을 내리는 능력이 있는지를 더불어 살펴보아야 합니다.

법이 현실적으로 적용되는 국면에서도 '누가'의 문제는 중요합니다. 예를 들어 길거리에서 퍽치기를 하다 잡혀온 피고인은 가족, 출신학교, 직업 등 모든 면에서 판검사와 다른 인생을 살아온 사람입니다. 판검사들이 무거운 형을 구형하고 선고하는 데 부담이 없습니다. 그런데 주가조작을 하다 잡혀들어온 이른바 '작전세력'의 주인공을 보면 가족, 출신학교, 경력 등이 판검사와 크게 다르지 않습니다. 판검사들은 자연히 '그 대학, 그 직장에 가기 위해 중고등학교 시절부터 얼마나 열심히 살았을까?' 생각하게 됩니다. 어렵게 쌓아온 인생이 한번의 '실수'로 와르르 무너지는 게 안타깝게 느껴집니다. 이런 동일시가 이루어지면 당연히 관대한 판결이 나올 수밖에 없습니다. 더 심하면 나중에는 부천서 성고문 사건의 문귀동 경장을 "경찰에 충직하게 봉직해왔고, 비등한 여론 때문에 형벌 못지않은 정신적인 고통을 받았으며, 수사기관에 커다란 경각심을 일으켰다"
는 말도 안 되는 이유로 기소유예하는 엽기적인 결정도 나오게 됩니
다. 이런 황당한 결과를 막으려면, 누가 결정을 내리는지, 그 결정이
내려지는 과정에서 어떤 권력의 오남용이 있는지 지속적으로 감시
하는 게 필수적입니다.

　돈과 권력에 맛들인 사람들이 국회를 장악하면, 그들 자신에게 유
리한 법률이 만들어집니다. 그 사람들이 법을 집행하면 역시 비슷한
사람들에게 편파적으로 유리한 재판이 이루어집니다. 하지만 시민
들은 그런 씨스템화된 편파성에 분노해 궐기하지 않습니다. 오히려
앞서 언급한 '피해자가 불분명한' 범죄들에 과도하게 분노하며 돌
멩이를 손에 듭니다. 그래서 공직자가 학력을 위조한 젊은 여교수와
바람이 났다든지, 유명가수가 대마초를 피우다 걸렸다든지, 개그맨
이 해외에서 상습도박을 하다 붙잡혔다든지 하는 '스캔들'이 주로
돌을 맞습니다. 인터넷 뉴스기사의 클릭 수도 권력형 비리보다 이런
스캔들이 훨씬 많습니다. 해고노동자들이 줄줄이 죽어나가는 현실
보다는 여배우의 사생활이 담긴 동영상 하나가 백배의 관심을 끕니
다. 가십이 흥한 나라에서는 늘 이런 '관심의 불균형'이 일어납니다.
전두환 군사독재정권이 섹스, 스크린, 스포츠, 스피드 따위로 시민
을 우민으로 만들려 했던 것처럼, 돈과 권력을 가진 사람들은 언제
나 스캔들을 통해 사람들의 관심을 분산시킵니다. 법을 만드는 사람
들을 뽑는 선거시기가 다가올수록, 시민들은 '누가'의 문제에 관심
을 갖는 게 당연한데, 그런 때일수록 유난히 더 많은 스캔들이 터집

니다. 매사에 음모론을 갖다 붙일 필요는 없지만, 아무 때나 터져나오는 스캔들에 휘둘리지 않는 균형감각을 갖추는 것은 깨어 있는 시민의 필수적인 덕목입니다.

왜 모텔이 들어오면
안 되는가

　　　　　　　　10여년 전 포항에서 대학교수 생활을 처음 시작했을 때 제가 살던 아파트촌 입구에 소리없이 모텔 하나가 들어왔습니다. 학교에서 멀지 않아 동료교수들이 많이 사는 단지였고, 자연히 교수들도 모텔을 쫓아내자는 주민들의 목소리에 힘을 실어주게 되었죠. 아파트가 한창 올라가는 신흥주택가 한복판에 모텔이 달랑 서 있는 건 누가 봐도 어색했고, 대체 누가 주거지역에 모텔 허가를 내줬는지 의문을 가질 법도 했습니다. 친한 교수님과 그 문제로 이야기를 나누다 엉뚱한 의문이 들었습니다.

　"그런데 교수님, 아파트단지 들어가는 길에 모텔이 들어서면 왜 안 되는 거죠?"
　"(이게 뭔 뚱딴지같은 소리냐는 표정으로) 아이들이 늘 지나다니는 길목인데 거기 모텔이 들어서면 곤란하죠."
　"모텔이 들어서면 구체적으로 아이들에게 무슨 해가 있을까요?"

"모텔에 드나드는 남녀를 보게 되고, 당연히 교육적으로 좋지 않죠."

"글쎄요. 애들이 보게 되는 것은 그냥 사람들이 모텔에 들어가거나 나오는 모습 아닌가요? 여행 다니면서 모텔에 묵는 건 전혀 이상한 일이 아닌데요. 그걸 본다고 왜 교육적으로 나쁜 거죠?"

"(아주 점잖고 합리적인 분인데, 표정이 서서히 짜증으로 바뀌면서) 아니 그럼 애들이 그런 걸 봐도 상관없다는 말씀인가요?"

"제 생각에는 그 자체로 문제될 일은 별로 없을 것 같습니다. 모텔 안에서 이루어지는 관계에 대한 과도한 상상이 개입되지 않는 이상, 모텔에 드나드는 모습만으로 교육적으로 나쁠 일은 없으니까요. 애들이 물어보면 그냥 잠자는 곳이라고 설명해주면 되는 것 아닌가요?"

"젊은 남녀가 대낮에 들어가는 건 어떻게 설명합니까?"

"관광 온 사람이 대낮에 들어가든 말든 애들이야 신경도 쓰지 않을 거고요. 오히려 이런 반대운동 때문에 애들이 모텔에 불필요한 관심을 갖게 될 것 같은데요."

웃으면서 시작한 이야기는 곧 격론으로 바뀌었고, 지금도 친한 관계인 그 교수님은 나중에 "그날 모텔 얘기하면서 김두식 교수한테 굉장히 화가 났다. 무슨 이런 궤변을 늘어놓나 싶었다"는 고백을 하시기도 했습니다. 괜한 딴지이기는 했지만, 저는 지금도 모텔의 존재가 직접적으로 어린이나 청소년에게 나쁜 영향을 준다는 생각에 동의하지 않습니다. 차분히 살펴보면 청소년 보호를 내세운 정책이나 법률 중에는 유난히 근거가 약한 경우가 많습니다. 큰 사건이 터질 때마다 게임, 만화, 비디오, 학생인권조례 등 아무거나 붙잡아 청소년문제의 주범으로 몰아붙이지만, 입시지옥이라는 거대한 죽음의 씨스템을 빼놓고는 우리 청소년문제를 설명할 수 없죠.

또한 아이들의 눈앞에서 모텔을 모두 없애버리기에 앞서 우리나라에는 왜 이렇게 모텔이 많은지부터 생각해보아야 합니다. 미혼의 청춘들이 사랑을 나눌 곳이 마땅치 않고, 사회경제적 원인으로 결혼연령이 지나치게 높아졌으며, 부모에게서 빨리 독립하는 게 불가능한 현실에서 모텔만 잡는다고 해결될 문제가 아니죠. 청춘들만 모텔을 찾는 게 아니라고요? 그렇다면 우리나라에는 왜 이렇게 혼외의 사랑이 넘쳐나는지, 결혼생활은 왜들 그렇게 불행한지, 제도로서의 결혼이 과연 법률이나 의무감만으로 유지될 수 있는지 함께 고민해야 합니다. 결혼제도만이 아이들에게 최선의 양육환경을 제공하는지, 불행한 부모 아래 성장하는 것보다 이혼했어도 책임을 다하는 부모와 함께 사는 것이 더 나은 것 아닌지도 토론해볼 만하죠. 청소년인 자녀가 "왜 주택가에 모텔이 들어오냐?"고 물어보면 어떻게 하느냐고요? 그런 때야말로 부모와 자녀가 성, 사랑, 가족, 결혼, 윤리, 제도에 대해 폭넓은 이야기를 솔직하게 나눌 좋은 기회입니다. 당연하게 받아들이던 규범의 뿌리를 의심하기 시작하면 이런 재미있는 화제를 얼마든지 찾을 수 있습니다. 가정에서 이런 대화를 나눌 수 있다면 모텔의 증가 따위는 별로 문제될 것도 없죠.

모텔에 대한 논쟁이 벌어진 것과 비슷한 시기에, 어떤 교수님이 학생들에게 자주 하신다는 말씀을 전해들은 적이 있습니다. "고속도로에는 제한속도가 있는데, 우리나라 사람들은 대부분 그 속도를 지키지 않아 사고가 많이 난다. 우리 학교 졸업생들이 해야 할 역할은 그렇게 과속운전이 벌어지는 고속도로에서 둘이 나란히 달리면서 정확히 제한속도를 준수하여 뒤에 오는 차들도 과속을 하지 않도록 막는 것이다. 고속도로뿐 아니라 매사에 기독교인은 그런 삶을 살아야 한다. 우리는 그런 방법으로 세상을 변화시킬 수 있다." 그 교수님의 이야기에 감동받아 세상을 바꾸겠다는 의지에 불타는 학생들이 많았다고 합니다.

그 이야기를 전해듣고 저는 사실 큰 충격을 받았습니다. 운전에서 중요한 것은 자연스러운 흐름입니다. 교통법규란 그런 자연스러운 흐름을 보장하고 사고를 막기 위한 보조수단에 불과합니다. 운전을 하다보면 상황에 따라 제한속도를 10킬로미터쯤 초과해서 추월해야 할 때가 있습니다. 인생에서도 마찬가지입니다. 규범은 목적이라기보다는 수단입니다. 우리 삶을 풍요롭게 하기 위해 규범이 존재하는 것이지, 우리가 규범을 위해 존재하는 게 아닙니다. 남들이 규범을 지키게 만들겠다고 고속도로에서 '똥차' 노릇하는 게 개혁일 수도 없고요. 규범에 과도한 의미를 부여한 그 교수님은 물론 개인적으로 흠잡을 데 없고, 도덕적으로 거의 완벽한 분이셨습니다. 하지만 규범에 대한 그런 과도한 신뢰는 끝없는 의심보다 훨씬 더 위험할 수 있습니다.

'나란히 길을 막고 운전하는 것이 정의의 실현'이라고 생각한 교수님은 전형적인 근본주의자입니다. 주어진 규범에 맹종하는 태도는 근본주의의 가장 큰 특징입니다. 근본주의(fundamentalism)는 본래 20세기 초반 미국에서 태동한 개신교의 보수적 흐름을 지칭하는 표현이었지만, 이제는 외부의 공격에 맞서 특정한 교의를 지키고자 극단으로 치닫는 사람들을 통칭하는 용어가 되었습니다. 경전에 일점일획의 오류도 없다고 믿는 사람들이죠.

개신교인들이 동성애에 대해 거부감을 갖는 것도 1)성서에는 오류가 없고, 2)그 성서에 동성애는 죄라고 적혀 있으니, 3)동성애는 죄라는 간단한 논법에 따른 것입니다. 이들이 볼 때 의심은 세상에서 가장 나쁜 죄입니다. 왜냐고 묻는 것은 불경한 태도고, 주어진 규범은 그저 순종의 대상일 뿐입니다. 그런데 동성애를 죄라고 주장하는 기독교 근본주의자들이 성서의 모든 규범을 문자 그대로 받아들이고 실천하느냐 하면 꼭 그렇지도 않습니다. 성서에는 생각보다 이상한 규범이 참 많습니다. 예를 들어 생리 중인 여성과 성행위를 하면 '자기 백성에서 잘려나가야(죽어야)' 하고(『레위기』 18:19, 15:19~24), 정자나 생리혈에 닿기만 해도 부정한 사람이 됩니다. 여러 직물이 섞인 옷을 입어서도 안 됩니다. 그런데 현대 기독교인 중에서 이런 규범을 의미있게 받아들이는 사람은 아무도 없습니다. 현대 기독교인들이 정자, 생리혈, 혼합직물을 이해하는 관점은 100퍼센트 비기독교인들과 똑같습니다. 구약에는 심지어 두 사람이 싸우는데 한 사람의 아내가 남편을 때리는 사람의 손에서 남편을 구해내려고 손을 내밀어 그 사람의 치부를 붙잡으면 그 여자의 손을 잘라버리라는 규범도 있습니다(『신명기』 25:11). 문자 그대로 받아들였다가는 큰일날 규범이죠.

이와는 반대로 현대에는 당연한 규범이지만 성서에서는 별로 중요하게 생각하지 않은 행위도 많습니다. 우선 구약성서에서 말하는 간음죄는 원칙적으로 결혼한 여성에게만 적용되는 것이었습니다. 남성의 중혼이나 축첩은 비난받을 행위가 아니었으므로, 남성이 아내를 배신하고 간음죄를 저지른다는 것은 개념적으로 불가능했습니다. 갓 결혼한 신부가 처녀가 아니면 돌로 쳐서 죽였지만, 남성의 순결은 전혀 언급되지 않습니다. 남성은 어떤 여성하고든 성관계를 맺는 순간 둘이 한 몸이 되어 법적 보호를 받을 수 있었기 때문입니다. 유일한 예외는 성관계의 상대방이 다른 남성의 아내인 경우뿐입니다. 『아가서』에서 볼 수 있듯이 미혼 남녀 사이의 성관계도 폭넓게 허용되었습니다. 유대전통에서 성매매를 하는 여성은 범죄자였지만, 그런 여성을 찾는 남성은 범죄자가 아니었습니다. 여성을 남성과 동등한 인격체로 인정하지 않고 아버지나 남편에게 종속된 일종의 재산으로 여겼던 시절이라 지금과는 규범의 기초가 전혀 다릅니다.

남북전쟁 당시 성서 어디에도 노예제도를 금지하는 규정이 없다면서 노예제도를 적극적으로 옹호한 남부 교회들의 신학적 입장은 잘 알려져 있습니다. 그뿐 아닙니다. 성서에는 남성 주인이 여성 노예를 성적 노리개 또는 첩으로 삼아도 전혀 이상하게 여기지 않는 내용이 많습니다. 똑같은 짓을 벌이던 남부 농장주들은 이런 구절들을 즐겨 인용했습니다. 이방인과의 결혼을 금지한 규정을 끌어다가 흑인과 백인의 결혼을 금지하는 데 써먹기도 했습니다. 엄밀하게 따지면 유대인을 제외하고는 미국인 모두가 이방인인데도, 슬쩍 백인들을 유대인의 위치에, 흑인들을 이방인의 위치에 갖다 붙인 것입니다.

동성애에 대해 한번도 언급한 적이 없는 예수지만 이혼에 대해서는 명백한 금지를 선언했습니다. 아무렇게나 여성을 버릴 수 있던 당시의 잘못된 관행에 저항한 것이었습니다. 그러나 동성애 공격에 열을 올리는 근본주의 교회는 이혼한 사람들을 받아들이는 데 별 어려움을 느끼지 않습니다. 교회 입구에 서서 "이혼 사실을 회개하기 전에는 교회에 들어오지 못한다"고 막는 사람도 없습니다. 동성애자들에게 "예수 믿으려면 그 죄악에서 분명하게 돌이켜야 한다"고 말하는 것과는 사뭇 다른 태도입니다.

성서의 다양한 규범들을 이리저리 뜯어맞추면 어떤 새로운 규범도 만들어낼 수 있고, 어떤 오래된 규범도 없앨 수 있습니다. 근본주의자들 자신도 이미 충분한 취사선택을 거쳐서 어떤 규정은 무의미하다고 내버리고 있습니다. 시끄럽게 떠들며 규범을 버리는 대신 슬쩍 무시하는 방법을 취하고 있어서 일반 교인들이 잘 느끼지 못할 뿐입니다. 그런데도 동성애 규정만은 지금도 여전히 특별한 죄로 유지되어야 한다고 믿습니다. 참 이상한 일입니다.

성서는 지금의 현실에 그대로 적용될 수 있는 법전도 아니고 오늘

날까지 100퍼센트 유효한 성윤리 교범도 아닙니다. 성서가 가르치고자 하는 법과 규범을 모두 무시하자는 얘기가 아닙니다. 다만 그 법과 규범에 역사적 한계가 있음을 인정하고, 예수가 가르친 사랑의 정신으로 재해석하고 적용하는 과정이 필요하다는 의미입니다.

의심하라!

규범을 의심할 줄 모르고 무조건 따르기만 하는 근본주의자들은 남에게도 해를 끼치지만 자기 자신도 해를 입습니다. 단순화의 위험을 무릅쓰고 이들의 심리상태를 분석해보면 이렇습니다. 근본주의 기독교가 가장 싫어하는 것은, 성서에 오류가 있을지도 모른다는 의심, 목사님이 뭔가 잘못하고 있다는 의심, 동성애가 죄가 아닐지도 모른다는 의심, 예수 외에도 구원의 길이 있을지 모른다는 의심입니다. 근본주의자들은 이런 의심이 기독교 신앙과 절대로 공존할 수 없다고 믿습니다. 그들은 1)만약 이런 의심 중 한가지라도 사실이라면, 즉 성서에 오류가 있거나, 목사님에게 잘못이 있거나, 동성애가 죄가 아니거나, 예수 외에도 구원의 길이 있다면, 2)성서는 더이상 진리가 아니고, 3)성서가 진리가 아니라면 하나님도 존재하지 않으며, 4)하나님이 존재하지 않는다면 구원도 있을 수 없고, 5)구원이 없다면 나는 곧 지옥으로 간다고 믿습니다.[8] 의심이 곧 지옥행 특급열차라는 논리체계를 온몸으로 받아들이지 않고 조금의 의심이라도 품으면, 그는 더이상 기독교인이 아니고,

더이상 기독교인이 아니라면 지옥에 가야 합니다. 언제나 결론은 지옥입니다. '번역은 반역'이라는 말처럼 어차피 번역된 성서에는 오류가 있기 마련인데도, 근본주의 기독교인들은 그 사실을 결코 인정하지 않습니다. 앞서 설명한 순서에 따르자면 그런 작은 의심도 지옥행 특급열차로 연결되기 때문입니다.

교리는 딱 한가지뿐이고 거기서 파생되는 규범은 모두 지켜져야 한다는 세계관은 상상도 못 할 불관용적 태도와 끝없는 불안을 낳습니다. 이런 세계관을 가진 사람들은 작은 불행을 만날 때마다 자기 삶 전체를 돌아보면서 혹시 의심을 품었기 때문에 불행이 닥친 게 아닌지 점검합니다. 나의 실패는 늘 나의 잘못이고, 나의 불행은 늘 의심의 결과입니다. 여기에 '하면 된다'는 긍정적 사고방식까지 합쳐지면 '안되면 모두 내 의심 탓, 잘되면 모두 하나님 은혜'라는 긍정적 태도가 만들어집니다. 물론 자기를 성찰하고 절대자에게 감사하는 태도가 다 나쁜 것은 아닙니다. 그러나 언제라도 예기치 않은 불행이 찾아올 수 있는 게 우리 인생입니다. 사랑하는 자녀가 교통사고로 세상을 떠나기도 하고, 직장에서 돌아와 샤워하던 남편이 돌연사하기도 하며, 친구의 배신으로 사업이 몰락하기도 하고, 원전사고로 도시 하나가 사라지기도 합니다. "내가 착하고 의롭다면(하나님을 믿는다면), 나에게는 어떤 나쁜 일도 생기지 않을 것이다"라는 단순한 프레임으로 설명할 수 있는 세상이 아닙니다. 하지만 그 단순한 프레임에 인생을 건 근본주의자들은 이런 불행에 대해 딱 한가지 설명만 내놓을 수 있습니다. "내가 착하고 의롭지 않았기 때문에

(의심했기 때문에), 이런 나쁜 일이 생겼다"는 해석입니다. 이런 단순한 프레임에 갇혀 사는 사람들은 작은 불행을 겪어도 우울, 불안, 편집증, 공황상태에 빠지기 쉽습니다. 모든 불행은 내 잘못이기 때문입니다. 이런 불안은 근본주의 교회를 지탱하는 원동력이 됩니다. 의심할 줄 모르는 근본주의자들은 이런 불안의 노예가 되어 이미 충분한 벌을 받고 있는 셈입니다.

그런데 세상에는 이런 근본주의 기독교만 있는 게 아닙니다. 분명히 다른 신앙의 길도 있습니다. 성서의 규범이 갖는 역사적 한계를 인정하고 다양성을 받아들이고도 충분히 좋은 기독교인이 될 수 있습니다. 근본주의자로 자처하는 사람들도 어차피 매일 의심하는 삶을 삽니다. 어쩔 수 없는 인간이기 때문입니다. 다만 성서의 무오류성을 의심하면 기독교인이 아니고 기독교인이 아니면 지옥 가고 이 땅에서 불행을 겪는다는 두려움 때문에 그런 의심을 드러내지 못할 뿐입니다. 그런 두려움을 걷어내고 의심을 솔직히 나누는 공동체가 오히려 좋은 교회가 될 수 있습니다. 근본주의는 자기에게도 남에게도 결국은 불행입니다.

이게 단순히 기독교 근본주의만의 문제는 아닙니다. 숨어 있는 남자들을 찾아내 목을 매다는 「몰락」의 특별재판부도, 억눌린 모방욕망을 해소하고자 희생양을 찾아 헤매는 중년의 사냥꾼들도 규범에 대한 과도한 신뢰라는 똑같은 문제를 지니고 있습니다. 심지어 진보적인 지식인들 사이에서도 가끔 똑같은 문제를 발견할 수 있습니다. 한창 논쟁을 벌이다가 상대방을 명예훼손으로 고소하거나, 고소하겠다고 겁을 주는 경우인데요. 돈과 권력이 아니라 말로 상대방을 설득하고 내 편을 확보해야 하는 진보에게 가장 중요한 무기는 총이나 칼이 아니라 말입니다. 말로 시작된 싸움은 말로 마무리하는 게 옳습니다. 터무니없는 공격을 받더라도 트위터나 페이스북 같은 SNS 매체를 통해 충분히 자기방어가 가능한 분들이 너무 빨리 형법의 도움을 받으려 하는 것은 위험합니다. 자칫하면 내가 상대방을 고소한 것과 똑같은 이유로 언젠가 내 무기인 말을 빼앗길 수 있는 까닭입니다.

규범 이야기를 길게 했는데, 요약하자면 딱 한마디입니다. "의심하라!" 근엄한 얼굴을 한 수많은 규범들이 오늘도 자기 존재의 근거로 온갖 이유를 내세우고 있습니다. 허세로 가득 찬 그 가면을 벗기는 작업은 우리 사회가 건강해지기 위한 필수 과제입니다. 기득권층이 우리 눈을 돌리려고 만들어내는 각종 스캔들에 속지 않는 것도 중요합니다. 희생양이 만들어질 때마다 도대체 무엇을 위한 돌팔매질인지 의심해보아야 합니다. 사랑과 연대의 공동체를 일구어내는 출발점은 바로 규범에 대한 의심입니다. 의심의 도움으로 쓸데없는 규범들이 사라지고 나면, 꼭 지켜야 할 규범은 오히려 힘을 얻습니다. 단기적으로 보면 의심이 규범을 무너뜨리는 것 같지만, 장기적으로 보면 의심이야말로 규범을 지탱하는 가장 강력한 토대입니다. 히틀러의 마지막 순간이 그랬던 것처럼, 의심이 없는 사회의 종착역은 아노미, 즉 규범의 몰락이기 때문입니다.

9

고백은 나의 힘

욕망과 규범의 공존 또는 화해

영화「색, 계」이야기

　　　　　　　이 책은 인터넷 블로그에 '색, 계'라는 제목으로 6개월 동안 연재되었습니다. 연재 제목을 빌려온 영화「색, 계」(2007)를 저는 전체로는 다섯번, 부분으로는 스무번쯤 본 것 같습니다. 그만큼 아름다운 영화입니다. 물론 처음 볼 때는 탕 웨이(湯唯)의 적나라한 나신만 머리에 남았습니다. '와, 세상에, 우리나라에서도 가위질 없이 이런 영화를 볼 수 있게 됐구나' 하는 감격이 있었던 거죠. 두번째로 볼 때는 친일 정보기관장 이(량 차오웨이梁朝偉), 이의 암살에 나선 왕 자즈(탕 웨이)를 비롯한 열혈 대학생들, 뒤에서 그 대학생들을 철저하게 이용하는 항일 정보기관원들이 눈에 들어왔습니다. 그때는 대학생들과 저를 동일시하며 프로에게 이용당하는 아마추어의 미숙함에 서글픔을 느꼈죠. 세번째로 영화를 보고 나서야

말, 글이 아닌 살로 소통하는 이와 왕 자즈의 모습이 제대로 눈에 들어왔습니다. 특히 두번째 성관계에서 세번째 성관계로 넘어갈 때 둘이 보여주는 변화가 인상적이었죠. 두번째까지는 왕 자즈의 육체만을 탐할 뿐 전혀 소통하려 하지 않던 이가 세번째 관계를 맺을 때는 왕 자즈에게 무한한 신뢰를 보여주기 때문입니다. 저는 「색, 계」에서 출렁이는 량 차오웨이와 탕 웨이의 근육을 보고 몸으로 연기한다는 게 뭔지 처음 느꼈습니다. 그다음부터는 섹스를 묘사한 어지간한 영화에는 눈도 깜짝하지 않게 되었지요.

우리는 관계란 말이나 글로 시작하고 살의 교감은 언제나 마지막이어야 한다고 배웠습니다. 살의 교감은 말이나 글의 교감보다 훨씬 낮은 취급을 받습니다. 그러나 「색, 계」는 살의 교감이 역으로 영혼에 영향을 끼칠 수 있음을 기막히게 표현했습니다. 이를 살리고자 결정적인 순간 자기 목숨을 포기하는 왕 자즈의 모습을 통해 몸으로 시작된 관계도 명백한 사랑임을 보여준 거죠. 이는 모든 것을 경계하면서 철저하게 자신만 지키고 살아온 고독한 계(戒)의 남자입니다. 이를 유혹하는 왕 자즈는 낭만적인 색(色)의 여자죠. 하지만 동시에 이는 왕 자즈와의 만남으로 일탈에 빠져드는 색의 남자고, 왕 자즈는 반역자를 처단하기 위해 연기에 나선 계의 여자이기도 합니다. 똑같은 섹스가 이의 입장에서는 사적 공간에서 은밀하게 이루어지는 색의 행위라면, 왕 자즈의 입장에서는 사실상 동지들에게 공개적으로 보여주는 계의 행위입니다. 그러다가 왕 자즈가 자신이 맡은 정부(情婦) 연기에 몰입하고 배역 자체를 즐기게 되면서 색과 계의 경계는 온통 엉망이 되어버리죠. 메소드(method) 연기에 빠져든 배우처럼 진짜로 상대 배역을 사랑하게 된 것입니다. 결국 남자는 잠시 욕망에 몸을 던졌다가 다시 규범의 세계로 돌아와 목숨을 건지고, 여자는 규범에서 시작한 욕망이 사랑으로 변해 목숨을 잃습니다.

영화를 보면서 오래전 수사할 때 들은 이야기가 떠올랐습니다. 10여 년 전만 해도 간통을 하면 무조건 구속됐습니다. 국회의원, 변호사, 의사, 기업인, 연예인, 가정주부 들이 간통현장에서 붙잡혀 망신을 당하는 일도 적지 않았죠. 간통죄의 남녀는 공범이기 때문에 수사기관에서는 둘이 말을 맞추지 못하도록 분리해서 피의자 신문을 합니다. 그런데 간통죄 피의자들에게는 일정한 패턴이 나타난답니다. 우선 호텔 객실에서 둘만 있다 붙잡혀도 처음에는 다들 "손만 잡고 있었다"며 부인한다고 하죠. 심지어 옷을 다 벗고 있다 붙잡혀도 "우리는 그냥 옷을 벗은 채로 손잡고 얘기하는 걸 좋아할 뿐이다"라며 버팁니다. 은밀한 공간에서 일어난 둘만 아는 진실이기 때문에 남녀가 끝까지 잘 버티면 실제로 무혐의로 풀려나는 것도 가능합니다. 그러나 대부분의 경우 호텔 장부를 비롯한 여러 증거를 들이대며 추궁하면, 한쪽이 먼저 자백하기 마련입니다. 문제는 그렇게 먼저 자백하는 쪽이 거의 예외없이 여성이라는 겁니다. 무서워서가 아니라 조사받으며 느낀 비루함, 덧없음 때문에 어느 순간 "그래, 우리는 사랑하는 사이다, 그래서 한번 했다, 처벌할 테면 하라"고 자백한다는 얘기죠. 그렇게 먼저 자백하고 나서는 모든 것을 털어낸 자유로운 모습, 당당하고 맑은 얼굴로 조사를 받는다고 합니다. 그와 반대로 남자들은 끝까지 "손만 잡았다, 절대 그런 일이 없었다, 오해다"라며 버티고, 나중에는 "저 여자가 유혹해서 그렇게 되었다"는 너저분한 변명을 늘어놓는 경우도 많답니다.

불평등한 사회에서 남자들에게 지킬 게 많아서일 수도 있지만, 근본적으로 남자들이 사랑할 줄 모르는 동물이기 때문 아닌가 싶습니다. "남자란 이렇다, 여자란 저렇다"고 일반화하는 건 늘 위험하고 언제나 틀린 명제지만, 일반화의 위험을 무릅쓰고 무식하게 툭 던져본다면, 아무래도 사랑에 자신을 던지는 건 남성보다 여성 쪽이라는 생각이 듭니다. 「색, 계」도 그걸 보여주고 있고요. 간통사건이 대부분 불구속으로 처리되고 실형이 선고되는 일도 거의 없으며 재산분할의 정착으로 간통 고소 자체가 대폭 줄어든 요즘은 쉽게 볼 수 없는 풍경입니다.

자기 바닥을 정직하게 들여다보기

영화 속의 이와 왕 자즈는 색과 계의 경계선에서 목숨 건 고민을 계속합니다. 간통현장에서 붙잡혀 조사를 받는 남녀도 어느 시점엔가는 그런 고민을 했겠죠. 색과 계의 경계선 사이에서 방황하고 갈등하는 사람이 그들만은 아닐 겁니다. 이런 문제가 몸, 살, 섹스와 관련해서만 터지는 것도 아닙니다. 매일의 아주 작은 일상에서도 우리는 자기 내면의 욕구에 충실하려는 색과 남에게 그럴듯하게 자신을 포장하려는 계 사이에서 갈등을 겪습니다.

지난겨울 저는 공익변호사그룹 공감이 주최한 '인권법 캠프'에서 특강을 했습니다. 로스쿨 입학예정자 일흔명, 예비 사법연수원생 열 명에게 어떤 법률가가 될 것인지 이야기하는 자리였죠. 강의를 시작하면서 청중에게 먼저 "왜 공익변호사를 꿈꾸는가?" 물어봤습니다. 이런 질문에는 정해진 모범답안이 있습니다. 이웃에 대한 사랑, 약자가 겪는 불평등에 대한 분노, 부모님이 겪었던 억울한 사건 등등 사법시험 수석합격자 인터뷰, 로스쿨 입시면접 등에서 흔히 들을 수 있는 답변이 그것입니다. 이런 뻔한 답변도 계의 세계에서 만들어낸 이상적인 틀에 자신을 꿰맞춘 이야기들이죠. 그래서 그런 뻔한 답변 말고 진짜로 왜 공익변호사를 꿈꾸는지에 대해 함께 생각해보자고 제안했습니다. 그리고 제 얘기를 좀 했죠.

저도 한때는 공익변호사를 꿈꾸었던 사람입니다. 왜 그런 꿈을 꾸었는지 지금 와서 제 마음의 바닥을 조용히 응시해보면 '뽀대가 나니까, 멋있어 보여서'가 가장 진실에 접근한 대답인 것 같습니다. 김병로 대법원장이나 조영래 변호사처럼 추앙받는 법률가가 되고 싶다거나, 박원순, 강금실, 천정배 변호사처럼 멋진 시민운동가, 정치가가 되고 싶은 마음도 있었겠죠. 지금 공익변호사를 꿈꾸는 후배들도 저와 크게 다르지는 않을 겁니다.

마음속 더 깊은 곳까지 들어가면 '취직이 어려운 판에 폼이라도 잡자'는 이상한 진심이 튀어나올 수도 있습니다. 제가 사법연수원 다닐 때 실제로 그랬던 것 같습니다. 그때는 동료들이 좋은 성적으로 판검사가 되겠다고 목숨 걸고 공부하는 꼴이 그렇게 보기 싫었습니다. 그래서 일찍이 "나는 판검사로 임용받지 않겠다"고 선언하고는 대학 후배들에게 성경을 가르치고 열심히 연애하며 연수원 2년을 보냈지요. 입으로는 "사법연수원이 정신병원 같다, 이 정도 성공했으면 됐지 뭘 더 성공하려고 발버둥을 치나" 같은 얘기들을 하고 다녔지만, 저의 내면 제일 중심에 들어가보면 경쟁에 뛰어들었다가 실패하는 것에 대한 두려움이 있었던 것 같습니다. 공부하기 싫어서 회피를 했던 거죠.

그런 기억 때문에 공익변호사를 꿈꾸는 친구들에게 법률가의 최고 덕목은 첫번째도 실력, 두번째도 실력, 세번째도 실력이고, 네번째쯤 가서야 이웃에 대한 사랑이 나온다고 얘기했습니다. 교수 노릇하면서 뼈아프게 후회한 것이 사법연수원 시절에 열심히 공부하지 않은 거라서, 저와 비슷한 위험요인을 갖고 있을 후배들에게 좀 극단적인 조언을 한 겁니다.

거품을 거두고 자기가 정말 누구인지, 뭘 원하는지 살펴보는 건 공익변호사를 꿈꾸는 사람뿐 아니라 모두에게 중요한 과제입니다. 자기 내면을 깊이 들여다보고 자기가 누군지를 아는 것이야말로 모든 문제해결의 출발점이니까요. 기회가 된다면 정신분석을 받아보는 것도 좋습니다. 요즘은 프로이트 시대처럼 히스테리를 치유하거나 정신병의 원인을 밝히고자 정신분석을 받는 게 아닙니다. 오히려 정신과의사가 되려고 하는 사람들, 자기 경계선을 한번 부수고 싶은데 그게 잘되지 않아서 고민하는 예술가들이 정신분석을 많이 받는다고 하지요. 교사, 의사, 변호사, 판검사, 작가, 기업 임원 등 인간에 대한 이해가 필요한 직업에는 이런 작업이 필수적입니다. 모든 사람이 그런 시간을 가질 수 있다면 더 좋겠지요. 지나치게 규범적인 사회에서 너무 많은 경계선에 갇혀 살다보니, 공익변호사를 꿈꾸는 친구들뿐 아니라 우리 모두가 포장된 얘기만 하고 살게 되었습니다. 진짜 자기를 잃어버린 거죠. 아무도 그런 포장된 얘기를 믿지 않는데 앵무새처럼 똑같은 얘기만 늘어놓으니 안타까운 노릇입니다.

진로선택도 비슷합니다. 거품을 걷어내면 생각보다 쉽게 답을 찾을 수 있습니다. 한번은 평소 공익변호사가 되겠다고 입버릇처럼 말하던 사법연수원생이 어색한 표정으로 저를 찾아왔습니다. 공익변호사를 꿈꾸었지만 막상 성적을 잘 받으니 판검사를 할지 변호사를 할지 고민된다는 얘기를 털어놓더군요. 자기 마음을 자기도 알 수 없다는 것이었습니다. 저는 그 친구에게 이런 질문을 던졌습니다. "'판검사 할 성적이 됐는데도 변호사를 선택했다'는 소리를 죽을 때까지 안 하고 살 자신이 있느냐? 그럴 자신이 있으면 판검사 포기하고 변호사를 해도 된다. 그런데 입을 열 때마다 '나는 판검사 할 성적이 됐는데도 변호사를 선택했다'는 소리를 하며 남은 평생을 보낼 것 같으면 그냥 판검사로 가라. 주변사람들이 평생 그런 얘기를 듣고 사는 것도 정말 피곤한 일이다. 괜한 민폐를 끼치지 않는 게 무엇보다 중요하다."

저에게 그런 고민을 털어놓았던 친구들은 대부분 판검사의 길을 선택했고, 지금도 판검사로 잘 살고 있습니다. 그중 누구도 공익변호사의 길로 돌아오지 않았습니다. 판검사는 나쁜 직업이고 공익변호사는 좋은 직업이라는 얘기가 아닌 건 아시지요? 자기 바닥을 정직하게 들여다보면 의외로 답이 쉽게 나온다는 말씀을 드리는 겁니다. 저에게 그런 질문을 할 때 아마도 그의 무의식은 이미 판검사가 되기로 결정을 내린 상태였을 겁니다. 자기만 그걸 인정하지 못했을 뿐이지요. 저의 조언이 너무 속물적으로 들릴지 모르지만, 그의 주변에서 평생 "판검사 가고도 남을 성적이었는데……"소리를 듣고 살 사람들의 고통을 생각해보면, 그거야말로 진정 이웃을 위한 선택입니다. 이웃이 무슨 죄가 있나요? 한국사회에서는 누구도 벗어나기 어려운 성적의 굴레가 있습니다. 그래서 공부 잘한 사람일수록 자기 진로선택에 대해 구차한 설명을 덧붙이는 경향이 있지요. 그런 구차한 설명은 이제 그만했으면 좋겠습니다. 자기 한계를 인정하자는 말씀입니다.

자기 자신이 누구인지 아는 것은 저에게도 중요한 과제입니다. 이 책을 쓰는 동안 사실 저도 몰랐던 스스로에 대해 많은 것을 알게 되었습니다. 저의 타고난 기질을 인정하게 된 것이 무엇보다 큰 소득이었죠. 저는 원래 선을 홀쩍홀쩍 넘는 사람이 아님을 새삼스럽게 깨달은 겁니다. 평생 규범의 사람으로 살아온 저는 규범성을 좀 탈피하기로 마음먹은 다음에도 선을 홀쩍 뛰어넘지 못했습니다. 대신에 선을 조금씩 넓히는 방식을 취했습니다. 안팎의 눈치를 살피면서 조금씩 어깨로 밀어가며 경계선을 넓혀온 셈입니다. 그런 나 자신이 참 보기 싫었는데, 글을 쓰다보니 그게 그냥 김두식이라는 걸 받아들이게 되었습니다. 뒤늦게 주제파악을 한 거죠.

『한겨레』에 연재중인 '김두식의 고백'에서 정혜신, 이명수 선생 부부를 인터뷰할 때 두분이 너무 멋있어 보였습니다. 제가 한 인터뷰지만 다시 읽을 때마다 당시 분위기를 떠올리며 흐뭇한 마음으로 바보처럼 웃곤 합니다. 자기 내면의 소리에 정직한 사람, 손을 뻗어 원하는 것을 붙잡고 거기서 행복을 얻은 자유로운 사람, 그리고 그에 따른 책임을 지는 사람을 만나는 것은 그만큼 큰 기쁨이었습니다. 그런데 저는 그럴 수 있는 사람이 아니었습니다. 제가 지금까지 쓴 책들을 읽어보면 양심에 따른 병역거부나 동성애를 바라보는 제 시선의 변화가 고스란히 담겨 있습니다. 먼저 살짝 경계선을 건드려 교회의 반응을 살펴보고 '아, 이런 소리를 해도 죽지는 않는구나' 확인합니다. 다시 조금 더 밀어본 후에는 교인들의 반응을 살피면서 '어? 당장 나를 죽이지는 않네' 생각합니다. 그렇게 선을 살짝 넘었다가 다시 돌아오고…… 무척 비겁한 모습이지만 그렇게 선을 서서히 넓혀온 것이 바로 저 김두식이더라는 겁니다.

욕망,
B형간염 바이러스와 같은 것

　　　　　　　제가 누군지를 인정하고 나니 욕망을 바라보는 저 나름의 관점도 생겼습니다. 90년대 중반까지만 해도 B형간염 바이러스 보유자에 대한 차별이 극심했습니다. 친구가 방송사 입사

시험에 합격하고 신체검사를 받았는데 B형간염 바이러스 항원이 있고 항체가 없다는 이유로 합격이 취소될 정도였지요. 신기한 건 이 사람들이 취업은 안 되는데 군대는 현역으로 가야 했다는 사실입니다.

지금은 백신이 일반화되면서 거의 없어졌지만, 예전에는 '급성' 간염으로 입원하는 친구들이 꽤 많았습니다. 간염 바이러스가 인체에 들어와 급성간염에 걸리면 약의 도움을 받거나 몸이 알아서 항체를 만들어 치료되는 게 보통이었지요. 문제는 급성간염이 아니라 임신과 출산 과정에서 엄마의 혈액에 수직감염된 B형간염 바이러스 보유자들입니다. 요즘은 엄마가 간염에 걸렸다 해도 신생아가 태어나자마자 바로 조치를 취해서 이런 일이 거의 없죠. 우리 세대에는 이런 수직감염자가 매우 많았는데, 수직감염의 경우에는 태어날 때부터 간염 바이러스와 동행하기 때문에 항체가 생기질 않습니다. 평생 바이러스를 갖고 살다가 중년이 되면 슬슬 '만성'간염이 발병하고 간경화 또는 간암으로 진행되면 생명을 잃게 되지요.

그런데 B형간염 바이러스 보유자가 병에 걸려 죽는 건 엄밀하게 말하면 바이러스 때문이 아니라고 합니다. 바이러스는 평생 몸 안에 살면서도 큰 문제를 일으키지 않습니다. 그런데 나이가 들고 몸이 너무 피곤하거나 약해지면 면역체계가 어느날 자기 옆에 있는 B형간염 바이러스를 자각하게 됩니다. 평생 동행해온 바이러스를 보고는 새삼스럽게 '어? 이 새끼는 뭐지?' 하는 의혹의 눈초리를 보내고 바이러스를 죽이기 위한 투쟁을 시작하는 거죠. 우습게도 면역체계가 바이러스를 공격하는 과정에서 간세포도 함께 손상을 입어 간경화나 간암으로 진행되고 결국엔 사람이 죽게 됩니다. B형간염 바이러스 때문이 아니라, B형간염 바이러스를 적대시하는 면역세포의 과도한 투쟁 때문에 사람이 죽는 셈입니다.

B형간염 바이러스가 만성간염, 간경화, 간암으로 발전하는 메커니즘을 듣고, 저는 욕망도 이와 비슷하다는 생각을 했습니다. 태어날 때부터 인간과 공존한다는 점에서 욕망은 급성간염보다는 B형간염 바이러스 보유 쪽에 가깝습니다. 태어날 때부터 동행해온 욕망을 바이러스처럼 살살 달래면서 살면 별 문제가 없는데, 이걸 없애겠다고 싸우고 불화하다보면 '멘탈붕괴'가 오는 거죠. 면역체계가 바이러스를 잡는다고 건강한 몸을 쓰러뜨리는 것과 똑같습니다. 오래 살기 위해서는 욕망의 존재나 가치를 솔직하게 인정하고 받아들이는 게 중요합니다. B형간염 바이러스 보유자 중에는 평생 운동을 열심히 하고 자기관리를 잘해서 일반인들보다 훨씬 오래 사는 사람들도 많습니다. 건강을 과신하면서 술독에 빠져 지내는 사람보다 오히려 나을 수도 있는 거죠. 욕망을 부인하고 억압하면서 계속 어두운 구석으로 몰아붙이는 것보다는 욕망과 조심스럽게 대화하면서 살아가는 게 안전합니다. "욕망아, 네가 또 숨 쉴 곳을 찾는구나. 꼭 그래야만 한다면 좋은 방법을 찾아보자꾸나" 하고 살살 달래며 사는 거죠.

선, 넘을 수 없다면
넓혀라

　　　　　이 책을 손에 잡은 분들은 보나마나 평소에도 책을 많이 읽는 분들일 겁니다. 책을 많이 읽는 사람들 중에는 모범생이 많고 아무래도 '색'보다는 '계' 쪽에 가까운 성향을 갖게 되지요. 자기가 바른 생활을 하는 만큼 남에게 돌을 던지기도 쉽습니다. 대신에 책을 많이 읽기 때문에 다른 세계를 접하고 경계선을 넓히기도 쉽죠. 서둘러 돌을 던지기보다는 경계선을 넓히는 쪽이 자기 정신건강을 위해서도 훨씬 좋습니다.

　저 개인적으로는 요즘 진행하는 인터뷰가 경계선을 넓히는 데 큰 도움이 됩니다. 정혜신, 이명수 선생 부부를 인터뷰한 바로 그날 저녁에는 집에 와서 아내와 딸을 앉혀놓고 인터뷰 내용을 그대로 전달했습니다. 신문에는 실을 수 없는 이야기도 많았습니다. 인터뷰어만이 누리는 특권이죠. 청소년인 자녀들의 성생활에 대해서도 열린 태도를 가진 두분의 이야기를 들려주니 딸아이는 너무 좋아하고 엄마는 그만하라고 계속 눈치를 줬습니다. 수위를 상당히 낮추고도 이래저래 논란이 된 인터뷰였지만, 그걸 소재로 이야기를 나누는 시간이 우리 가족에게는 이미 경계선을 넓히는 소중한 출발점이었습니다.

　경계선 넓히기를 얘기하다보면 "자기 욕망과 한계를 인정하고 내면의 소리에 귀 기울여 선을 넘는 과정에서 생길 수 있는 희생자는 어떻게 하느냐?"는 질문을 자주 받습니다. 중요한 문제죠. 최근『착한 사람도 바람난다』(미라 커센바움 지음, 김정민 옮김, 라이프맵 2011)라는 묘한 제목의 책이 번역됐습니다. '바람'의 문제를 연구하면서 본능에 충실하라든지, 가정의 품으로 돌아오라든지 하는 획일적 결론을 제시하지 않고, 대차대조표를 만들어서 배우자와 애인 두 사람 중 누구와 사는 게 행복한지 차분하게 분석하라고 조언하는 흥미로운 책입니다. 사실 이혼을 생각하는 부부에게 가장 큰 고민거리는 자녀의 행복입니다. 이혼은 자녀의 행복을 완전히 무너뜨린다는 게 사회통념이기도 합니다. 그러나 저자는 전혀 다른 이야기를 합니다. 부모들이 매일 다투면서 끔찍한 이야기를 주고받는 것을 보고 자라는 것보다는 차라리 이혼한 한부모와 안정된 가정을 이루는 편이 나을 수 있다는 거죠.

　20~30대에 이른 사람들에게 "성장기에 어떤 어려움이 있었는가?" 물어보면 사람마다 다른 대답이 나올 겁니다. 부모의 이혼뿐 아니라, 중병을 앓았다든지, 가족이 예기치 않게 죽었다든지, 사고를 당했다든지, 대학입시에 실패했다든지, 실업을 겪었다든지 온갖 이야기가 나오겠죠. 인생은 어차피 이런 일에 영향을 받기 마련입니다. 그런데 만약 어떤 아이가 집에서 한번도 기죽이는 소리를 듣지 않고, 부모는 말할 수 없이 서로 사랑하며, 이 책의 표현을 빌리자면 "키우던 햄스터의 죽음조차도 겪어본 적이 없는 삶"을 살았다고 생각해보십시오. 이 아이가 과연 어른으로 살아가는 법을 알 수 있을까요? 사람과 싸우고 미워하고 화해하고 사랑하는 법을 도대체 어디에서 배울 수 있겠느냐는 겁니다.(256~57면) 아이들을 보호하려고

292

부모가 희생하는 게 좋은 것 같지만, 자칫 애도 죽이고 어른도 죽을 수 있습니다.

물론 자기 행복을 위해 남에게 상처를 주는 것도 문제는 있죠. 그러나 비행기 사고가 났을 때는 자기가 먼저 산소호흡기를 입에 댄 다음 옆사람을 씌워주는 게 원칙입니다. 옆사람을 살린다고 우선권을 넘겨줬다가는 자기도 죽고 남도 죽습니다. 남편에게 맞고 살면서도 자기 삶을 희생하면서 아들을 붙잡고 "너만이 나의 희망"이라고 말한다면, 그게 오히려 아들에게 짐이 될 수도 있습니다. 일단은 내 행복이 우선시되어야 한다는 얘기입니다.

어쨌든 저는 제 삶이 우리 사회의 경계선을 넓히는 도구로 쓰였으면 좋겠다는 소망을 갖고 있습니다. 이 책도 그렇고, 제가 진행하는 인터뷰도 그렇고, 너무 규범에 갇히지 말고 살살 놀면서 살자는 얘기를 하고 싶습니다. 특히 젊은이들이 그랬으면 좋겠습니다. 얼마 전에는 교회 열심히 다니는 학생 하나가 "남자친구가 자꾸 여행을 함께 가자고 하는데 어쩌냐?"는 고민을 털어놓더군요. 아주 어린 친구는 아니고 대학원을 다니는 학생이었는데, 이미 "말도 안 된다"고 거절하고 나서 저를 찾아온 것이었습니다. 그러면서 약간 따지듯이 "교수님 글을 읽어보았는데, 만약 따님이 대학에 들어가서 남자친구랑 2박 3일 여행을 간다고 해도 흔쾌히 허락하시겠느냐?"고 물었습니다. 저는 바로 답변했습니다. "괜찮다고 할 거다. 다만 피임은 잘 하라고 할 거다. 딸에게도 좋은 경험이 되었으면 좋겠다"라고요. 이런 얘기를 나누면서 또 조금씩 경계를 넓혀가는 거죠.

비밀의 방

신경숙 선생의 『엄마를 부탁해』(창비 2008)를 보면 엄마가 평생 혼자만 간직했던 마음속의 연인 이야기가 나옵니다. 다들 먹고살기 힘든 시절에 엄마가 밀가루 담긴 양은함지를 머리에 이고 신작로를 걸어 집으로 가던 중 낯선 아저씨를 만나는 것으로 이야기가 시작되지요. 자전거를 타고 있던 그 아저씨는 계속 따라오면서 흥겹게 이야기를 나누다가 무거워 보이는 함지를 들어준다면서 "어차피 빈 자전거니 마을 초입의 가게에 내려놓고 가겠다"고 하죠. 그 말을 믿고 아저씨를 먼저 보낸 엄마가 약속된 가게에 가보니 함지는 없었습니다. 자식들의 저녁밥을 도둑맞은 셈이었습니다. 그러나 너무 미숙한 도둑이라서 수소문해보니 곧 찾을 수 있었습니다. 아저씨 집을 찾아가보니 그는 출산 중인 아내 곁에서 발을 동동 구르고 있었지요. 도둑을 잡으러 갔던 엄마는 그 집 아기를 받아주고 수제비를 끓여 산모가 있는 방에 넣어주는 등 수발만 들다 돌아옵니다. 며칠 후 미역을 들고 다시 찾아갔을 때 산모는 이미 이 세상 사람이 아니었지요. 그렇게 맺어진 인연으로 엄마는 그 집 갓난아기에게 젖도 물려주고, 아저씨와 오랜 친구관계를 이어갑니다. 엄마와 아저씨는 손 한번 잡지 않았지만, 서로에게 늘 위로가 되는 특별한 존재였습니다. 엄마는 아저씨를 이렇게 회고합니다.

"당신은 내 비밀이었네. 누구라도 나를 생각할 때 짐작조차 못 할 당신이 내 인생에 있었네. 아무도 당신이 내 인생에 있었다고 알지 못해도 당신은 급물살 때마다 뗏목을 가져와 내가 그 물을 무사히 건너게 해주는 이였재. 나는 당신이 있어 좋았소.〞(236면)

저는 이 부분을 읽으면서 누구에게나 이런 비밀의 방이 필요하다는 생각을 했습니다. 최근 2년 동안 제 마음에 찾아온 가장 큰 깨달음입니다. 원래 우리 가족은 비밀이 없는 사람들이었습니다. 집에는 휴대전화 세개가 아무 데나 굴러다니고, 문자가 오면 누구나 열어보고 내용을 알려주곤 했습니다. 아내하고는 이메일 비밀번호까지 공유해서 필요하면 아무 때나 상대방의 메일을 열어보았고요. 세명이 모두 집, 학교, 교회만 왔다갔다하는 스타일이라서 언제든지 동선이 파악되었습니다. 아마 교회에서 이상적으로 생각하는 가정의 모습이 이런 것 같습니다. 그런데 애가 사춘기를 보내면서 휴대전화에 비밀번호를 설정하고 자기만의 공간을 갖길 원했습니다.『불편해도 괜찮아』에 나온 '지랄총량의 법칙' 시절이었죠. 그 기간이 그리 길지도 않았고, 1년쯤 그리하다가 애는 지랄의 세계를 떠나왔습니다.

그런데 엉뚱하게도 가을바람이 불어오던 어느날, 제가 갑자기 '이렇게 사는 건 아니다'라고 생각하게 됐습니다. 그래서 "애가 옳았다. 우리에게도 각자의 공간이 필요하다"고 선언했습니다. 가족들은 '이번에는 아빠가 지랄을 쓸 차례인가?' 하는 의혹의 눈길을 보내왔지요. 게다가 제가 '의심하는 신앙' 얘기까지 하니 우리 딸은 한동안 "죽고 나서 아빠만 우리가 가는 거기에 함께 못 가면 어쩌나" 걱정을 많이 했습니다. 그래서 저는 "괜찮다, 같은 데 간다. 걱정 안 해도 되고 하나님은 네가 생각하는 것보다 훨씬 더 좋은 분이다. 너도 예전에 사춘기 때 그랬던 것처럼 휴대전화에 비밀번호 설정하고 다른 사람에게 알려주지 마라. 너에게도 너만의 공간이 필요하다"고 말해주었습니다.

우리나라 가정이 불행한 이유를 한마디로 요약한다면, 남자애들이 결혼 전까지 너무 착한 게 문제입니다. 다들 일찍이 자기 공간을 포기하고 매사에 엄마 말을 너무 잘 듣는다는 거죠. 결혼 전까지 엄마 말씀에 무조건 순종하다보니, 나중에 엄마들이 이렇게 이야기합니다. "천하에 없던 착한 내 아들이 여우 같은 년을 만나서 괴물이 돼버렸다." 결혼 전까지 엄마 말을 한번도 거역하지 않던 아들이 결혼하고 나서는 자꾸 다른 의견을 얘기하니, 시어머니와 며느리가 원수가 될 수밖에 없는 구조입니다. 남자는 그 다툼에서 중립을 취하다가 둘 다에게 버림받고요. 저는 처남이 결혼하기 전에 계속 이렇게 얘기했습니다. "그렇게 살면 안 된다. 엄마한테 반항도 하고, 사고도 좀 쳐라. 주말마다 엄마에게 안부 여쭙는 전화를 걸던데 그것도 당장 그만둬라. 그래야 나중에 어떤 여자를 만나든지 '천하의 불효자식이 장가들더니 사람 됐네' 이런 얘기를 듣게 된다." 제 말에 그럭저럭 귀를 기울인 처남은 애 낳고 행복하게 잘 살고 있습니다.

제 주변에서 정신적으로 어려움을 겪는 친구들을 봐도 하나같이 아버지한테 제대로 맞서보지 못한 애들입니다. 아버지하고 한번도 대등한 인간으로 싸워보지 못한 친구일수록 입만 열면 늘 아버지 얘기만 합니다. "아버지가 나도 때리고, 엄마도 때리고, 너무 불공평하고 비합리적인 분이었고……" 직접 그런 말씀을 드려보라고 조언해도 그 친구들은 절대로 대놓고 아버지에게 얘기하지 못합니다. 그러다가 지하철에서 성추행 사건을 일으켜서 구속되기도 하고, 고시 떨어져서 자살 시도했다가 병원에 들어가기도 합니다. 아버지 말씀에 순종해서 명문대 들어가고 아버지 시키는 대로 고시공부를 했는데 결국은 그렇게 무너지는 거죠. 그런데 그런 집에 망나니 형이 있는 경우가 있습니다. 그 형을 보면 어렸을 때부터 늘 아버지하고 맞서 싸웠습니다. 가출하고 대학도 안 가고 엉망으로 놀았던 형은 나이가 들어도 멀쩡합니다. 지금도 여전히 아버지하고 싸우지만, 자기만의 독립된 삶을 살아가고 있는 겁니다. 속된 말로 아버지한테 개긴 놈은 살아남고 순종적인 애는 무너지는 거지요. 그만큼 독립된 개인으로 서는 게 중요합니다. 집에 들어가면 방문을 꽝 닫고 들어가는 용기가 필요하다는 겁니다. 부모님이 당장은 서운해하시더라도 장기적으로는 그런 독립된 자세가 옳습니다. 그런 독립은 빠를수록 좋고, 부모님의 섭섭함도 빨리 지나갈수록 서로에게 좋습니다.

고백에 귀 기울이기

오랜 독재의 그늘과 빠른 경제성장을 겪으면서 우리나라에는 잘못을 저지르지 않고는 성공할 수 없는 구조가 만들어졌습니다. 이제는 그런 굴레에서 자유로운 세대가 나오고 있지만, 제가 속한 세대 또는 그 앞의 세대는 누구도 그 굴레에서 완전히 자유롭지 못합니다. 그런데도 일만 터지면 모두 돌부터 던지죠. 다들 사냥꾼 노릇을 하지만 마음 한편으로는 불안할 수밖에 없습니다. 이런 구조에서 제가 제안하고 싶은 것은 두가지입니다. 하나는 너무 쉽게 돌을 집어들지 말자는 것, 다른 하나는 고백에 귀 기울이는 문화를 만들자는 겁니다.

간통현장에서 붙잡힌 여성을 돌로 쳐 죽이려는 군중들에게 예수는 "너희 중에 죄 없는 자가 먼저 돌로 치라"고 얘기합니다. 이 얘기를 들은 군중들은 어른부터 시작하여 젊은이까지 하나씩 돌을 내려놓고 자리를 피해 사라집니다. 자기 내면을 바라보는 순간 갑자기 부끄러움을 느낀 까닭이겠죠. 상대적으로 죄를 저지를 기회가 많았던 어른들부터 먼저 돌을 내려놓은 것도 인상적입니다. 사람들이 모두 자리를 떠나자 예수는 그 여성에게 "나도 당신을 정죄하지 않으니 가서 다시는 죄를 범하지 마세요"라고 말씀하십니다.(『요한복음』 8:2~11) 성폭력, 성추행, 뇌물, 횡령, 배임 등의 죄를 저지른 교회와 정치 지도자들이 하도 자주 인용해서 많이 퇴색하기는 했지만, 이 짧은 이야기가 던지는 메시지는 여전히 유효합니다. 모든 범죄를 그냥 덮고 가자는 이야기가 아닙니다. 죄를 밝히고 처벌하되, 그가 잘못한 것 이상의 책임을 뒤집어씌워 돌로 쳐 죽이는 희생양 제의를 중지하자는 것입니다.

투석형(投石刑)에서 중요한 것은 첫번째 돌을 던지는 사람입니다. 일단 첫번째 돌이 날아가고 나면 군중심리에 의해 두번째 세번째 돌을 던지는 것은 한결 쉽습니다. 한 사람이 던진 돌멩이가 무시무시하고 엽기적인 집단폭력으로 변하는 것은 순식간입니다. 이런 희생양 사냥과 만장일치적 폭력이 거의 매일처럼 벌어지는 곳이 인터넷 공간입니다. 일단 첫번째 돌이 날아가고 나면 누구도 당사자의 변명에 귀를 기울이지 않습니다. 우리 사회에서는 주로 기자, 검사, 지식인이 첫번째 돌을 던지는 역할을 합니다. 그래서 그들에게는 일반인보다 훨씬 강한 윤리와 책임이 요구됩니다. 그러나 군중으로 두번째 돌을 던지는 사람들도 더 신중할 필요가 있습니다. 첫번째 돌을 던진 사람들에게 숨겨진 의도가 없는지 살펴보고 범죄자로 몰린 사람의 변명에도 귀를 기울여야 합니다. 예수는 첫번째 돌이 갖는 엄중한 책임을 강조함으로써 모방욕망이 폭력의 방향으로 폭발하는 것을 막고 그 역의 방향, 즉 비폭력으로 에너지를 전환시켰습니다(『사탄』 79면).

조금 늦게 돌을 던진다고 큰일나지 않습니다. 이런 기다림의 정신이 녹아 있는 것이 무죄추정의 원칙입니다. 무죄추정의 원칙은 우리 편뿐 아니라 상대편에게도 적용됩니다. 잘못을 저지른 사람은 딱 그만큼의 책임만 지면 됩니다. 너무 빨리, 너무 자주 "저 새끼 죽여라"를 외치는 사람이 있다면 한번쯤 그를 의심해보는 것도 필요합니다. 아무한테나 면죄부를 주는 것 아니냐는 걱정이 있을 수 있지만, 법과 정의는 원래 시끄럽지 않게 조용히 구현되는 겁니다.

이처럼 돌을 내려놓을 때 다른 사람의 고백에 귀 기울일 수 있는 공간이 열립니다. 고백에 귀 기울이는 태도는 희생양 양산구조를 깨는 중요한 출발점입니다. 저는 고백의 힘을 믿는 사람입니다. 아마도 제가 가진 기독교 배경 때문이겠죠. 얼마 전 세상을 떠난 김근태 전 의원은 2002년 3월 "2000년 전당대회 때 권노갑 고문에게서 2,000만원을 받았고 선관위 신고할 때도 2억 4,000만원을 누락했다"는 엄청난 고백을 했습니다. 정치인이라면 누구나 범하는 잘못이지만, 누구도 쉽게 할 수 없는 얘기를 털어놓은 겁니다. 그런 돈을 받지 않고, 선관위에 제대로 신고해서는 어떤 공직에도 당선되는 게 사실상 불가능한 시절이었습니다. 생사의 고비를 여러번 넘긴데다가 종교적인 심성을 가진 분이었기에 그런 고백이 가능했을 겁니다.

그런데 그 고백에 대한 우리 사회의 반응은 조롱과 철저한 무시였습니다. 김근태 전 의원에게는 곧바로 '순진한 바보'라는 별명이 붙었죠. 누가 묻지도 않았는데 왜 그런 고백을 하느냐는 차가운 멸시를 받으며 결국 김 의원 혼자만 아주 우스운 사람이 되었고 사건은 지나가는 해프닝처럼 종결됐습니다. 김 의원 이후 우리는 그런 고백을 들을 수 없었습니다. 고백을 들어줄 귀가 없는 사회에서는 고백이 나올 수 없습니다. 고백이 없는 곳에서는 성찰이 아니라 사냥만이 힘을 얻지요.

물론 고백은 아무나 할 수 있는 게 아닙니다. 고백에도 내공이 필요합니다. 희생양을 양산하는 문화에서는 작은 고백을 하는 데도 용기가 필요합니다. 그리고 때로는 고백을 통해 고백자가 더 강해지기도 합니다. 이혼과 재혼의 과정이 인터넷에 갑자기 폭로되자 바로 사실관계를 인정하고 자기 입장을 밝혔던 정혜신 선생이 좋은 예입니다. 인터넷에 고백의 글을 올린 후에 엄청난 악플 세례를 받고 처음에는 그걸 모두 읽으며 적지 않은 상처를 받았다고 합니다. 그러나 밤새 읽다보니 어느 순간 '아, 이 사람들이 지금 내 얘기를 하는 게 아니라 자기 얘길 하는구나' 하는 느낌이 들었다고 합니다. 실제로 사냥꾼들의 악플 대부분은 사안과 전혀 상관없이 자기가 하고 싶은 말을 아무렇게나 쏟아놓은 넋두리일 때가 많습니다. 자신의 억눌린 욕망과 분노를 그렇게 폭력적으로 풀 수밖에 없는 사람들이 오히려 불쌍한 거죠. 그걸 깨닫고 나면 마음이 평안해지고 사냥꾼들을 더이상 두려워하지 않게 됩니다. 고백과 함께 이런 내면의 힘을 다져가는 게 중요합니다.

자기 자신을 인정하고, 내면에 꿈틀거리는 욕망을 잘 다독이며, 자신만의 공간을 지키고, 깊은 내면을 이웃과 나누다보면, 나도 모르는 새 주변에는 같은 길을 걷는 친구들이 하나씩 늘어납니다. 비슷한 고민을 안고 살아가는 평범한 시민, 혼자서도 행복할 줄 아는 개인, 사냥꾼의 광기 속에서 남을 지켜주려는 따뜻한 이웃, 말을 많이 하지 않아도 서로의 속마음을 읽을 수 있는 동지 들이죠. 그런 개인들과 아주 작은 연대가 싹트고 나면, 이 험한 정글 속의 삶도 한결 견딜 만합니다.

　시작할 때부터 망설임이 많던 글쓰기였습니다. 연재를 약속했다가 번복하기도 했습니다. 글을 쓰는 동안 '나는 지금 정말 정직한가'를 끊임없이 자문했지만 자신있게 대답할 수 없었습니다. 구석구석에 거짓, 과장, 축소가 숨어 있을 겁니다. "자기 내면을 분석하다보면 바닥에서 어떤 괴물이 나올지 모르는데 어떻게 이런 글을 쓰는지 모르겠다"던 친구 정신과의사의 말처럼 내면의 고백은 쉬운 일이 아니었습니다. 그러나 어쨌든 지금은 더 하고 싶은 이야기가 남아 있지 않습니다. 홀가분합니다.

　정확히 만 44세가 되던 날에 시작된 연재는 꼬박 반년 동안 쉬지 않고 계속되었습니다. 연재가 시작되던 그날에는 삶이 참 무료했습니다. 꽉 막힌 '계' 안에서 모범생으로 평생을 살아온 것이 답답하게 느껴졌습니다. 그래서 새로운 글쓰기를 통해 반란을 일으키고 싶었습니다. 제대로 된 반란이 되지는 못했지만, 그래도 제 마음은 그때보다 훨씬 평안하고 충만합니다. 저를 조금은 더 잘 알게 된 까닭입니다. 글을 쓰면서 매일 조금씩 더 자유로워졌고, 매주 조금씩 더 마음을 열게 되었습니다. 글쓰기가 주는 치유의 효과를 경험한 것입니다. 누군가 저에게 "너는 누구냐?"고 묻는다면, 이제는 이 책을 조용히 건네며 "이게 나"라고 이야기할 수 있을 것 같습니다.

이 책의 밑바탕이 된 깊은 내면의 이야기를 들려준 사랑하는 친구, 가족 들과 출간의 기쁨을 나누고 싶습니다. 자기 이야기가 실린 글을 아예 읽지 않는 것으로 강력한 지지의 뜻을 보여준 형에게는 특별한 고마움을 전합니다.

연재를 강권한 창비의 동갑내기 염종선 국장님과 황혜숙, 고경화, 박대우 선생님, 미술부의 정효진 선생님, 고맙습니다. 사진작가 박재홍 선생님과 일러스트레이터 이크종 선생님께도 감사드립니다. 제 마음을 살펴보는 여행길에 댓글과 질문으로 동참하신 여러 독자들께도 진심으로 감사드립니다. 소녀205, 젤소미나, 미녀정신과의사, 후후, 기린, june8th, 전문점, 승, 청풍명월, Doosikist, 예나기, 잔다르크, Action1024, 강지영, 열독자, 애독자, 목요일, 나니아, 심재인, 권오재, 대구독자, hugshock, tonio, 모퉁이길, 김주경, 최혁락, 은실, 첨밀밀, 티티카카, 싱아, 골수팬, 은숙, 홍냥, 박설경, 오렌지, 계속읽고싶은독자, 나나나, 호호양, 탕웨이좋아하는여, 훗, 정문석, 나무, 아초, 해둥, 시민K, 흠냐, 봄바람, 마녀, 독자5, 김인수, 정혜경, 겨울, 교수님파이팅, 사십대, 긴봄, 지하철에서만난청년, 목요일엔댓글을, 서울은흐림, Zeitblom, 김박사, 형님스토리읽고다시온1인, 김성수, 따로또같이, hewnin, 힐다, 하루늦은덧글, 루나, 가을모모, 이카루스, 오늘, 청, 노블리스오블리주, 응용력, 민지, 햇빛조각, 두억시니, 덕삼이, 빨간단추, 블로크, 곽원균, Eunmi, 연필, twozero, 목요일이다, CineCi, 차칸모기, 완전좋아, 월영, 애독애독, 와, 지이수, 버들, 스타카토, 행인, qwer, gallo, 교수님제자, 깨구락지, 어김없이목요일, 이야기꾼, 붕어빵, 짱나, seulki, onugkse33, fannyfly, 이야기꾼, 밀림의왕따, JoshuaTree, sohmin, 왕독자, 뚱, 납탑도인, 돼지1056, kpd, scott, The불, 공감이, 오늘하루, 송편소녀, 한겨레독자, 왕공감, qken, 남자, 잡식남, akei, 미국사는아줌마, 지수, 김보라, 히요, noFTA, 냄비장인, 춤포, 옥수수, 노을, annie, 시원이, 가납사니, 아구창, 엘양, 미나리, 김영아, nanijong, 책날개, 성환, 김혜정, 달크로즈, 난장, 궁금, 고로쇠, 룰루, 선율, 궁그미, 정지원, 오로라, 나뭇잎, 홍이씨, 삶은여행, 혜인, sai, 땅콩, 기김진호, 안경, 까페라떼, 윤동맘, 여왕오리, 엘비라마디간, 정영화, 날좋다~, 파니, 워니, 달콩, 죽순, 팬, 까따리나, 윰, 재밌당, 향, 대구사는K대생, 대박, 재민네, 일반인, 고구마, 크크, 푸하하, 봉팔, 이제, 앗싸금요일, 잉여공주, kkk, 한다한다, 연재리, 농부, 몬슷허, 조기성, 뽀삐, 심뿡, 화난콩, 우리들의초상, 솔솔솔, 현, 가을별, 새롬이, 써니, 맨발의청춘, 현명이, 서대리, 느린걸음, 아저씨, 지무, 사비, oxana, 종이컵, 빈나, 에스티나, poxoq, 각잡고일어서, 부은눈, 장시내, 지명, 상준, 여여, 김태연, 삼이, 대학1학년, 아가나, 라나, 유니스, 비올, 동욱 님, 잊지 않겠습니다.

이 책을 통해 한분의 독자라도 어제보다 조금 더 평안하고, 충만하고, 자유롭고, 남에게 마음을 여는 삶이 되었다면 저자로서 더 바랄 것이 없겠네요.

2012년 5월
김두식 드림

| 주 |

2. 욕망을 통해 스캔들이 왔다: 학벌문제와 희생양 사냥

1 유인경 「학력위조 유명인사 뭐하나… '자숙'은 없었다」, 『경향신문』 2007년 9월 29일자 2면.

2 이완 「윤석화씨 "이화여대 다니지 않았다"」, 『한겨레』 2007년 8월 16일자 10면.

3 황호택 「황호택 기자가 만난 사람: 무대에서 가장 아름다운 여자 윤석화」, 『신동아』 2005년 5월호 440~57면.

4 예컨대 조민진 「'오빠' 卞씨 후광 업고 '申데렐라'로」, 『문화일보』 2007년 9월 27일자 4면.

5 서울서부지방법원 2008. 7. 22. 선고 2008노 422 판결 및 대법원 2009. 1. 30. 선고 2008도 6950 판결.

6 한국사회에서의 '청탁'의 의미에 대해서는 김두식 『불멸의 신성가족: 대한민국 사법 패밀리가 사는 법』, 창비 2009, 127면 이하 참조.

7 김성동 「독점인터뷰: 학력위조 파문 3년여 만에 최초로 입 연 신정아씨」, 『월간조선』 2010년 9월호.

3. 사랑에 빠진 아저씨: 제때 불태우지 못한 소년의 열정

1 김선주 「술자리에서… 잘하자」, 『한겨레』 2011년 4월 4일자 30면.

2 김지현·박재명「한국 외교관 '상하이 스캔들': "그녀 통하면 민원 해결" 영사들 결국 '함정'에」,『동아일보』2011년 3월 8일자 4면.

3 김성환「상하이 총영사관 스캔들: MB 등 정권 실세 200명 전화번호 통째로」,『한국일보』2011년 3월 8일자.

4 손원제「'상하이 스캔들'에 농락당한 한국외교」,『한겨레』2011년 3월 9일자 1면.

5 손원제「"상하이 스캔들, 스파이 사건 아니다": 합조단, 영사들 '치정' 결론」,『한겨레』2011년 3월 26일자 1면.

6 김남중「불륜만 캔 '상하이 스캔들'… "스파이 사건 아닌 기강해이 치정사건" 의혹 남긴 채 서둘러 결론」,『국민일보』2011년 3월 26일자 7면.

7 이용훈「'상하이 스캔들' 파문: '치파오 자락'에 넋 나간 엘리트들 한순간에 추락」,『국민일보』2011년 3월 10일자 2면.

8 김지현「한국 외교관 '상하이 스캔들': "덩신밍도 올해 1월 中 당국 조사받았다"」,『동아일보』2011년 3월 10일자 1면; 강병철「"덩과의 사랑 위해 모두 버려… 덩, 한때 자살 기도": 덩신밍 남편에게 보낸 H 전 영사 이메일 보니…」,『서울신문』2011년 3월 10일자 5면.

9 정철훈「시인 최영미『돼지들에게』… "지식인들의 탐욕과 위선 비판"」,『국민일보』2005년 11월 28일자 18면.

4. 누구나 정신승리는 필요하다: 욕망의 정글에서 살아남는 법

1 강수정 「남편이 잠자리 요구하면 싫어도 해줘라?」, 『오마이뉴스』 2001년 8월 2일자.

5. 중산층의 은밀한 욕망: '사(士)'자 가족 vs. '사자 가죽'(Lion's Skin)

1 함영훈 「패기의 마흔, F세대: ①잊혀질 뻔한 그들, Occupy Korea! …분노는 나의 힘」, 『헤럴드경제』 2011년 12월 19일자.
2 홍승완 「패기의 F세대-여론조사: ⑦빠듯한 F세대 살림살이… 3분의 1만이 저축이 빚보다 많아」, 『헤럴드경제』 2012년 1월 9일자.
3 「박목월 저 『육영수 여사』 방송」, 『경향신문』 1976년 8월 26일자 8면.
4 「저자 천금성씨에게 들어본다 "인간사도 바다처럼 깊고 넓어요"」, 『경향신문』 1981년 1월 23일자 3면.
5 Michael Eric Dyson, *I May Not Get There with You: The True Martin Luther King Jr.*, The Free Press 2000, 163면 이하 참조.

7. 플레이보이: 몸과 살의 소통

1 체스터 브라운『플레이보이』, 김대중 옮김, 새만화책 2008. 흥미롭게도 기독교적
  입장에서 자위행위를 분석한 송인규 목사의 책에서도 체스터 브라운과 거의 똑
  같은 경험을 발견할 수 있습니다. 송인규『고립된 성: 그리스도인과 자위행위』,
  IVP 1998, 132면 참조.
2 당시 저에게 가장 큰 영향을 끼친 책 두권은 죠이스 허기트『데이트와 사랑의
  미학』(정옥배 옮김, IVP 1987)과 양은순『사랑과 행복에의 초대』(두란노서원
  1982)입니다. 다행인지 불행인지 이 두권의 책은 현재 모두 절판된 상태입니다.
  시대적 소명을 다하고 역사의 뒤안길로 사라진 거죠.
3 데이비드 레이『욕망의 아내: 진화를 넘어서는 섹스의 심리학』, 유자화 옮김, 황소
  걸음 2011, 137면 참조.

8.「몰락」의 규범, 규범의 몰락: 의심하라

1 이언 커쇼『히틀러 II』, 이희재 옮김, 교양인 2010, 68면.
2 요아힘 페스트『히틀러 최후의 14일』, 안인희 옮김, 교양인 2005, 50면.
3 같은 책 47면.
4 같은 책 53면.

5 존 스튜어트 밀 『자유론』, 권기돈 옮김, 펭귄클래식코리아 2009, 81~82면.

6 Bernard E. Harcourt, "The Collapse of the Harm Principle," *Journal of Criminal Law and Criminology* Vol.90, Northwestern University School of Law 1999, 182면.

7 Émile Durkheim, *The Division of Labor in Society*, The Free Press 1984, 39면.

8 Calvin R. Mercer, *Slaves to Faith: A Therapist Looks Inside the Fundamentalist Mind*, Praeger 2009, 137면

욕망해도 괜찮아
나와 세상을 바꾸는 유쾌한 탈선 프로젝트

초판 1쇄 발행 / 2012년 5월 21일
초판 2쇄 발행 / 2012년 5월 23일

지은이 / 김두식
펴낸이 / 강일우
책임편집 / 고경화 박대우
펴낸곳 / (주)창비
등록 / 1986년 8월 5일 제85호
주소 / 413-120 경기도 파주시 회동길 184
전화 / 031-955-3333
팩시밀리 / 영업 031-955-3399 편집 031-955-3400
홈페이지 / www.changbi.com
전자우편 / human@changbi.com
인쇄 / 코리아P&P